W0186410

hänssler

Elke Werner

Frauen verändern ihre Welt

Wege zu verantwortlicher Mitarbeit und Leiterschaft

Elke Werner, geb. 1956 in Duisburg, Lehrerin für Religion und Kunst, verheiratet mit Roland, Leiterin im Christus-Treff in Marburg. Sie arbeitet mit im Vorstand des Ring Missionarischer Jugendbewegungen (RMJ), der Evangeliumsgemeinschaft Mittlerer Osten (EMO) und der Jesus-Gemeinschaft e. V., Marburg. Sie ist bekannt als Referentin und Autorin.

Hänssler-Taschenbuch
Bestell-Nr. 393.316
ISBN 3-7751-3316-X

Umschlaggestaltung: Martina Stadler
Titelfoto: The Stock Market, Düsseldorf
Fotos im Innenteil: privat
Satz: Vaihinger Satz + Druck
Druck und Verarbeitung: Ebner ULM
Printed in Germany

Inhalt

Vorwort

Vorwort

Das Lesen dieser Lebensgeschichten bereitete mir viel Freude. Ich staunte über den Mut, die Tapferkeit und die Ehrlichkeit der Frauen, die bei diesem Buch mitgewirkt haben. Es war für mich persönlich ein Anstoß zum inneren Wachstum und äußeren Wirken. Die lebendigen Beispiele der bunten Vielfalt von Frauen machten mich dankbar und glücklich.

Auf einzigartige Weise zeigt jede Frau, wie sie durch ihren Gehorsam Licht und Veränderung in ihre Umwelt gebracht hat.

Gott hat diese Welt Adam und Eva – beiden – anvertraut. Deshalb bin ich dankbar für Elke Werners »Biblische Grundlinien zu Mann und Frau«. Sie erklärt die Fehleinstellung, die so viele haben, denn die Frau ist eben nicht nur »Gehilfin«, sondern auch »Gegenüber«.

Die Lebensgeschichten zeigen auch deutlich, »dass Gott nicht die Begabten beruft, sondern die Berufenen begabt«.

Mein besonderer Wunsch schließt sich dem von meiner Freundin Alexandra Depuhl an, dass Frauen lernen können, ohne Kompetenzgerangel neben ihren Männern zu arbeiten.

Vor 50 Jahren ging meine eigene Mutter als Witwe nach Südamerika. Dort übernahm sie die Leitung eines Waisenhauses. Ihr Leitvers war: »Mache den Raum deines Zeltes weit und breite aus die Decken deiner Wohnstatt; spare nicht! Spann deine Seile lang und stecke deine Pflöcke fest« (Jesaja 54,2). Genauso sehe ich die Lebensbilder der Frauen in diesem Buch. Sie machen ihre Zelte weit und verändern ihre Welt. Sie erweisen sich als lebendige Beispiele für den Liedvers von Erdmuth Dorothea von Zinzendorf:

Wir gehn getrost an deiner Hand, Herr Jesu, die uns führet.
Wir haben dich getreu erkannt und haben wohl gespüret,
dass, wenn du etwas auf uns legst,
gibst du auch Kraft zum Tragen,
und was du zuzumuten pflegst, das ist getrost zu wagen.

Ingrid Trobisch

Für
Roland
Roland
mein
Gegenüber

Einleitung

Einleitung

Frauen verändern ihre Welt – so der Titel dieses Buches. Darum geht es in allen Beiträgen, wenn auch auf ganz unterschiedliche Art und Weise.

Ein Buch, das Mut macht

Dieses Buch soll Frauen Mut machen. Gott hat uns Frauen, genauso wie den Männern, die Welt, in der wir leben, anvertraut. Wir sollen sie uns untertan machen, ihr das Evangelium predigen und Menschen zu Jüngern machen. Und sicher werden wir eines Tages von Gott zur Rechenschaft aufgefordert darüber, wie wir seinen Auftrag erfüllt haben. Es ist unsere Welt, die Welt der Männer und der Frauen. Gott braucht Frauen, die sich für seine Interessen in dieser Welt einsetzen, die seine Boten sind. Er gibt Aufträge und gebraucht uns, seine Hoffnung und Heilung hineinzutragen in die Zerstörtheit dieser Welt.

Ein Buch, das Beispiele aufzeigt

In diesem Buch stelle ich 22 ganz normale und doch ganz besondere Frauen vor. Ihr Beispiel soll uns zeigen, was Frauen durch ihren Einsatz in der Welt bewegen und verändern. Auf ganz verschiedene Art sind diese Frauen in Deutschland und anderen Ländern unterwegs, um Menschen und damit auch die Welt in die Herrschaft Gottes zurückzuführen.

Ich habe Frauen in den unterschiedlichsten Berufen und Aufgabenbereichen ausgesucht. Es sind junge und ältere, ledige und verheiratete, bekannte und unbekannte Frauen.

Ihr Beispiel soll Mut machen, einfach das zu tun, was uns auf dem Herzen brennt, was wir gut können und was hilft, auf diese Weise Gott zu dienen. Wir müssen nicht ganz besondere Aufgaben wahrnehmen, um diese Welt einschneidend zu verändern. Wenn jede von uns an ihrem Platz ein Licht der Liebe Gottes anzündet, wird diese Welt heller und verändert ihr Gesicht.

Ein Buch, das die Rolle der Frau neu beleuchtet

Eine gründliche theologische Auseinandersetzung mit allen entsprechenden Bibelstellen würde den Rahmen dieses Buches sprengen. Also habe ich nur versucht, die Grundlinien aufzuzeigen, die eine Basis darstellen, auf der man einzelne Stellen aus den Briefen des Neuen Testaments neu beleuchten müsste. Darauf habe ich hier verzichtet. Ich bitte um Verständnis, dass das an anderer Stelle geschehen muss. Ich kann an dieser Stelle nur auf andere Literatur verweisen, die ausführlicher und fundierter die strittigen Stellen im Neuen Testament aufarbeitet (siehe Anhang).

Das Kapitel »Biblische Grundlinien zu Mann und Frau« soll zeigen, dass Gott diese Welt den Frauen genauso anvertraut hat wie den Männern. Beide sollen sich die Erde untertan machen und darüber herrschen. Diesen Auftrag Gottes nehmen Frauen wie Männer seit Jahrhunderten weltweit wahr. Manche Namen der Welt-Veränderer sind uns bekannt, aber die meisten bleiben unbekannt. Sie sind Menschen wie du und ich, die an ihrem Platz diese Welt beeinflussen, verändern und unter Gottes Herrschaft stellen.

Ein Buch, das zur Veränderung ermutigt

Für viele Frauen beinhaltet »ihre Welt«, die sie verändern, zuerst einmal ihre Familie, ihre Kinder, der Haushalt, die Nachbarschaft, die kräftezehrenden Verpflichtungen im Alltag und im Beruf. Das fordert allen Einsatz. Dennoch wird man bei sehr vielen Frauen sehen, dass sie darüber hinaus zupacken, Probleme versuchen zu lösen und vieles bewegen, wenn sie von einer Sache überzeugt sind.

Frauen verändern ihre Welt – das bezieht sich zunächst auf die private Welt jeder Frau. Doch so manche Frau hat, ohne es zu wissen, zu planen oder es zu wollen, auch die Welt vieler anderer Menschen verändert. Wenn eine Frau von Jesus begeistert ist, wird sie Mittel und Wege finden, das anderen Menschen weiterzusagen. Um sie herum wird sich vieles verändern. In der Apostelgeschichte (Kapitel 17,6) lesen wir, dass in Thessalonich bei der Ankunft der ersten Christen voller Angst gesagt wurde: »Diese, die den ganzen Weltkreis erregen, sind jetzt auch hierher gekommen.« Eine realistische Einschätzung. Da wo Menschen nach den Geboten Gottes leben und von Jesus verändert werden, da steht die Welt kopf, da ändert sich alles. Und das bemerkt jeder in der Umgebung sehr deutlich.

Frauen, die im hauptamtlichen Dienst stehen oder Frauen, die mit ihrem ehrenamtlichen Einsatz eine Bewegung ins Leben gerufen haben, stellen fest, dass ihr Einsatz weite Kreise zieht. Ihr Leben beeinflusst viele Menschen und sogar manchmal ganze Völker. Auch davon wird in diesem Buch berichtet.

Ein Buch, das für den Alltag Mut macht

In einem Kurs für Mitarbeiter bei uns im Christus-Treff in Marburg fragte ich mehr als 60 Leute, durch wen sie zum Glauben an Jesus gekommen sind. Mehr als 90% von ihnen waren durch ganz alltägliche Beziehungen zu ganz normalen Leuten zum Glauben gekommen, die meisten durch das Vorbild ihrer Eltern, etliche durch Geschwister und Verwandte, einige durch Freunde und Arbeitskollegen. Kaum einer durch die großen Namen, die als Experten für Evangelisation bekannt sind. »Normale« Menschen kommen durch »normale« Menschen zum Glauben. Wenn wir doch in unseren Gemeinden diese Tatsache mehr beherzigen würden! Dann würden wir die Verantwortung für Evangelisation nicht nur den Hauptamtlichen und Evangelisten überlassen. Wir würden Menschen noch mehr ermutigen, gerade ihre Kontakte im Alltag zur persönlichen Evangelisation zu nutzen. Eins steht fest: dass jeder und jede, Mann und Frau, in der Evangelisation dieser Welt gebraucht wird.

Ein Buch als Dank an die Frauen

Ich möchte mit diesem Buch allen Frauen danken, die ganz normal in ihrem Alltag mit Jesus leben und dadurch ein Zeugnis sind. Auch ohne außergewöhnliche Aufgaben und ohne aufregende Tätigkeiten.

Doch ich möchte auch den Frauen danken, die hauptamtlich oder durch großes ehrenamtliches Engagement für Jesus tätig sind. Einige wenige nur kann ich in diesem Buch vorstellen. Von ihnen kann man viel lernen. Gerade weil sie Frauen wie Sie und ich sind und dennoch von Gott so außergewöhnlich gebraucht werden. Lassen Sie sich überraschen von den Lebensbildern dieser Frauen, die ihre und damit auch unsere Welt verändern.

Hinweise für die Leserinnen und Leser

Informationen zu den Lebensbildern

Noch einige Hinweise zum Buch: Frauen verändern ihre Welt.

Ich habe den vorgestellten Frauen Fragen gestellt, die sie mir beantwortet haben. Daraus habe ich die Porträts erstellt. Natürlich kann aus jedem Leben nur ein kleiner Ausschnitt vorgestellt werden. Jede dieser Frauen würde sich selbst als ganz normale Frau einstufen, die nichts Besonderes tut. Dennoch ist das Leben dieser Frauen außergewöhnlich und ihr Dienst verändert Menschenleben. Ich freue mich, dass ich Ihnen diese Frauen etwas näher bringen darf. Jede gibt etwas von sich preis, damit andere Menschen ermutigt werden in ihrem Dienst. Damit man sich ein besseres Bild machen kann, hat jede Frau ein Foto aus ihrem Leben ausgesucht.

Vorbemerkungen zum theologischen Teil

Den theologischen Teil habe ich ganz aus meiner Sicht geschrieben.
Diese Sicht wird sicher von vielen der vorgestellten Frauen geteilt. Dennoch möchte ich darauf hinweisen, dass vielleicht die eine oder andere eine andere Auffassung vertreten würde, als ich es tue. Die Leserinnen und Leser können also nicht davon ausgehen, dass die theologische Grundlage von allen Frauen in allen Einzelheiten geteilt wird. Das hindert uns aber nicht, zusammenzuarbeiten und uns für Frauen in unserem Land und darüber hinaus gemeinsam einzusetzen.

Anleitungen zum Nach- und Weiterdenken

Als Abschluss der einzelnen Lebensbeschreibungen habe ich *Bibelverse* ausgesucht. Es handelt sich dabei nicht um die

Lieblingsverse der Frauen, sondern um Verse, die meiner Meinung nach einen Aspekt ihres Lebens besonders gut wiedergeben.

Die drei Fragen *zum Nachdenken* im Anschluss an jedes Kapitel sollen eine Arbeitshilfe für den Leser sein. Es geht mir mit diesem Buch nicht nur darum, dass die Leserinnen diese wunderbaren Frauen besser kennen lernen, sondern auch darum, dass sie selbst inspiriert und herausgefordert werden, nach Gottes Willen für ihr eigenes Leben zu fragen. Die drei Fragen können als Fragen zur persönlichen Stille als auch als Gesprächsgrundlage für eine Gruppe dienen.

Mein Wunsch ist es, dass dieses Buch Frauen Mut macht. Mut, diese Welt zu verändern. Die Welt wartet auf Erlösung. Und die kann nur von Jesus kommen. Jesus sendet uns als Salz und Licht in diese Welt.

»Denn das ängstliche Harren der Kreatur wartet darauf, dass die Kinder Gottes offenbar werden« (Römer 8, 19).

Lebensbilder

Lebens-
bilder

Sabine Ball

Sabine Ball

Persönliche Daten:
* 09.09.1925; geschieden; zwei Kinder im Alter von 40 bis 43

Erlernter Beruf:
Innenarchitektin (aber nicht beendet)

Ausgeübte Tätigkeit jetzt:
Missionarin

Mitarbeit in Gremien und Vorständen:
Vereinsvorsitzende von Stoffwechsel e.V.

Ein Ziel Ihres Lebens, auf das Sie zuarbeiten:
Jesus für den Rest meines Lebens zu dienen.

Ein Traum, der sich noch nicht erfüllt hat:
In den nächsten zwei Jahren ein Grundstück in der Nähe von Dresden zu erhalten – z.B. einen alten Bauernhof, ein Gutshaus, Schloss oder eine Burg, um dort Jugendliche aufzunehmen. Fort von der Stadt. Natur ist heilend.

Ein Gedanke, der Angst macht:
Ich kann mir keine Angst vorstellen, da ich in Jesus geborgen bin.

Eine Not, die Sie in Atem hält:
Ich vertraue total auf Gott.

Eine Freude, an die Sie immer wieder denken:
Wenn ein Mensch zu Jesus kommt und sein Leben sich total verändert, das ist meine größte Freude.

Ihr Platz, an dem Sie diese Welt verändern:
Das ist dort, wo mich Gott hinstellt, hier im »Stoffwechsel« oder auf den Ämtern oder im Zug. Ich habe die Berufung als Evangelistin.

Offenes Haus für Street-Kids in Dresden

Die Welt der Sabine Ball hat sich im Lauf ihres Lebens mehrmals grundlegend verändert.

Geboren und aufgewachsen ist sie in Königsberg. Dort erlebte sie als junge Frau die Schrecken des Krieges. Gleich 1949 ergriff sie ihre Chance und wanderte nach Amerika aus. Ihr Ziel: einen reichen Mann zu heiraten und dem Elend in einem vom Krieg zerstörten Land zu entkommen.

»Auf Einladung meiner amerikanischen Tante, die für mich bürgte, bin ich 1949 in die Staaten ausgewandert. Meine damaligen Ziele, Hoffnungen und Träume waren hauptsächlich weltliche Erfolge, materielle Dinge, die mir

während des Krieges versagt worden waren. Mit meinem guten Aussehen, dessen war ich mir auch sehr bewusst, fiel es mir nicht schwer, die Aufmerksamkeit der Herren auf mich zu richten.«

Sie machte eine Ausbildung zur Hotelfachfrau und wurde kurz darauf Chefin eines Jachtclubs in Miami Beach, Florida. Der »Traummann« ließ nicht lange auf sich warten. Sie heiratete einen Millionär und lernte an seiner Seite das Leben mit allem Luxus und Überfluss kennen.

Doch auch dieses Leben hatte seine Schattenseiten. Ihr Mann war Alkoholiker und wollte keine Hilfe zur Änderung annehmen. Sabine beschloss, mit ihren beiden Kindern ihren Mann zu verlassen und in Kalifornien ein neues Leben zu beginnen. Die Scheidung wurde 1963 rechtskräftig. Sabine suchte Anschluss an die Künstler- und Intellektuellenszene. Doch auch dort wurde sie enttäuscht. Sie erkannte:

»Ich bin wie in einem Sumpf in dieser Welt, und ich komme nicht hinaus, denn ich habe kein Fundament.« [1]

Wieder versuchte sie, durch einen Wechsel einen neuen Anfang zu machen. Sie kaufte ein Stück Land mit Scheune in Mendecino, Californien und lud Hippies und Drogenabhängige ein, dort mit ihr zu leben. Ihr Ziel war es, den jungen Leuten zu helfen, von den Drogen wegzukommen. Sie wurde zur Hippie-Mutter. Selbst noch auf der Suche nach dem Sinn des Lebens ging sie für sechs Monate nach Nepal in ein buddhistisches Kloster. Sie kehrte von dort gestärkt in ihrer Meinung zurück, dass es keinen Gott gebe. Doch Gott hatte viel mit ihr vor und schickte einen jungen Mann namens Tommy zu ihr, der ihr mehrere Tage das Evangelium erklärte. Zuerst war sie total ablehnend. Doch schließlich kapitulierte sie vor Gott und gab ihr Leben Jesus.

Das war 1971. Die ganze Kommune wurde dadurch verändert. Viele wurden ebenfalls Christen. Die Farm wurde in *»The Lords Land«* (Land des Herrn) umbenannt. Viele Hunderte Jugendliche kamen auf die Farm, wurden Christen und änderten ihr Leben.

Doch Gott hatte noch mehr mit Sabine vor. Erst sehr viele Jahre später erhielt sie einen neuen, sehr schwierigen Auftrag. Sie war in Dresden zu Besuch und ging zum ersten

Mal durch die Neustadt. Geschockt und traurig über die verschiedenen Schmierereien an den Wänden wurde ihr klar, dass die Jugendlichen, die so aggressive und negative Dinge schreiben, nach Hilfe rufen.

Sie war tief bewegt.

»Da auf der Straße sprach Gott zu meinem Gewissen: 'Ich schicke dich hierher!' Aber mein ganzes Empfinden war dagegen. 'Ich will nicht hierhin!'« [1]

So ehrlich berichtet sie von ihrer Berufung in die neue Aufgabe. Sie wollte nicht gehen. Doch Gott machte ihr klar, dass sie nicht allein gehen müsse. Weil er in ihr lebt, geht er mit ihr. Sie würde nicht allein vor den großen Herausforderungen stehen.

Sabine Ball war zu dem Zeitpunkt 67 Jahre alt, ein Alter in dem viele nichts mehr verändern möchten und schon gar keine neuen Aufträge mehr von Gott erwarten.

Sie hatte schon viel mit Gott erlebt. Und sie wusste, dass sie ihm vertrauen konnte. So eröffnete sie 1993 mit Hilfe einiger ehrenamtlicher Mitarbeiter das *Café Stoffwechsel* in Dresdens Neustadt. Hier ist jeder willkommen. In den Räumen findet sich neben dem öffentlichen Wohnzimmer ein Secondhand-Kleiderladen. Der Treffpunkt für Kinder und Jugendliche zieht nicht wegen der hier ausliegenden Spiele und der Speisen so viele Straßenkinder an, sondern es ist Sabine mit ihrem weit offenen Herzen. Für viele dieser Kids ist sie eine Mutter geworden. In einem Artikel der Hamburger Abendpost heißt es dazu: *»Keine schöne Gegend, keine leichten Kinder.«* Für Sabine Ball ist ihr Dienst etwas ganz Normales.

»Über die Jahre hin hat Jesus mich total verändert. Er hat mir ein neues Leben gegeben. Aus Liebe zu ihm, ist es mein Auftrag, ihm zu dienen. So ist die Aufgabe, ihm zu folgen, leicht. Denn es ist er, der mich leitet, daher gehört auch alle Ehre ihm. Seit 1993 diene ich hier in Dresden vor allen Dingen der Jugend, die ohne Hoffnungen und ohne Ziele sind, die auch zum größten Teil kriminell veranlagt sind, die keinen Sinn mehr für ihr Leben sehen. Sie sind gegen alle Regeln und Gesetze. Wir sehen sie aber mit Gottes Augen, für ihn und uns sind sie wertvoll und liebenswert.

Wir sind beständig in dieser Liebe zu ihnen, auch wenn schon einige Fensterscheiben zerschlagen und wir mit rohen Eiern beworfen wurden. Wir verstehen, dass diese Kids mit dieser vollkommenen Liebe noch nicht umgehen können, wir werden sie aber nicht aufgeben. In dieser Beständigkeit sind wir ihnen ein unerklärbares Vorbild. Wir wissen, dass Jesus der Sieger ist, und wir auf seiner Seite stehen. Die täglichen Herausforderungen sind, dass wir in einem geistlichen Krieg stehen. Gott hat uns dort hingestellt, wo er selbst hingehen würde, nämlich zu den Sündern und den Armen. Durch ihre tiefen inneren Verletzungen haben die Kids kein Vertrauen mehr zu den Menschen.

Die Nöte der Kids bewegen uns, sie werden von der Welt geprägt. Wenige haben eine Chance, Gutes und Wertvolles für ihr Leben zu erfahren. Die meisten kennen ihren Vater nicht, einige wurden von den Freunden der Mutter misshandelt. Alkohol, Lügen, Überdosis, Unmoral beeinflussen ihr Leben. Schlechte Erbanlagen, die Einflüsse unserer Gesellschaft, Fernsehen, Zeitschriften, Drogen etc. Nur durch Jesus habe ich Hoffnung, nur durch die Berufung, bin ich überhaupt in Dresden.«

Die Aufgaben, die Sabine Ball in Angriff genommen hat, sind außergewöhnlich. Aber ihr Einsatz kann Schule machen.

»Ich möchte andere Frauen ermutigen, die Gaben, die ihnen Gott gegeben hat, mehr auszuüben. Praktisch gesehen können wir uns einzelnen Kindern, auch wenn es nicht unsere eigenen sind, zuwenden. Das, was wir weggeben, erhalten wir dreifach wieder – und mehr. Wärme, Aufmerksamkeit und Zuwendung gegenüber Kindern, Nachbarn, Kranken und alten Menschen. Denn im Geben liegt der Segen. Als Frau kann ich das Mutterimage sein, ich kann mich in die Seele der Kids hineinversetzen, ihnen Geborgenheit und Zuspruch geben, ihnen zuhören und mit ihnen mitfühlen. Sie einfach lieb haben und ihnen hier ein Zuhause anbieten.«

Doch Sabine Ball ist auch mit 73 noch nicht am Ende ihrer Träume angekommen. Sie hat noch viel vor.

»Seitdem ich in Dresden diese Aufgaben tue, ist mein Glaube unendlich gewachsen. Gott spricht zu mir, durch die

Bibel. Viele Menschen haben durch diese Arbeit Jesus gefunden, durch ihn haben sie ein neues Leben angefangen. Dies zu erleben, ist für mich die wertvollste Erfahrung, wie Kids sowie Erwachsene einen neuen göttlichen Sinn für ihr Leben erhalten. Im Glauben habe ich mit einer hingegebenen Gruppe von Christen mit ganz wenig finanziellen Mitteln (3000,-DM), dieses Café 1993, das nur auf Spendenbasis aufgebaut ist, angefangen. Heute sind wir am Sanieren von zwei Wohnhäusern, die wir von der Stadt, auf Erbbau-Pachtvertrag auf fünfzig Jahre, erhalten haben. Auch diese Häuser werden hauptsächlich auf Spendenbasis und mit ABM-Kräften (Arbeitsbeschaffungsmaßnahmen) saniert. Es soll für unsere Jugend als 'betreutes Wohnen' dienen. Im Zusammenleben wollen wir ihnen zeigen, dass Gott sie liebt und ihr Leben einen Sinn haben kann.«

Wie schafft es eine alte Dame, die einmal das Leben einer Millionärin geführt hat, in einem kleinen Raum neben dem *Café Stoffwechsel* zu leben? Kaum Privatsphäre, wenig Platz, kein Garten, kein Reichtum, kein Personal.

»Jesus kam als Diener der Welt, und er ist mein Vorbild. Aus eigener Kraft kann ich dies aber nicht erreichen. Diese Liebe, Weisheit und Kraft erhalte ich von Gott, wenn ich mich von ihm leiten lasse, durch das Wort Gottes, die Bibel. Das ist das Geheimnis Gottes für alle, die an Jesus glauben. Nach dieser Freiheit sucht normalerweise jeder Mensch, doch oft suchen wir in der falschen Richtung, wie in materiellen Dingen, Süchten, Alkohol, Drogen, sexueller Freiheit. Meine Energiequelle ist, dass ich diese Liebe Jesu hier weitergebe und somit erfahre, dass im Geben, also im Weitergeben dieser Liebe, der wahre Segen Gottes auf uns kommt, und diesen Segen möchte ich für nichts eintauschen. Ein dankbares Herz zu haben, auch in kleinen Dingen im Leben. Wir gehen an so vielen Sachen vorbei und können sie gar nicht mehr achten und schätzen, weil wir uns ewig nach mehr ausstrecken. Daher lebe ich absichtlich sehr einfach, denn wenn das Herz für kleine Dinge wieder dankbar sein kann, erfahren wir auch den inneren Reichtum. Wenn wir diesen inneren Wandel erlebt haben, sind wir auch für die Jugend glaubwürdig. Denn was aus dem Herzen kommt,

spiegelt sich auch in unserem Leben wider. Daher geben wir Gott in allem die Ehre.«

Sabine arbeitet mit jungen Leuten im Team. Ihre Erfahrungen mit den Hippies kommen ihr sicher zugute. Und ihr Vorbild prägt auch die Mitarbeiter.

»In der Wahrheit Gottes zu leben, bedeutet Freiheit, das heißt, dass ich auch wahr gegen mich selbst sein muss. Ich habe angefangen das zu leben, was ich von anderen erwarte, ein selbstloses Leben, indem mir der andere wichtiger geworden ist, als ich selbst.«

Nicht nur die Lebenswelt der Sabine Ball hat sich mehrmals geändert. Durch Sabine Ball ist ein Stück von Dresdens Neustadt verändert worden. Und das Leben von vielen Kids und jungen Leuten, die sonst keine Liebe kennen würden. Sie würden nicht die Liebe einer Mutter erfahren und nicht die Liebe Gottes kennen lernen. Wie arm wäre dann ihr Leben. Und wie reich ist es durch den Einsatz von Sabine Ball und ihrem Team.[1]

»Denn wer sein Leben erhalten will, der wird's verlieren; wer aber sein Leben verliert um meinetwillen, der wird's finden« (Matthäus 16, 25).

Zum Nachdenken:

1. Welche Ziele hatte ich als junger Mensch? Habe ich sie erreicht oder aufgegeben?
2. Wenn Gott einen neuen Auftrag für mich hätte, wäre ich bereit, ihn anzunehmen?
3. Wo gibt es in meiner Umgebung Kinder, Kranke oder alte Menschen, denen ich Liebe schenken kann?

---

[1] Zitate aus Lydia 3/96

Brunhilde Blunck

Brunhilde Blunck

Persönliche Daten:
* 01.09.1935; verheiratet; sieben Kinder im Alter von 22 bis 39

Erlernter Beruf: Theologin

Beruf des Mannes: Pfarrer

Ausgeübte Tätigkeit jetzt:
Ehrenamtliche Mitarbeiterin, wo ich gebraucht werde

Mitarbeit in Gremien und Vorständen:
26 Jahre im CVJM;
Lausanner Bewegung;
AMD (Arbeitsgemeinschaft Missionarischer Dienste);
Pro Christ und anderes mehr

Ein Ziel Ihres Lebens, auf das Sie zuarbeiten:
Ich möchte mit meinem Leben beitragen, dass das Lob der Herrlichkeit Jesu wächst (Epheser 1,12).

Ein Traum, der sich noch nicht erfüllt hat:
Ich bete dafür, dass alle unsere Kinder zum Glauben kommen.

Ein Gedanke, der Angst macht:
Ich könnte Menschen durch fehlerhaftes Verhalten den Weg zu Jesus verstellt haben.

Eine Not, die Sie in Atem hält:
Das Versagen und Schuldigwerden der Evangelischen Kirche, deren Mitglied ich bin.

Eine Freude, an die Sie immer wieder denken:
Ich freue mich und danke, dass ich zur weltweiten und vielfältigen Gemeinde Jesu gehöre.

Ihr Platz, an dem Sie diese Welt verändern:
Gott hat mir immer wieder neue Plätze zugewiesen. Ich bin froh, wenn ich weiß: Hier und jetzt braucht er mich.

Mädchen machen aus Männern Menschen

Zum ersten Mal begegnet bin ich Brunhilde Blunck bei einer Tagung der Mädchenarbeit des CVJM-Westbundes in Wuppertal. Wir saßen am Abendbrottisch und unterhielten uns angeregt. Ich war mit meinen jungen 19 Jahren begeistert, eine »erwachsene Frau« vor mir zu haben, die aufregend anders war als die meisten, die ich in christlichen Kreisen kennen gelernt hatte. Sie war Theologin, Christin, Mutter von sieben Kindern, Frau von Jürgen Blunck (den hatte ich bei einer Jugendevangelisation in Duisburg gehört und war tief beeindruckt) und Vorsitzende der Mädchenarbeit des CVJM. Und sie hatte Humor. Sie war für jeden Spaß zu haben. Sie hatte Interesse an mir und uns jungen Mädchen, die zu dieser Tagung zusammengekommen waren.

Wenig konnte ich mir damals vorstellen, wie schwer es gewesen sein muss, alle ihre unterschiedlichen Aufgaben unter einen Hut zu bekommen und zusätzlich so viel innerhalb des CVJM zu bewegen. Doch hören wir erst einmal, wie alles begann.

Der Glaube an Jesus wurde ihr nicht in die Wiege gelegt. Im Gegenteil, ihre Eltern waren keine Christen und haben ihren Weg mit Gott nicht immer verstanden. Doch Brunhilde ging konsequent ihren Weg und übernahm schon früh Verantwortung für andere.

»Als Schülerin arbeitete ich im MBK *(damals: Mädchen-Bibel-Kreis) mit, der damals noch viele Schülerinnen-Bibelkreise unterhielt. Als Heidenkind von Jesus in seine Nachfolge gerufen, wollte ich mit ganzer Leidenschaft junge Menschen für Jesus gewinnen.«*

Sie begann ein Theologiestudium ohne die Rückendeckung ihrer Eltern. Sie lernte Jürgen kennen, der ebenfalls Theologie studierte.

»Meinen Mann lernte ich im 3. Semester kennen. Mein Jawort zu ihm war an die Bedingung geknüpft: 'Nur wenn ich auch immer für Jesus arbeiten kann.' (Jürgen hatte sich so eine Frau schon von Gott erbeten.) Wir hatten beide kein Geld, BAFöG gab es noch nicht.«

Sie biss sich durch, wie noch so oft in ihrem Leben. Schwierige Umstände haben sie nie abgehalten das zu tun, was richtig und von Gott gewollt war. Vieles, was heute selbstverständlich ist, war damals noch undenkbar.

»Es war noch nicht üblich, dass die Frau eines Pfarrers auch angestellte Theologin war. Also beschlossen wir: Er verdient das Geld – die Arbeit in der Gemeinde teilen wir uns. Das Studium reichte mir, auf den ordentlichen Abschluss verzichtete ich – etwa zehn Jahre später wurde ich als Predigthelferin ordiniert, mit allen Rechten zu ehrenamtlicher Tätigkeit in der Kirche.«

Schon während des Studiums leitete Brunhilde Mädchenkreise und Mädchenfreizeiten. Später wurde Arbeitsteilung typisch für die Bluncks. Sie verstanden und verstehen sich als Team.

Jürgen und Brunhilde haben im Lauf des Lebens viele Aufgaben gemeinsam übernommen und ihre Gemeinden auch gemeinsam aktiv geprägt. Aber jeder der beiden hatte auch seine eigenen und vom anderen unabhängigen Aufgaben. Zu den gemeinsamen Aufgaben gehörten sicher die Kinder der Bluncks. Sie hatten sich vier eigene Kinder gewünscht. Doch dieser Wunsch erfüllte sich nicht. So haben sie sieben Kinder adoptiert und auch noch etliche Pflegekinder auf Zeit aufgenommen und ihnen ein Zuhause gegeben.

»Vier Kinder hatten wir uns gewünscht – sieben Adoptivkinder wurden uns geschenkt! Ein großer Reichtum, für den ich gern eine Reihe von Lebensjahren opferte. Allerdings blieb auch immer etwas Zeit für Jugendarbeit übrig. Gott schenkte Menschen, die mir freie Abende und Wochenenden schenkten, als die Kinder das Haus füllten.«

Neben dem Haushalt, den sieben Kindern und der Arbeit in der Gemeinde setzte sich Brunhilde besonders für Mädchen und Mädchengruppen ein, die eine geistliche Heimat suchten. Der CVJM war damals ein reines »Jungmännerwerk«.

»Der CVJM-Westbund wollte zuerst 'reines' Jungmännerwerk bleiben – aber dann gab es 1969 doch grünes Licht für Mädchenarbeit im CVJM-Westbund. Ich wurde aufgrund meiner Erfahrungen mit Mädchenarbeit zur Vorsitzenden berufen und blieb dies 20 Jahre. Hauptziel: Mädchen für Jesus gewinnen.«

Die Anzahl der Mädchen im Westbund wuchs unaufhaltsam. Waren es bei Beginn der Mädchenarbeit 1969 etwa 1 500 Mädchen in 28 Gruppen, stieg die Zahl bis 1979 auf 31 465 Mädchen und Frauen. Nicht zuletzt durch den Einsatz von Brunhilde Blunck, die von Anfang an den Vorsitz der Mädchenarbeit innehatte. Sie setzte sich dafür ein, dass nach und nach drei hauptamtliche Bundessekretärinnen angestellt wurden. Eine besondere Tagungs-, Freizeit- und Schulungsarbeit für Mädchen wurde kontinuierlich ausgebaut. Missionarische Mädchentreffen auf der CVJM-Bundeshöhe in Wuppertal wurden von 500 bis 600 Mädchen besucht. Das *»Missionarische Jahr«* wurde ins Leben gerufen. Was hier in wenigen Worten zusammengefasst ist, war nicht ohne Widerstand zu erreichen.

»Die Brüder im CVJM freuten sich herzlich mit, wenn sie vom geistlichen Aufbruch unter Mädchen und Frauen hörten. Dem alten Westbund tat der frische missionarische Wind gut. Zwar machten einige Männer aus Angst vor Zugluft auch dicht. Ihnen waren diese Frauen nicht ganz geheuer, wenn sie die guten alten Ordnungen durcheinander wirbelten, wenn sie ständig neue Ideen und Wünsche hatten, wenn sie Plätze in Gremien beanspruchten und immer wieder Finanzen brauchten ...«, so Brunhilde rückblickend in einem Artikel anlässlich der 150-Jahr-Feier des CVJM Westbundes.

»Mädchen machen aus Männern Menschen«, mit diesem Satz ist oft die Integration der Mädchen und Frauen in den CVJM zusammengefasst worden. Geprägt hat ihn Brunhilde. Wie es dazu kam, erzählt sie in dem gleichen Artikel:

»Zu unserem großen Kummer blieb der Name 'Christlicher Verein Junger Männer' auch über 1980 hinaus an den meisten Orten erhalten. Wir fragten: Wie lange müssen unsere Mädchen wohl noch Mitglieder in einem Männerverein sein? Ungeduld und Enttäuschung darüber, dass die offizielle Namensänderung immer noch nicht stattgefunden hatte, ließen mich den Satz formulieren: 'Mädchen machen (eben) aus Männern Menschen.' Man merkte sich dieses Wort. Aber erst 1985 war es wirklich so weit, dass CVJM die Abkürzung für Christlicher Verein Junger Menschen ist.«

Ihre Vorstellung hat sie so zusammengefasst:

»Wenn der Geist Jesu im CVJM das Sagen hat, dann befreit er Männer und Frauen von Machthunger und Rechthaberei, von Rollenzwängen und verkrampftem Emanzipationsdenken. Dann werden Aufgaben und Posten nicht mehr nach Geschlecht, sondern nach Berufung und Begabung verteilt.«

Die Welt des CVJM hat sich geändert. Heute gehören Mädchen und Frauen selbstverständlich dazu. Sie machen fast 50 % der Gäste und Mitglieder aus und sind voll in die CVJM-Arbeit integriert.

»Das Miteinander von Frauen und Männern wurde gut, weil wir Frauen durch unsere Arbeit überzeugten.«
Brunhildes Arbeit fand Anerkennung. Sie wurde in unterschiedliche Gremien gerufen. Oft als erste und einzige Frau.
»Das liegt länger zurück und vieles hat sich geändert. Vorbei die Zeiten, in der ich einzige Frau unter Männern war (1970 wurde ich in den Vorstand, 1:10, des Westbundes gerufen; 1972 in den Hauptausschuss des CVJM-Gesamtverbandes – 1:40).«

Gremienarbeit war nie ihre Leidenschaft, aber sie tat sie, weil sie davon überzeugt war, dass sie für den Dienst der Frauen in der Verkündigung wichtige Grundlagen legte. Und weil sie wusste, dass diese Arbeit von Frauen genauso gut getan werden konnte wie von Männern.

»Heute wollen die Brüder in den meisten Gremien unsere Mitarbeit - oft sind wir Frauen nicht bereit, Berufung anzunehmen. Grund: Zeit- und Kräftemangel.

Frauen haben eine größere Bereitschaft, vor Ort mitzuarbeiten als irgendwo anders. Sie haben Gaben zur Leitung, müssen diese aber zum Teil noch besser trainieren. Dabei ist es hilfreich, wenn mehrere Frauen in einem Gremium sitzen. Sie können sich gegenseitig ermutigen und trainieren.

Durch verstärkte Mitarbeit von Frauen könnte eine Veränderung von eingefahrenem Sitzungsstil eintreten, denn Frauen sind stark in Teamarbeit, in Gruppengesprächen etc. Auch Moderation durch Frauen tut gut!

Ich möchte gerne Frauen ermutigen, ihre Gaben zu entdecken und einzusetzen. Sie sollen Frauen bleiben – auch bei Übernahme von Ämtern. Wir machen manches anders, aber es ist dadurch nicht schlechter, als die Männer es gemacht haben. Männer müssen das in Gremien oft erst noch entdecken. Ich bin gegen Quotenkämpfe, aber für die Präsenz von guten Frauen. Dabei geht es mir nicht um unsere Ehre, sondern das Reich Gottes braucht männlichen und weiblichen Einsatz, die Welt wurde Adam und Eva anvertraut. Ich versuche, jungen Frauen ein gesundes Selbstwertgefühl zu vermitteln: Von Gott geliebt! Von Gott begabt! Von Gott gebraucht! Ich ermutige sie, sich auf allen Ebenen ihren Gaben entsprechend einzusetzen, Neuland auszuprobieren, zum

Wechsel bereit zu sein. Zu viele Frauen denken noch, sie müssten immer das Gleiche tun. Ich erzähle gern von der großen Möglichkeit ehrenamtlicher Mitarbeit. Ich weise darauf hin, dass das Neue Testament uns große Freiheit zur Mitarbeit gibt – auch im Zeugendienst für Jesus. Heute sind immer mehr Frauen von Männern 'bedient'. Sie brauchen Frauen, die ihnen von Jesus und seinem Angebot der großen Freiheit erzählen.«

Brunhilde Blunck hat in ihrem Leben durch ihren Einsatz für Mädchen und Frauen viel erreicht. Nicht aggressiv kämpferisch, nicht durch Macht und Gegeneinander. Sondern durch die Qualität ihrer Arbeit, die kontinuierliche und liebevolle Erinnerung an Gottes Weg mit Frauen und durch die aktive Förderung anderer Frauen. Bis heute begleitet sie junge Frauen in ihrer Gemeinde, die mit Haushalt und Kindern überfordert sind und den Rat einer erfahrenen Mutter brauchen. Sie ist oft unterwegs zu Frühstückstreffen und Wochenenden für Frauen. Und sie fördert junge Frauen, die mit ihr in Gremien arbeiten und an der Seite von Männern das Reich Gottes bauen.

Und ich glaube, ich kann für alle sprechen, wenn ich sage, dass sich keiner mehr einen CVJM ohne Mädchen und Frauen vorstellen kann.

»Damit wir etwas seien zum Lob seiner Herrlichkeit, die wir zuvor auf Christus gehofft haben« (Epheser 1,12).

Zum Nachdenken:

1. Für welches Anliegen setze ich mich seit Jahren ein?
2. Wie verstehe ich meine Zusammenarbeit mit Männern?
3. Wozu möchte ich Mädchen und Frauen ermutigen?

Quelle: CVJM-Festheft, Sonderdruck zum 150-jährigen Bestehen, Netzwerk 1998, Wuppertal

Alexandra Depuhl

Alexandra Depuhl

Persönliche Daten:
* 16.01.1943; verheiratet; vier Kinder im Alter von 16 bis 30

Erlernter Beruf:
Hotelmanagerin

Beruf des Mannes: Campleiter, Gymnasiallehrer

Ausgeübte Tätigkeit jetzt:
Geschäftsführerin eines Jugendcamps

Mitarbeit in Gremien und Vorständen:
Schatzmeisterin RMJ (Ring Missionarischer Jugendbewegungen), Stellvertretende Vorsitzende bei Spring, Hauptvorstand Deutsche Evangelische Allianz, Vorstandsmitglied Evangelische Allianz Krefeld und im Christ Camp, Mitarbeit bei *Prisca*-Tagungen des RMJ

Ein Ziel Ihres Lebens, auf das Sie zuarbeiten:
Jesus Christus so gut zu erkennen, dass ich jüngere Frauen anleiten kann, authentische Leiterinnen zu werden.

Ein Traum, der sich noch nicht erfüllt hat:
Männer und Frauen nebeneinander arbeiten, leiten und dienen zu sehen, ohne Kompetenzmangel aber mit liebevoller Akzeptanz, als Zeichen der Christen für die Welt.

Ein Gedanke, der Angst macht:
Die Einheit unter den Christen, die Jesus persönlich kennen.

Eine Not, die Sie in Atem hält:
Jesus in alle Bereiche meines Lebens hineinzulassen. Christen, die Jesus nicht ganz an sich heranlassen, ihm Teile ihres Lebens vorenthalten.

Eine Freude, an die Sie immer wieder denken:
Aus einer Familie ohne Gott in eine Familie mit Gott. Alle unsere Kinder arbeiten an Gottes Auftrag mit.

Ihr Platz, an dem Sie diese Welt verändern:
Im Christ Camp Mitarbeitern in der Nachfolge Jesus' zu helfen. In Gremien, intuitiv vorauszudenken, neue Wege zu gehen. In Gesprächskreisen Frauen, die Gott nicht kennen, Jesus zu zeigen.

Aus einer Familie ohne Gott in eine Familie mit Gott

So könnte man das Leben von Alexandra Depuhl überschreiben. Geboren und erzogen wurde sie in einer aus Schlesien stammenden adligen Familie, die in Berlin eine neue Heimat gesucht hatte. Christsein gehörte zum guten Ton, beschränkte sich aber auf Gebete vor den Mahlzeiten und gelegentliche Gottesdienstbesuche zu feierlichen Anlässen.

So war die Familie nicht wenig erstaunt, als ihre Tochter Alexandra während der Ausbildung zur Hotelmanagerin eine Kehrtwende vollzog und sich mit Haut und Haaren ganz in den Dienst Gottes stellte. Schuld daran war die freundliche Einladung eines libanesischen Hotelgastes, der die junge Frau zu seiner Evangelisation im Rahmen der *Internationalen Vereinigung Christlicher Geschäftsleute* einlud.

»Das Wort vom Kreuz und die Vergebung, die dort geschehen war – auch für mich – traf mich so, dass ich bei der ersten Begegnung mit diesem Wort nicht anders konnte, als ja zu sagen. Ja zu dem Angebot der Vergebung. Ich dachte: Wenn jemand den Schmutz aus deinem Leben ausräumt, Christus, dann werde ich das sofort in Anspruch nehmen. Diese Entscheidung war so eindeutig, dass ich am nächsten Abend meine Freundin mitnahm und sie sich für Jesus entschied und drei Wochen später ein weiterer Lehrling des Hotels.

Meinem Chef erklärte ich, was sich in meinem Leben geändert hatte und machte ihm klar, dass ich ab jetzt nicht mehr lügen und die Gäste betrügen würde mit seinen Falschaussagen, sondern, dass Jesus von mir Wahrheit und Ehrlichkeit erwartete. Ich würde jeden zweiten Sonntag arbeiten und den anderen in die Gemeinde gehen. Auch könnte er mich Überstunden machen lassen, denn ich wollte noch besser für ihn arbeiten. Verwundert ließ er mich machen und übertrug mir schon früher als gewöhnlich viel Verantwortung und die Urlaubsvertretungen der leitenden Angestellten.

Mein Leben bekam einen neuen Sinn und es wurde für mich normal, darüber nachzudenken, wie Gott mich einsetzen konnte. Dazu gehörte auch, meinem Freund von meinem neuen Leben mit Jesus zu schreiben und ihn zu bitten, entweder mit mir diesen Weg zu gehen oder die Freundschaft zu beenden – was er tat. Auch wenn dieser Entschluss mit Schmerzen verbunden war, erzählte er seinem gläubigen Freund, meinem jetzigen Mann, von meiner Bekehrung. Gott segnet Gehorsam.«

Wer Alexandra kennen lernt stellt fest: Sie ist immer noch so konsequent dabei, das zu tun, was sie erkannt hat. Auch wenn es sie selbst große Opfer kostet. Und er stellt fest, dass Jesus ein solches Verhalten segnet. Alexandra lernte Michael Depuhl kennen. Der studierte in den USA und holte sie als seine Frau mit in die Staaten. Alexandra studierte Pädagogik und war in der Gemeinde aktiv.

»Inzwischen war ich verheiratet, und während mein Mann sein Studium fortsetzte und ich mich um die Kinder kümmerte, zog es mich jeden Samstag zu einem Frauenbibelstudium (Neighbourhood Biblestudy, Nachbarschafts-Bibelstudium) ... Die mobile Art der Amerikaner hatte auf mich abgefärbt. Ich packte unsere beiden Kleinkinder ins Auto, ließ den Haushalt zurück und fuhr anderthalb Stunden, um mit einhundert Frauen zusammen die Bibel zu studieren: Erst in einer Art Vorlesung und dann in Zehnergruppen.«

Schon bald leitete Alexandra eine solche Gruppe. Sie lernte Frauen kennen, von denen sie lernen konnte und die ihr vorlebten, wie man mit gesundem Selbstbewusstsein als Frau seine Gaben in unterschiedlichen Bereichen einsetzen kann. Ebenso lernte sie die unterschiedlichsten Gemeinden kennen und schätzen. Es fiel ihr nicht leicht, diesen geistlichen Reichtum zu verlassen und zurück nach Deutschland zu kommen.

»Was für eine andere Welt, hier wieder nach Deutschland zu kommen, wo der Gottesdienst in der Kirche nur eine dreiviertel Stunde dauert – und dann fährt man nach Hause! Die Verkündigung war gut und lehrreich, aber Gemeinde, Gemeinschaft, Gastfreundschaft wie wir sie in den USA erlebt hatten, waren etwas ganz anderes.«

Zurück in Deutschland begann Michael Depuhl an der Schule, an der er unterrichtete, einen Schülerbibelkreis. Mein Mann Roland war einer der Schüler, die mit Michael Schulgottesdienste durchführten und an der Schule ein Zeugnis für Jesus waren. Doch Gott hatte mit den Depuhls noch mehr vor. Sie erbten einen Bauernhof in Krefeld Traar. Was tun? Sie wollten nicht nur ihr ganzes Leben, sondern auch ihren Besitz Gott zur Verfügung stellen und so entstand die Idee, aus dem Hof ein Camp nach amerikanischem Vorbild aufzubauen.

Das *Christ Camp* entstand, das bis heute ein Ort ist, an dem junge Leute zum Glauben finden. *»Gott hat uns und mir im Besonderen seine Platzanweisung gezeigt. Er hat* *mein Gebet, wieder in meinen gelernten Beruf – Hotelfach – zurückzukehren, erhört. Er hat sogar mein Pädagogikstudium gebraucht, um besser mit Campern und Mitarbeitern umzugehen. Er hat seinen Missionsauftrag bestätigt, wir wollten in die Äußere Mission gehen.«*

Ohne Geld, mit drei kleinen Kindern, einem kleinen Freundeskreis und einigen Schülern starteten die Depuhls ein großes Abenteuer. Ganz im Vertrauen auf Gottes Hilfe. Und Gott half. Man könnte Bücher füllen, wollte man all die Wunder aufzählen, die Gott getan hat in diesen ersten Jahren des Aufbaus. Freizeiten für Kinder und Jugendliche sind das Standardprogramm eines Camps. Aber Alexandra hatte von Anfang an darüber hinaus viele andere Ideen und hat so manchen Arbeitszweig initiiert.

»Meine Freude an Neuem und aus Nichts etwas zu machen ist voll zum Zuge gekommen. Wenn Gott einen Auftrag gibt, schenkt er auch die Kraft, in schwierigen Zeiten durchzuhalten. Wir haben fünf Jahre auf die erste Baugenehmigung gewartet. Gott gibt Mut zur Erweiterung der Aufgaben. Das Schönste war, etwas Neues gestalten zu können. Im Camp, wo ich mich auf das Vertrauen meines Mannes stützen konnte, hatte ich einen großen Handlungsspielraum.

Bei den Menschen um mich herum, die in einer abwartenden Haltung mich machen ließen, um zu sehen, ob etwas daraus wird, genoss ich manchmal Narrenfreiheit und erntete Bewunderung. Das war ein gutes Anfangskapital. Mit diesem Selbstbewusstsein habe ich mich an weitere Dinge herangetraut. An besondere Veranstaltungen im Camp wie Mädchen- und Frauenseminare, Konzerte, Dinnerabende, Tage der Begegnungen, Frühstückstreffen für Frauen in Krefeld. Gebetsfrühstück in der Stadt, Allianztage und Feste, Mitarbeit als erste Frau, sowohl in der Evangelischen Allianz Krefeld, als auch in anderen Vorständen. Das Schwerste war, andere Menschen von diesen Neuerungen zu überzeugen, den Status quo überwinden zu helfen, gegen alt eingemeißelte Vorstellungen anzugehen. Ganz besonders haben mich Männer zu bremsen versucht, bestimmt manchmal zu Recht, aber auch oft aus Bequemlichkeit.«

Bequemlichkeit ist für Alexandra eher ein Fremdwort. Sie ist stets aktiv und ruht selten mal aus. Dennoch hatte sie für Beziehungen und vor allem für ihren Mann und ihre Kinder immer genügend Zeit. Das zeigt sich nicht zuletzt auch darin, dass mittlerweile alle vier Kinder mit Jesus leben und sich teilweise, wie ihre Eltern, in den vollzeitigen Dienst begeben haben. Ich erinnere mich gut an Gespräche mit Alexandra, in denen sie davon sprach, dass ihre Kinder die Jünger Jesu seien, die sie die längste Zeit bei sich hat und die sie am intensivsten prägen kann. Sie hat ihre Kinder zu einem eigenständigen und konsequenten geistlichen Leben erzogen.

Im Camp ist Alexandra als Geschäftsführerin angestellt. Viele Jahre hat sie ehrenamtlich dort mitgearbeitet. Neben der Organisation und Verwaltung, der Betreuung und Schulung der jüngeren Mitarbeiter und der Teamarbeit mit Michael hat sie sich um viele Menschen persönlich gekümmert und ihnen seelsorgerlich und geistlich geholfen. Die Arbeit hat sich stets erweitert. Dennoch hat sie immer wieder Aufgaben außerhalb des Camps angenommen.

Leitung und Umsetzung von neuen Ideen gehört zu ihren Stärken. Da ist es kein Wunder, dass sie in viele Gremien berufen wurde, um dort mitzuwirken. So ist sie im Vorstand der verschiedensten Organisationen.

»In manche Verbände bin ich gewählt worden, weil ich auch ohne Amt schon gerne mitgearbeitet habe und so war es scheinbar die logische Konsequenz, mich mit solch einem Amt zu betrauen. Männern ist auch aufgefallen, dass sie lange Zeit die Seite von uns Frauen nicht bedacht haben, deshalb sucht man/Mann immer mehr Frauen, die bereit sind, hier kompetent mit zu gestalten.«

Doch ist es nicht immer einfach, als Frau unter Männern in solchen Gremien zu arbeiten. Der gute Wille zur Zusammenarbeit ist sicher da, aber die Art und Weise, wie man über Dinge redet oder auch wie man sie anpackt, ist oft zwischen Männern und Frauen unterschiedlich.

»Das gegenseitige Vertrauen kann nur wachsen, wenn wir uns die Mühe machen, uns als gleichberechtigte Partner zu sehen und nicht uns mehr beweisen müssen als Frauen.

'Männer sind vom Mars und Frauen von der Venus', sagt der amerikanische Buchautor Gray. Wenn das so ist, bedarf es vieler Gespräche zwischen den Geschlechtern und nicht Frauen, die so wie Männer werden, um mitmischen zu können. Wir haben verschiedene Ansätze des Denkens, Redens und Tuns und wir brauchen die Sicherheit, so bleiben zu können. Frauen sind anders, aber nicht schlechter! Ich würde mich freuen, wenn Männer uns als kompetente Leiterinnen anerkennen würden. Wir als Frauen müssen genauso den Umgang mit dem anderen Geschlecht in der Leitung lernen und nicht in unsere weiblichen Ecken zurückfallen.«
Alexandra sieht ihre Verantwortung für die nächste Generation sehr deutlich. Schon immer hat sie ihre Zeit und ihr Know-how in jüngere Frauen investiert. Ich bin sicher eine von ihnen. Und ich bin zutiefst dankbar dafür. Die Generation von Alexandra hat es schwerer gehabt als meine. Und sie hat uns jüngeren Frauen auch manche Wege geebnet.
»Durch unsere vorbereitenden Aktionen, glaube ich, haben wir schon einige Steine aus dem Weg geräumt. Jungen Frauen möchte ich zeigen, wie sie eigenständige Persönlichkeiten in Christus sind, sie unterstützen und ermutigen, sich zu trauen. Geduldig, stetig und liebevoll sich einzubringen, wird eine überzeugende Art im Dienst zu sein.

Maria sagte bei der Hochzeit zu Kana: 'Was er euch sagt, das tut', nachdem Jesus sie zurückgewiesen hatte. So schnell möchte ich lernen, auf Jesus zu hören und so möchte ich Frauen auf ihren Dienst hinweisen.«

Alexandra möchte Frauen Mut machen, mit dem zu beginnen, was sie haben und können. Dann wird Gott weiterführen und vielleicht die, die im Kleinen treu sind, auch über Großes setzen.

»Wir brauchen Leiterinnen, die qualifiziert und kompetent auf einem Gebiet sind und sich an neue Aufgaben und Sachgebiete herantrauen. Und wie kann das im Kleinen beginnen? Nicht abzuwarten, bis man gefragt wird, sondern schon damit beginnen, sich mit Worten und tatkräftig einzubringen. Auf Gott hören, um Aufträge zu bekommen. Hier bin ich, sende mich. Zum Durchhalten bereit sein, auch wenn es Schwierigkeiten gibt. Auf andere Frauen hinweisen

und nicht unter uns Machtkämpfe austragen. Der persönliche Kontakt und die intensive persönliche Zeit mit Gott ist in all diesen schwierigen Aufgaben und Aufträgen lebensnotwendig. Gott muss uns zeigen, was er will und wenn wir uns sicher sind, dass er uns berufen und begabt hat, Leitungsaufgaben zu übernehmen, können wir auch warten, bis wir dran sind. Manchmal sind wir als Frauen schneller im Erkennen dessen, was notwendig ist. Auch ist es wichtig zu wagen, was wir noch nie zuvor getan haben.«

Das sagt eine Frau, die weiß wovon sie spricht. Und die es sicher, so Gott will, noch viele Jahre so leben wird. Sie wird sich weiter einsetzen für ihre Familie. Familie, das heißt Kinder und Enkelkinder, Geschwister und Verwandte. Familie heißt für Alexandra aber auch Camp, Gemeinde und Gremien. Sie ist eben aus einer Familie ohne Jesus in die Familie um Jesus hineingekommen. Und da verändert sie die Welt. So wie es Jesus ihr zeigt.

»Und er streckte die Hand aus über seine Jünger und sprach: Siehe da, das ist meine Mutter, und das sind meine Brüder! Denn wer den Willen tut meines Vaters im Himmel, der ist mir Bruder und Schwester und Mutter« (Matthäus 12,49-50).

Zum Nachdenken:

1. Habe ich schon meine Familie in Christus kennen und lieben gelernt?
2. Für welche Menschen möchte ich immer Zeit haben?
3. Wo habe ich zuletzt im Vertrauen auf Gott etwas gewagt? Was ist dabei herausgekommen?

Christel Eggers

Christel Eggers

Persönliche Daten:
* 05.05.1959; verheiratet, vier Kinder im Alter von 3 bis 13

Erlernter Beruf: Erzieherin

Beruf des Mannes: Redakteur

Ausgeübte Tätigkeit jetzt:
Hausfrau und Mutter

Mitarbeit in Gremien und Vorständen:
Im freien Redaktionsteam von *Family*, Mitglied im Arbeitskreis für Frauenarbeit im Bund Freier Evangelischer Gemeinden, Mitarbeit bei *Prisca*-Tagungen des RMJ (Ring Missionarischer Jugendbewegungen), Mitarbeit bei Seminaren auf dem Dünenhof

Ein Ziel Ihres Lebens, auf das Sie zuarbeiten:
»Wenn deine Kinder klein sind, gib ihnen Wurzeln – wenn deine Kinder groß sind, gib ihnen Flügel.«

Ein Traum, der sich noch nicht erfüllt hat:
Ich möchte gern einmal nach Madeira fahren.

Ein Gedanke, der Angst macht:
Ohne mein Du – meinen Mann – leben zu müssen.

Eine Not, die Sie in Atem hält:
Dass viele Frauen vollkommen anders leben könnten, wenn sie dem lebendigen Jesus begegnet wären.

Eine Freude, an die Sie immer wieder denken:
Strandspaziergänge zu zweit.

Ihr Platz, an dem Sie diese Welt verändern:
»Umgebt die neuen Machthaber mit Liebe – sie liegen noch auf dem Wickeltisch.«
Zuerst meine Familie, meine Freundin aus dem Mini-Club, dann die Frauen auf den Seminaren.

Frauen Freude machen

Christel Eggers: obere Reihe Mitte

Der Dünenhof in Cuxhaven ist mittlerweile vielen ein Begriff. Die Zeitschriften *Family* und *Aufatmen* geben vielen Christen im Land Orientierung und Hilfen zum geistlichen Leben. Wer die Zeitschriften kennt, kennt Uli Eggers, den Erfinder und Herausgeber. Doch wer weiß schon, dass seine Frau, Christel Eggers, zu den Menschen gehört, die durch ihren Glauben und ihren Einsatz dem allem wichtige Impulse geben? Christel ist nicht nur die unterstützende Ehefrau im Hintergrund, die die Kinder versorgt. Das ist sie sicher auch. Sie denkt, arbeitet und gestaltet mit Uli gemeinsam.

»Wir erleben uns in der Ehe ganz stark als eine Einheit, als von Gott zueinander gestellt. Ich trage die Arbeit meines

Mannes deshalb in all ihren Dimensionen mit. Ich bin die erste, die mit seinen vielen Ideen konfrontiert wird, bekomme Trauer, Kampf, Entdeckungen und Erfolge hautnah mit und identifiziere mich mit den Inhalten der Zeitschriften. Darüber hinaus ist es unser gemeinsames Ziel, einen geistlichen Neuaufbruch zu fördern, alles zu tun, damit sich Dinge individuell und in den Gemeinden ändern – hin zu mehr Leben, hin zu größerer Nähe zu Jesus.«

Beide sind ein Team, auch wenn Christel mit Rücksicht auf die Kinder für eine gewisse Zeit aus der zweiten Reihe heraus mitarbeitet.

»Oft bin ich für ihn auch die klassische Lieschen-Müller-Test-Frau, deren Gefühl und spontane Reaktion er braucht. Viele neue Artikel lese ich zuerst. Beiträge, bei denen er sich vielleicht als Mann vergewissern will, wie Frauen empfinden.«

Uli schätzt Christels Urteil sehr und achtet ihren Rat. Obwohl Christel eine starke Persönlichkeit ist und eine eigene Meinung hat, leben die beiden nicht in Konkurrenz oder Wettstreit.

»Uli ist ein Brückenbauer, der viel wagt und ständig in Bewegung ist. Er wirkt auf andere wahrscheinlich sehr stark und bestimmt, aber ich kenne die andere Seite und weiß, wie sehr er unsere Zweisamkeit als Kraftquelle braucht und sehe auch die Schwäche hinter der Funktion. Ich bin sein Rückzugspunkt, bei mir kann er ganz er selbst sein, braucht nichts zu leisten, kann Kraft tanken. In diese Aufgabe gemeinsam gestellt zu sein, gemeinsam in ihr von Gott gebraucht und gesegnet zu sein, ist etwas Wunderbares. Und Uli gibt mir dieselbe Geborgenheit und Unterstützung in meinen Aufgaben. Aber natürlich: Ich bin auch die, die ihm den Rücken freihält und ihm die Reisetasche packt.«

Doch auch das ändert sich zunehmend. In den letzten Jahren muss Uli vermehrt für Christel den Rücken freihalten und ihr die Tasche packen, denn sie arbeitet in einigen Gremien mit, die sich mit Frauenarbeit beschäftigen. Sie ist aktiv dabei, wenn es darum geht, Frauen zu helfen, ihren Wert und ihren Platz in Gottes Reich zu entdecken und einzunehmen. Das tut sie nicht nur mit Unterstützung von Uli, sondern auch von der *Weggemeinschaft*, einer christlichen Lebensgemeinschaft zu der beide gehören. Die Frauen der *Weggemeinschaft* veranstalten mehrmals im Jahr die inzwischen weit über Norddeutschland hinaus bekannt gewordenen »Frauen-Verwöhn-Freizeiten« im Dünenhof. Christel berichtet über die Anfänge der *Weggemeinschaft*:

»Seit Beginn der achtziger Jahre haben wir uns als Freundeskreis getroffen, der ähnliche Ziele hatte: Jesus Christus heute möglichst ganzheitlich nachfolgen und diesen gemeinsamen Glauben auch mit gemeinsamer Arbeit an verschiedenen Projekten verbinden. Seit 1982 gibt es die Weggemeinschaft *offiziell, seit 1985 sind wir ein gemeinnütziger Verein und betreiben den Dünenhof bei Cuxhaven, ein großes Seminarzentrum mit einhundertfünfzig Betten, das von vielen verschiedenen Gruppen gebucht wird, zunehmend aber auch mit eigenen Seminarveranstaltungen ausgebucht ist. Gemeinsam bilden wir die geistliche Trägerschaft dieses Hauses, unterstützen einander aber auch in der persönlichen Berufung in den verschiedenen Berufen, nur einer von uns arbeitet hauptamtlich auch auf dem Dünenhof, und in der gemeinsamen Gemeindearbeit vor Ort, wo zwei von uns auch Älteste sind.«*

Die *Weggemeinschaft* hat durch einige Höhen und Tiefen erlebt, dass Glaube neu und frisch werden kann, dass Jesus immer noch Überraschungen bereithält, wenn wir uns für ihn öffnen.

»Unser gemeinsames Ziel als Gemeinschaft ist es, einander und unseren Gästen zu einer Begegnung mit Jesus zu verhelfen. Sie in die Nähe und Gegenwart Gottes zu führen. Wir haben dabei einen besonderen Dienst für all jene entdeckt, deren Glaube müde und alt geworden ist und die sich nach neuer Begeisterung, nach neuer Kraft und Frische für den Alltag sehnen. Gerade in der Zusammenarbeit mit der Zeitschrift Aufatmen *und dem Team, das sie trägt, können wir hier viele Impulse aufnehmen und weitergeben. Seit einigen Jahren erleben wir den Glauben auf neue und erfrischende Weise und sind heute so glücklich Glaubende wie wohl nie zuvor. Daran möchten wir teilhaben lassen und*

tasten uns so langsam in immer neue Wagnisse vor – was gerade als Gemeinschaft eine gute Sache ist.«

Man kann sagen, dass die Wiege für die Zeitschrift *Aufatmen* zum Teil auch in der Gemeinschaft steht. Das Leben in Gemeinschaft hat seinen Preis. Jeder muss sich selbst einbringen, schwach und durchschaubar werden und dem anderen neu Vertrauen schenken. Christel drückt es so aus:

»Als große Vorteile der Gemeinschaft erlebe ich, mein Leben intensiver, offener, unterstützender und lernbereiter führen zu können. Ich räume mehr Menschen das Recht ein, mich zu hinterfragen, zu lieben und zu tragen und mir nahe zu kommen als das sonst gewöhnlich der Fall ist. Ich bekomme aber auch mehr persönliche Impulse vom geistlichen Wachstum der anderen, mein Horizont ist dadurch trotz kleiner Kinder und der Arbeit als Hausfrau und Mutter sehr weit. Diese Vielfach-Herausforderung ist manchmal ganz schön anstrengend, vor allem aber ein riesengroßes Lern- und Erfahrungsgebiet, was den Alltag reich macht und erfüllt.«

Doch auch bei Christel gab es sehr harte Zeiten. So wie ein zuerst störendes Sandkorn in eine Muschel eindringt und dann zur Perle wird, so tritt oft das Leiden ungewünscht und störend in unser Leben. Und dennoch entsteht genau an dieser Stelle ein großer Reichtum. Auch das hat Christel erlebt.

»Die Erfahrung, die mich in meinem Sein am existenziellsten getroffen hat, war die Geburt unseres ersten, mit Sehnsucht erwarteten Kindes, drei Tage Kampf um ihr Leben und dann die kleine Julie nach acht Tagen beerdigen zu müssen. Als Julie starb, kam die Kinderkrankenschwester mit einem unwahrscheinlich breiten Riesenwickel und band mir ganz eng die Brust ab, damit ich keine Probleme mit dem Milcheinschuss hätte. Medizinisch war das vielleicht richtig, aber seelisch war das der Moment, in dem ich wirklich begriff, dass ich kein Kind hatte und ein Stück weit das Vertrauen in meinen Körper verlor. Ich war in allen Bereichen meines Seins – körperlich, seelisch, geistlich – tief verletzt. Heute wäre Julie vierzehn Jahre alt. Heute würde ich sagen, es hat zwölf Jahre gedauert, bis ich heil geworden bin.«

Christel ist durch den Tod ihrer Tochter in tiefe Krisen gefallen. Auch in eine lang anhaltende und tiefe Glaubenskrise. Wie konnte sie nach solcher Erfahrung noch an Gott als liebenden Vater glauben? Doch dass ihr Vater im Himmel sie liebt, das erfuhr sie im Lauf von einigen Jahren immer wieder sehr deutlich.

»Gott hat einen unvergleichlich zarten und geduldigen Weg für mich gehabt. Und es kann sein, dass mir morgen etwas begegnet, dessen ich mir selbst gar nicht bewusst war, das aber an diese Wunde rührt. Wenn man mich heute fragen würde, ob ich die Christel wiederhaben möchte, die ich vor diesem Ereignis war, würde ich sagen, nein, die möchte ich nicht mehr sein. Aber wenn mir jemand sagen würde, dass deshalb meine Tochter sterben musste, dann würde ich ihm an den Hals springen.«

Uli und Christel haben sehr unter dem Verlust ihres ersten Kindes gelitten. Und in gewisser Weise leiden sie noch heute darunter. Aber sie klagen Gott nicht mehr an. Sie nehmen es aus seiner Hand, bleiben mit ihm im Gespräch und vertrauen ihm dennoch. Sicher ist die Bereitschaft in Christel, mit Frauen zu arbeiten, tief in ihrer eigenen großen Not verwurzelt.

Sie weiß, wie Frauen leiden und sie weiß, dass Frauen Ermutigung brauchen, mit ihrer Not zu Gott zu gehen, statt vor ihm zu fliehen.

Seit mehreren Jahren laden die Frauen der *Weggemeinschaft* zu Frauen-Verwöhn-Freizeiten ein.

Willkommen sind: *»... alle, die mal abschalten wollen vom Alltag, zur Ruhe kommen wollen, aus einer besonderen Anspannung rauskommen müssen, um sich zu besinnen, wo es sie im Leben hin verschlagen hat und sich zu orientieren, ob die Richtung noch stimmt. Entstanden ist das Projekt vor acht Jahren aus einem eigenen Bedürfnis, einer eigenen Sehnsucht. Als Mütter von Kleinkindern rund um die Uhr im Einsatz, oftmals ohne echte Ruhepausen, suchten wir nach einer uns ansprechenden Möglichkeit des Auftankens. Ein Wochenende war der richtige Zeitrahmen, länger kann man eine Mutter oft nicht entbehren. Aber alles, was christliche Programme anboten, war zu lang oder zu an-*

strengend oder an Voraussetzungen gebunden, die nicht zu erfüllen waren. Also setzten wir uns zusammen und kreierten »unsere« Frauen-Verwöhn-Freizeiten. Die Teilnahme am Programm ist grundsätzlich frei. Wer eine Runde Schlaf braucht, 'Schlafen ist eine geistliche Disziplin' habe ich gerade gelesen, soll schlafen dürfen. Wer bei einem Spaziergang das Gespräch mit Gott braucht, soll gehen dürfen, wann immer das gerade dran ist.«

Es hat sich schnell herumgesprochen, dass diese Freizeiten gut tun. Sie sind oft schon lange im Voraus ausgebucht.

»Doch allein aus dem Programm kann man den besonderen Reiz 'unserer' Verwöhn-Freizeiten nicht herauslesen. Eine wesentliche Rolle spielt unser Team von fünf Frauen aus der Gemeinschaft, die geistlich einen Weg miteinander gegangen sind und die sich ergänzen. Jede ist eine wunderbare Persönlichkeit und spricht mit ihrer Art andere Frauen an. Wir schaffen eine Atmosphäre, in der die Frauen sich nicht als 'unsere Patienten' oder 'Klienten' fühlen, für die wir was machen, sondern jedes Wochenende gestaltet sich neu und aufregend im großen Miteinander – Hören, Sehen, Reden, Lachen, Weinen, Ernstnehmen, Beten ...«

Dabei ist die Bandbreite der Frauen, die sich anmelden, sehr groß.

»Manche haben mehrere Kleinkinder zu versorgen. Manche pflegen ihre Mutter oder Schwiegermutter. Manche sind im Beruf stark gefordert, manche sind arbeitslos und in einer finanziellen Krise. Die eine ist Unternehmerin, die andere Hausfrau. Manche leiden in ihrer Ehe, andere an ihrer Gemeinde oder ihrer Gesundheit. Manche sind in so schweren Krisen, dass sie nicht mehr wissen, ob sie noch an Gott glauben wollen. Und andere haben ihn gerade nach langer Suche gefunden und sind überglücklich.«

Wie schafft Christel als Mutter von vier Kindern es, neben der Unterstützung und Teamarbeit mit ihrem Mann, dem Leben in Gemeinschaft und den Tagungen noch, sich selbst Gutes zu tun und nicht auf der Strecke zu bleiben?

Sie ist überzeugt:

»Nur wer sich selbst etwas gönnt, ist ein verträglicher Zeitgenosse und gönnt auch anderen etwas! Nur wer sich

Ruhe schenkt, kann Kraft tanken. Nur wer innehält, sieht, ob er noch in die richtige Richtung läuft ...«

Und wie geht das konkret?

»Mein 'Geheimtipp' ist ein Kopfhörer, eine Stereoanlage oder Walkman und eine Kassette mit geistlichen Lieblingsliedern, damit bin ich gerüstet für alle Stimmungstiefs. Wenn ich merke, dass meine Spirale anfängt, sich unaufhaltsam nach unten zu drehen und mich runterzieht, dann 'tauche' ich für drei oder fünf Minuten ab unter den Kopfhörer, mache die Augen zu – damit ich nicht sehe, wie das Saftglas umfällt – und lasse mir Gottes Liebe ins Herz singen und mich daran erinnern, dass seine Wirklichkeit ja da ist. Direkt neben mir. Und dann kann ich wieder weiter.«

Eins will Christel auf keinen Fall: Stehen bleiben. Sie will weiter mit Gott. Sie hat noch viele Ideen und Pläne. Sie wartet in gewisser Weise schon auf den Tag, an dem sie mehr Freiheit hat, sich zu engagieren. Dann, wenn die Kinder sie nicht mehr so brauchen.

Dabei klagt sie nicht über die Anforderungen an sie als Mutter. Sie nimmt auch diese Herausforderung von Gott an und ist unendlich dankbar für die vier Kinder. Sie bejaht diese Lebensphase ganz.

»Ich möchte weder Glucke noch Nestflüchtling sein.«

Und sie macht ihre Sache gut. Was hat sich für sie durch ihre aktive Mitarbeit in Gremien und der Gemeinschaft geändert?

»Mein ganzer Horizont hat sich geändert. Ich bin dankbarer, liebevoller, barmherziger geworden und habe das Gefühl, Gott stellt meine Füße (und mein Herz) auf weiten Raum. Zugleich sehe ich, wie viel ungenutztes Potenzial in Frauen steckt. Wie wichtig sie für den Bau des Reiches Gottes sein könnten, wenn sie Mut hätten, neue Aufgaben anzugehen, sich selbst als 'Frauen Gottes' entdeckten, mit Männern zusammenzuarbeiten und gemeinsam Neues zu wagen hinter Jesus her. So viele fühlen sich einfach nicht gefragt und angesprochen – oftmals sind sie es leider auch nicht. Aber es wäre eine Menge möglich. Mein Traum ist, dass sich viele Frauen nach der Kinderphase und auch schon während dieser – je nach Kraft – einbinden in Netz-

werke vor Ort oder überregional und anfangen, auf die Nöte um sie herum zu antworten.«

Christel möchte Frauen Mut machen.

»Mut, eigene Projekte auf zu bauen. Mut, sich in die Gemeindearbeit zu mischen und Türen aufzumachen für neue Wege und mehr Leben. Die Welt ist größer, es gibt mehr Herausforderungen – und wir Frauen können etwas tun und verändern! Wir müssen einander entdecken und ermutigen, müssen vertrauensvoll mit Männern zusammenarbeiten, uns von älteren Frauen und Männern befähigen und schulen lassen, um unsere Aufgaben anzupacken, Menschen zu Jesus einzuladen, Gemeinden anziehend und warm zu machen, in Nöten zu helfen.«

Wenn es jemanden gibt, der mit Kleinigkeiten und Aufmerksamkeiten anderen Mut macht, dann ist es Christel. Ich erinnere mich an etliche Gelegenheiten, wo ich miterlebt habe, dass ihr das Schenken Freude macht. Überraschungen und Mutmachpaketchen kommen von Christels Adresse genau im richtigen Moment. Sie ist eine starke Frau, ohne hart zu sein. Sie denkt für andere, ohne zu manipulieren. Sie sorgt sich um andere, ohne zu herrschen. Und sie ist immer mehr unterwegs im Land, um für Frauen Orte zu schaffen, an denen sie auftanken können.

Dass es geht, trotz Arbeit und vielen Aufgaben, das beweist das Leben von Christel. Und natürlich auch von Uli, ihrem Unterstützer im Hintergrund.

»Nicht dass wir Herren wären über euren Glauben, sondern wir sind Gehilfen eurer Freude« (2. Korinther 1,24).

Zum Nachdenken:

1. Welche Not gab es in meinem Leben, die meine Beziehung zu Gott auf die Probe gestellt hat? Sind die Wunden geheilt?
2. Wie kann ich mir im Alltag Ruhepausen einbauen?
3. Welchen Beitrag kann ich in meiner Gemeinde leisten?

Loreen Fajgel

Loreen Fajgel

Persönliche Daten:
* 21.10.1964; verheiratet; zwei Kinder im Alter von 4 bis 6

Erlernter Beruf:
Balletttänzerin

Beruf des Mannes: Musicaldarsteller

Ausgeübte Tätigkeit jetzt:
»Homemaker« (Hausfau), freischaffende Tänzerin & Lehrerin

Mitarbeit in Gremien und Vorständen:
Creative Arts Europe (christlicher Kunst- und Kulturverein)

Ein Ziel Ihres Lebens, auf das Sie zuarbeiten:
Den Willen Gottes für mein Leben immer mehr erkennen und auch tun.

Ein Traum, der sich noch nicht erfüllt hat:
Ich träume davon, dass christliche Kunst, insbesondere »Xaris« (die Tanzgruppe, die ich leite) mehr und mehr auf Bühnen zu sehen ist – gerade dort, wo Menschen von der Liebe Gottes noch nichts gehört haben.

Ein Gedanke, der Angst macht:
Dass meine Kinder leiden müssten. Ich weiß, ich kann sie nicht vor allem beschützen und vertraue sie immer wieder Gott an; aber ich komme viel besser mit der Vorstellung zurecht, dass mir etwas zustoßen könnte als meinen Kindern.

Eine Not, die Sie in Atem hält:
Das furchtbare Leiden der Waisenkinder in Rumänien.

Eine Freude, an die Sie immer wieder denken:
Hier soll ich nur eine nennen! Die Entwicklung unserer Kinder.

Ihr Platz, an dem Sie diese Welt verändern:
Als Tänzerin für Jesus!

Zu Gottes Ehre tanzen

Zu Gottes Ehre tanzen

Viele kleine Mädchen träumen davon, eines Tages eine hübsche Primaballerina zu sein. Loreen träumte als Mädchen davon, eine Hausfrau zu sein. Und eine Tänzerin. Beide Wünsche haben sich erfüllt. Loreen Fajgel ist Hausfrau, Mutter und Tänzerin. Eine außergewöhnliche Kombination, sicher auch außergewöhnlich, weil es in christlichen Kreisen eher selten vorkommt, dass jemand beruflich den Weg zum Theater einschlägt. Doch Loreen steht damit nicht allein. Ihr

Mann Michael ist ebenfalls am Theater tätig – als Sänger und Schauspieler.

»Ich wollte schon immer tanzen, obwohl ich als kleines Kind wohl immer sagte, dass ich Hausfrau werden möchte! Beide Wünsche haben sich erfüllt. Als meine Familie von Zimbabwe nach England auswanderte, bin ich an der 'Royal Ballet School' , der königlichen Ballett-Schule, aufgenommen worden. Dort bekam ich eine gründliche achtjährige Ausbildung.«

Loreen muss als Kind außerordentlich begabt gewesen sein, denn sonst wäre sie nicht an dieser Schule angenommen worden. Bald schon tauchte sie ganz in die Welt des Tanzens ein.

Doch es gab auch andere wichtige Impulse für ihr Leben. Sie lernte Christen kennen, die in England zum *Bibellesebund* gehörten.

Loreen entschied sich, mit Jesus zu leben.

Ihr Weg führte sie ans Theater. Ihr Beruf machte ihr Freude, auch wenn sie sich manchmal danach sehnte, vermehrt inhaltliche und schauspielerische Elemente in ihr Tanzen aufzunehmen.

»Ich sehe Tanz als Geschenk Gottes an. Es ist eine Ausdrucksform, die irgendwie direkt an das Herz herankommt und die Fähigkeit hat, Menschen tief zu berühren. Obwohl ich immer gerne getanzt habe, waren meine Jahre am Theater ziemlich frustrierend. Ich wollte nicht 'nur' tanzen, sondern ich sehnte mich auch nach Sinn, Charakterdarstellung und Aussage.«

Doch es gab auch viel Erfreuliches am Theater. Kollegen fingen an, sich für ihren Glauben zu interessieren. Und so wie Loreen viele Jahre zuvor an der Ballettschule durch andere Christen Jesus kennen gelernt hatte, so geschah es auch durch sie und ihren Mann: Kollegen wurden Christen.

»Am Anfang meiner Zeit im Theater war ich sehr zurückhaltend mit meinem Glauben. Dann kam eine temperamentvolle irische Tänzerin ins Ballett, die immer Lobpreislieder singend durch die Flure lief und zu jeder Zeit von Jesus redete. Da alle wussten, dass ich auch an Jesus glaubte, wurde ich mehr oder weniger gezwungen, öfters Zeugnis zu

geben! Mein Mann und ich haben beide erlebt, dass Kollegen auf uns zukamen, wenn sie, oder ein Familienmitglied krank waren, um uns um Gebet zu bitten. Es sind auch ein paar Tänzer zum Glauben gekommen.«

Für Loreen endete die Zeit am Theater erst einmal, als sie Mutter wurde. Doch das Tanzen stellte sie nur während der Schwangerschaften und Stillzeiten ein. Tanzen gehört nun mal zu ihrem Leben. Und so ist verständlich, dass sie neue Wege suchte, ihre Begabung für Gott einzusetzen. Sie fing an, in der Gemeinde zu tanzen.

»Als ich Mutter wurde und am Theater aufhörte, hatte ich mehr Zeit in Gemeinden zu tanzen. Ich traf Randall Flinn, einen Choreographen aus Texas, der eine neue Welt für mich öffnete, als er ein Training mit Gebet anfing! Ich hatte nie daran gedacht, dass die Verbindung zwischen meinem Beruf und meinem Glauben so einfach sein könnte.«

Für Loreen schien ihr Beruf zunächst ganz losgelöst zu sein von ihrem Glauben an Gott. Das kam sicher zum Teil auch daher, dass sie oft von Christen hinterfragt oder sogar angegriffen wurde, weil sie als Christin am Theater arbeitete. Loreen wusste, dass manche christlichen Gemeinden Tanzen grundsätzlich ablehnen. Doch sie gewann einen ganz eigenen Standpunkt gegenüber solchen Anfragen.

»Früher bin ich oft gefragt worden, wie ich meinen Glauben mit meiner Arbeit am Theater – und dann auch noch als Tänzerin! – vereinbaren kann. Damals hat mich das schon verunsichert, und daraufhin habe ich in der Bibel geforscht, um zu sehen, wie der Herr das sieht. Es gibt schon Tanzarten, die Gott ganz und gar nicht verherrlichen. Die Bibel lehrt, dass der Inhalt unseres Herzens durch unseren Mund ausfließt. Genauso ist es auch beim Tanzen. Wenn das Herz des Künstlers auf Gott gerichtet ist, wird das auf der Bühne auch sichtbar sein. Heute versuche ich gar nicht mehr, Leute durch Argumente von der Wichtigkeit der Kunst zu überzeugen. Ich tanze einfach, wo ich eingeladen werde, und erlebe ganz oft, dass Geschwister, die vorher Vorurteile hatten, ihre Meinung während des Auftritts ändern. Ansonsten kann ich damit leben, dass manche Leute anderer Meinung sind als ich.«

Loreens Art zu tanzen, geht unter die Haut. Sie verbindet in ihren Bewegungen Stärke, Dynamik und Eleganz. Sie verbindet aber im Tanzen auch durch ihre Person die Anbetung Gottes und die Ehrfurcht vor ihm mit Freude und Dynamik. Bei ihr spürt man deutlich, dass es ihr nicht um Selbstdarstellung geht. Sie will mit ihren Bewegungen etwas zum Ausdruck bringen, was man sonst nur schwer in Worte fassen kann.

»Jetzt versuche ich, Stücke zu entwickeln, die Gott klar ehren, oder einen Aspekt seines Wesens vermitteln. Als Tänzer versucht man normalerweise, die Ideen des Choreographen umzusetzen und sie in gewisser Weise an das Publikum 'zu verkaufen'. Es ist so herrlich, endlich Stücke tanzen zu können, an deren Inhalt ich glaube und den ich vertreten kann! Seit fast drei Jahren leite ich eine professionelle Tanzgruppe, die eine klare christliche Ausrichtung hat.«

In den letzten Jahren sind in vielen Gemeinden Tanzgruppen entstanden, die zu bestimmten Liedern Bewegungen einstudieren und ihre Tänze im Gottesdienst einbringen. In Vorbereitung auf das Christival 96 gab es einen *Christival Creativ Congress* (CCC), bei dem Loreen und auch ihr Mann Michael junge Christen unterrichteten. Immer mehr Gemeinden erkennen die Möglichkeiten, die sich durch den Einsatz von Kreativität im Gottesdienst ergeben. Tanzen war schon im Alten Testament oft ein Ausdruck von spontaner Freude vor Gott: so tanzte Mirjam nach dem Durchzug durch das Rote Meer, 2. Mose 15,20; oder auch von Ergriffensein durch den Heiligen Geist: so wie bei David, der vor der Bundeslade tanzte, 2. Samuel 6, 14.16.

Für einen Profi wie Loreen gehört Tanz zum Leben. Aber der spontane Tanz fällt ihr vielleicht schwerer als einem Laien.

»Ich tanze sehr gerne vor dem Herrn, obwohl improvisierter Tanz mir schwer fällt. Im Hinterkopf laufen immer wieder die Gedanken: 'Sind die Füße gestreckt? Schulter runter! ...' Ich tanze ab und zu beim Beten. Wenn ein Anliegen mir besonders am Herzen liegt, fange ich an, meine Worte mit Bewegungen zu unterstreichen. Oft ist es so, dass ich gar nicht mehr weiß, wofür ich letzte Woche gebetet

habe, aber an die getanzten Gebete kann ich mich immer noch erinnern.«

Loreen führt ein außergewöhnliches Leben. Ihr Mann arbeitet am Theater, sie versucht, viel zu trainieren. Daneben läuft ein ganz normales Leben mit den Kindern, im Haushalt, in der Gemeinde. Wie bekommt sie das alles unter einen Hut?

»Gerade weil mein Mann auch am Theater tätig ist, hat er einen unregelmäßigen Arbeitsrhythmus. Manchmal hat er nur Vorstellungen und ist tagsüber auch zu Hause. Seit die Kinder im Kindergarten sind, kann ich wieder regelmäßig morgens am Theater mit trainieren. Meistens klappt es so, dass einer von uns bei den Kindern bleiben kann. Meine Mutter kommt auch ein paar Mal im Jahr nach Deutschland, um die Zeit mit ihren Enkeln zu genießen, wenn wir gerade zusammen auf einem Seminar unterrichten oder ich irgendwo anders einen Auftritt habe. Oft kommen die Kinder mit und schauen sehr aufmerksam zu, um alles später zu Hause im Wohnzimmer auszuprobieren! Unser Lebensstil ist schon außergewöhnlich, aber für uns hat Familie erste Priorität. Bisher klappt es recht gut. Im September kommt unser Sohn in die Schule. Mal sehen, wie es dann wird!«

Doch auch jetzt schon setzt sich Loreen voll ein. Ihr Herz schlägt für Waisenkinder in Rumänien. Und sie nutzt ihre Gabe, das Tanzen, um den Kindern zu helfen. Unter dem Namen *Xaris* hat sich eine Gruppe von Christen zusammengetan, die einmal im Jahr für einen guten Zweck auf Tournee gehen. Die Erlöse aus den Aufführungen gehen direkt an ein Projekt in Rumänien. Für Loreen, die diese Initiative gestartet hat, erfüllt sich damit ein Traum.

»Ich freue mich sehr, dass Gott mir die Chance gegeben hat, in dieser Gruppe zu arbeiten. Wir sind eine Benefizgruppe und sammeln seit zwei Jahren für einen christlichen Verein, der mit Waisenkindern in Rumänien arbeitet. Die Not ist verheerend und ich freue mich, dass wir die Arbeit durch Tanz finanziell unterstützen können. Ich staune auch über die Türen, die uns aufgetan werden. Im November letzten Jahres waren wir als Gruppe in Finnland. Dort haben wir vor Tausenden in einer Eissporthalle ein Stück über Bos-

nien getanzt. Das Vorspiel war von Multi-Media-Effekten auf Großbildleinwand begleitet. Wir standen auf dieser riesigen Bühne, umgeben von Kriegsgeräuschen. Die Bühne hat regelrecht gebebt. Ich konnte nur staunen, dass wir vor 11 000 Menschen zur Ehre Gottes auftreten konnten. Ich musste plötzlich an all die Auftritte denken, wo die Umstände oft sehr ungeeignet für Tänzer waren und die Zuschauerzahl viel geringer. Es war, als ob der Herr mir zeigte, dass wir nun in diesem Stadion sein konnten, weil wir vorher auch bereit waren, vor zehn Menschen zu tanzen. Ich hatte plötzlich die Frage vor mir: 'Wirst du wieder dorthin gehen, wenn ich dich dorthin rufe?' Ich will dort tanzen, wo Gott mich hinsendet und ich will 'die Welt verändern' wo er mich hinstellt.«

Loreen dient mit ihrer Gabe. Sie setzt sich ein, damit andere Menschen aufgebaut werden. Tanzen tut der Seele gut, auch der des Zuschauers. Doch was wäre, wenn Loreen eines Tages nicht mehr tanzen könnte? Würde ihre Welt zusammenbrechen?

»Diese Frage ist nicht so leicht zu beantworten. Ich tanze fast seitdem ich laufen kann! Während der Schwangerschaften und Stillzeiten habe ich überhaupt nicht getanzt, und das ist mir nicht schwer gefallen. Andere Tänzer zu unterrichten macht mir auch echt Freude. Aber dazu muss man auch tanzen können. Ich könnte auch ohne Tanz leben, wobei ich dann schon irgendeinen kreativen Ausgang für meine Seele brauchen würde, sei es Klavierspielen, Basteln oder Nähen. Aber das Leben ist so voll faszinierender Dinge. Auch ohne Tanz würde mir nicht langweilig werden.«

Die Welt wird bunt und kreativ bleiben, solange Gott Männer und Frauen wie Loreen findet, die sich ihm zur Verfügung stellen und seine Ehre suchen, nicht die eigene. Loreen wird hoffentlich noch lange tanzen können. Denn sie macht mit ihrem Dienst vielen Menschen Freude und hilft, auf kreativen Wegen Gottes Liebe und seine Schönheit zu entdecken. So kann ein Tanz zur Ehre Gottes wie eine Predigt ein Herz erreichen, das weit von Gott entfernt war, und es für die Liebe Gottes erwärmen.

»Ich habe dich je und je geliebt, darum habe ich dich zu mir gezogen aus lauter Güte. Wohlan, ich will dich wiederum bauen, dass du gebaut sein sollst, du Jungfrau Israel; du sollst dich wieder schmücken, Pauken schlagen und herausgehen zum Tanz« (Jeremia 31,3).

Zum Nachdenken:

1. Welche natürliche Begabung habe ich in meinem Leben entdeckt und trainiert?
2. Wie kann ich meine Gaben in den Dienst der Gemeinde einbringen?
3. Welche Idee habe ich für eine Benefiz-Veranstaltung? Wie kann ich Geld für Projekte in armen Ländern sammeln?

Lisa Fuchs

Persönliche Daten:
* 17.10.1943, ledig

Erlernter Beruf:
Chemotechnikerin

Ausgeübte Tätigkeit jetzt:
Leiterin der Missionarischen Familienarbeit e. V.; Familienreferentin und Autorin

Mitarbeit in Gremien und Vorständen:
Lausanner Komitee für Weltevangelisation Deutscher Zweig; Pro Christ; Kinderforum der Deutschen Evangelischen Allianz

Ein Ziel Ihres Lebens, auf das Sie zuarbeiten:
Wir möchten als Team mehr noch als bisher an der »Front« arbeiten, um Menschen die frohe Botschaft von Jesus Christus zu bringen. Die Christen möchten wir verstärkt mobilisieren, nicht über sich selbst soviel nachzudenken, sondern mit anzupacken, um diesen Menschen Hilfe, Vertrauen und Liebe anzubieten durch einen konkreten christlichen Lebensstil.

Ein Traum, der sich noch nicht erfüllt hat:
Ich möchte besonders jungen Frauen und Männern helfen, dass sie in Gott ihre Mitte finden und er in ihnen und dass sie so in ihren Seelen heil werden.

Ein Gedanke, der Angst macht:
Christen sind so bequem geworden. Sie denken mehr über das Erhalten ihres Wohlstandes nach, als Verlorenen nachzugehen und für sie ein Vorbild zu werden.

Eine Not, die Sie in Atem hält:
Mich hält die Not der zerbrochenen und kaputten Seelen unserer jungen Generation, insbesondere der Familien und allein Erziehenden, in Atem.

Eine Freude, an die Sie immer wieder denken:
Ich freue mich oft darüber,

dass Gott mir besonders ein Herz für Kinder, Teenager, junge Familien und Frauen gegeben hat. Mit Gottes Hilfe nehme ich an meinem Platz die Chance wahr, dem Chaos dieser Welt etwas entgegenzusetzen.

Ihr Platz, an dem Sie diese Welt verändern:
Ich bin Evangelistin und mein Auftrag ist es gerade in den vorgenannten Bereichen Menschen »zu Jüngern zu machen und sie zu lehren was Jesus befohlen hat« (vgl. Matthäus 28).
Dies ist die effektivste Art, die Welt zu verändern. Das glaube ich und tue es bereits seit über fünfundzwanzig Jahren.

Kinderherzen ändern sich

Kinderherzen

Sie nennt sich gerne: »*eine Stimme für Kinder*«. Wer Lisa Fuchs kennen lernt, versteht sehr schnell, was sie damit meint. Die psychische und geistliche Not von Kindern in unserem Land macht ihr zu schaffen. Sie nutzt jede Gelegenheit, um darauf hinzuweisen, damit Christen und Gemeinden ihre Möglichkeiten und ihre Aufgabe in dieser Hinsicht wahrnehmen.

Lisa ist selbst in einer christlichen Familie aufgewachsen und hat schon im Elternhaus erlebt, wie Glaube gelebt werden kann. Dennoch musste sie ihren eigenen Weg mit Gott finden.

»Als jüngstes Mädchen von drei Kindern wurde ich in eine christliche Familie hineingeboren. Schon früh bin ich mit dem christlichen Glauben durch meine Eltern konfrontiert worden. Für mich bedeutete das: Beten, Bibellesen, in den Gottesdienst gehen und zu Freizeiten fahren. In meiner ersten Teenagerfreizeit mit 16 Jahren nahm ich Jesus Christus in mein Leben auf. Eigentlich ergab dies in meinem Leben keine größere Veränderung, denn so richtig schuldig fühlte ich mich ja gar nicht, ganz im Gegenteil: Die Sehnsucht in mir, das zu erleben was bei Nichtchristen zu erleben war, wurde immer größer. Hierzu bekam ich bald Gelegenheit in meiner Studienzeit, weg von zu Hause, weg von christlichen Regeln, endlich mal richtig »auf den Topf hauen«. Genau das war es, was ich jetzt wollte. Doch richtig glücklich war ich immer noch nicht. Einiges Erlebte erschreckte mich, aber manches zog mich an wie ein Magnet. In meiner Seele gab es nun zwei Teile: Die eine Seite wollte zu Gott gehören, die andere immer vor ihm davonlaufen. Mein Motto wurde: halb für Gott und halb für die Welt. Bald merkte ich, dass es so nicht weiter gehen konnte. Diese Zerrissenheit war auch für mein Studium nicht gerade motivierend: obwohl ich eine gute Schülerin war, fiel ich durch das Staatsexamen. Mir wurde nach diesem Schrecken deutlich, dass dies entweder einen Abstieg weiter nach unten oder einen neuen Anfang bedeutete. Ich entschied mich für das Letztere. Mitten in einer Konzertaufnahme hielt ich es nicht mehr aus, ich konnte diese Lieder einfach nicht mehr mitsingen. Sehnsüchtig wartete ich auf die Pause und lief sodann zu meinem Pastor. An Ort und Stelle brachte ich mein Leben wieder in Ordnung.«

Sie führte das Studium zum erfolgreichen Ende und begann bei einem weltbekannten Getränkehersteller im Ruhrgebiet zu arbeiten. Der Beruf machte Spaß, der Erfolg in der Arbeit ließ nicht auf sich warten. Doch dann kam eine Erkrankung, die eine Operation erforderte.

»Als ein Arzt mir die Narkosespritze geben wollte, geriet ich in Panik, da ich Angst vor dem Sterben hatte. Gott tröstete mich mit den Worten aus Jesaja 43,1: 'Fürchte dich nicht, denn ich habe dich erlöst; ich habe dich bei deinem

Namen gerufen; du bist mein.' *Noch heute höre ich die Worte in meinen Ohren. Die Operation war gut verlaufen, doch in mir hatte sich etwas Wesentliches geändert. Ich spürte Gottes Hand auf mir, 'du bist mein'. Auch erkannte ich, dies war ein Ruf zu meiner Bestimmung. Schon bald begann ich, begeistert Kinderarbeit in meiner Gemeinde zu machen. Mir fiel sozusagen alles zu, was ich dazu benötigte. Alle meine Gaben, die in mir steckten, kamen dabei heraus.«*

Doch Gott hatte mehr mit Lisa vor, als sie ihm in der ehrenamtlichen Tätigkeit geben konnte. Er wollte ihren ganzen Einsatz. Mehrere Erlebnisse führten schließlich dazu, dass Lisa Fuchs sich entschloss, ganz in den vollzeitlichen Dienst zu gehen. Dabei war für sie von Anfang an die Evangelisation ihr Hauptanliegen.

»Eines Tages stimmte mich ein Erlebnis am Arbeitsplatz sehr nachdenklich. Am Morgen wurde im benachbarten Labor eine Kollegin tot aufgefunden, die sich eine Überdosis Heroin gespritzt hatte. Wieder hörte ich einen Satz: 'Du weißt, dass Jesus der Weg zum Leben ist, warum hast du es ihr nie gesagt?' Zum ersten Mal dachte ich über eine vollzeitliche Berufung nach, aber verwarf dies bald wieder, da ich ja schon sehr viel für Gott in meiner Freizeit tat.

Nach einigen Jahren wechselte ich meine Arbeitsstelle und siedelte zur Krebsforschung über. Es gab viel Neues und Interessantes zu erleben. Doch bei all dem Elend, das ich dort sah, hörte ich Gottes Ansprache wieder sehr deutlich: 'Du weißt, dass Jesus der Weg zum Leben ist, warum sagst du es ihnen nicht?' Immer wieder sah ich Menschen, die nicht mehr lange zu leben hatten und der Ruf Gottes wurde dabei immer deutlicher. Eines Tages konnte ich nicht mehr und gab auf. Der neue Weg, den ich beschreiten sollte, war bereits vorgezeichnet.

In einem großen evangelikalen Missionswerk absolvierte ich ein diakonisches Jahr. Die Tätigkeit in der Kinder- und Jugendarbeit machte mir so viel Freude, dass ich erkannte: 'Das ist in Zukunft dein Beruf.' Es folgte eine theologische Ausbildung und ich begann anschließend als Jugendmissionarin mit Leib und Seele meinem Herrn zu dienen. Mein Herz brannte für Kinder, Teenager und Jugendliche.«

Um sich diesem Anliegen ganz widmen zu können, hat sie ein eigenes Missionswerk gegründet: die MFA (*Missionarische Familienarbeit*). Damit ist sie als Frau sicher eine Ausnahme unter den Gründern von Missionswerken, die sonst vornehmlich Männer sind. Und für sie war es sicher nicht immer leicht, diesen Weg der Pionierin zu gehen.

»1987 gründete ich ein kleines Missionswerk: Missionarische Familienarbeit e. V. Derzeit sind wir ein Team von vier Mitarbeitern, wobei drei vollzeitlich als Missionare unterwegs sind, der vierte arbeitet im administrativen Bereich. Es war für mich nicht ganz einfach, das Geschenk Gottes der geistlichen Leiterschaft persönlich anzunehmen. Jahrelang war ich gewohnt, unter einem Dach zu arbeiten und nun musste ich selbst Entscheidungen treffen, Mitarbeiter führen, für Finanzen sorgen und Chefin sein. Das war ein harter Schritt. Nun lerne ich schon seit zwölf Jahren daran, und ich merke, wie es immer besser wird und ich mehr und mehr die nötige Gelassenheit erhalte. Die größte Herausforderung und zugleich ein großes Erstaunen ist für mich immer wieder, dass dieses Werk finanziell, personell und mit Aufträgen gesegnet ist. Wir sehen als Team oft nur staunend zu, wie liebevoll unser himmlischer Vater uns versorgt.«

Weltweit ist die Situation der Kinder problematisch. Sie kämpfen ums Überleben, sie sehnen sich nach Familie und Geborgenheit, sie sind Spielball der Mächte und Krisengebiete in dieser Welt. Lisa weiß das genau und versucht das zu tun, was sie kann, um diese Not zu mildern.

»1989 war ich beim Weltkongress für Evangelisation in Manila. Neben vielen wertvollen Referaten wurden uns sehr oft Videos vorgeführt, in denen immer wieder Kinder dieser Welt zu sehen waren. Dabei wurde uns deutlich gemacht, dass über die Hälfte der Weltbevölkerung Kinder und Jugendliche sind. Wir hörten sehr oft den Satz: 'Wer die Kinder hat, hat die Zukunft.' Es ist schwierig für die Kinder dieser Welt Prognosen zu stellen, aber eines weiß ich: Es ist gut, wenn sich noch viele junge Menschen rufen lassen, gerade den Kindern die frohe Botschaft von Jesus zu bringen, weil diese schließlich die Zukunft prägen. Für meine Arbeit und mein Leben habe ich mir vorgenommen, junge Men-

schen zu motivieren, auf Kinder zuzugehen, um sie zu ermutigen, eine Hoffnung für diese Welt zu sein und das können sie nur durch Jesus Christus.«

Mit dem von ihr gegründeten Verein sucht Lisa auf keinen Fall den Alleingang. MFA ist Mitglied im Ring Missionarischer Jugendbewegungen und arbeitet auf der Basis der Evangelischen Allianz. Dabei ist ihr und ihren Mitarbeitern wichtig, dass sie mit allen Kirchen und Gemeinden zusammenarbeiten, in die sie gerufen werden. Dennoch hat die Arbeit ihr eigenes geistliches Profil, das nicht um der Zusammenarbeit willen verleugnet wird.

Die Aufgaben des Vereins sind vielfältig. Kinderwochen, Kinderfestivals, Kinderhauskreise, Kinderfreizeiten und Teenagerarbeit gehören ebenso dazu wie ein Schulungsprogramm für Mitarbeiter und eine ausgedehnte Medienarbeit. Lisa Fuchs war eine der ersten, die christliche Videos für Kinder produzierte. Im Moment konzentriert sie sich auf die Herstellung von Hörspielen, Liederkassetten und Material für Mitarbeiter im Kinderbereich.

»Inzwischen schaue ich auf fünfundzwanzig Berufsjahre als Jugendmissionarin und Familienreferentin zurück. Gott schenkte mir ganz deutlich das evangelistische Amt verknüpft mit der Lehrgabe. Viele Kinder, Teenager und Jugendliche durfte ich zu Jesus führen. Eine ganze Reihe von ihnen stehen heute selbst im vollzeitlichen Dienst. In den vielen Jahren habe ich sehen dürfen, wie wichtig es ist, Kindern die frohe Botschaft von Jesus zu sagen und sie in ein verbindliches Leben mit ihm zu führen. Dabei habe ich festgestellt, wie wichtig es ist, dass sie erleben, dass Jesus ihr bester Freund ist, der sie führen und leiten will. Das ist auch genau die Voraussetzung, als Christ eine Familie zu gründen und die Kinder ebenfalls im christlichen Glauben zu erziehen. Nun hat Gott mich in die Familienarbeit gestellt und ich habe viele meiner ehemaligen Kinder und Teenies begleiten können. Für eine ganze Reihe von ihnen bin ich heute noch eine große Freundin und es ist phantastisch zu beobachten, wie sie ihren Weg gehen.«

Lisa Fuchs hat erkannt, dass Kinderarbeit da am besten gelingt, wo sie die dazugehörigen Eltern in den Blick bekommt und für beide etwas Adäquates anbietet. Auf dem Prospekt, der die Arbeit von »Missionarische Familienarbeit« vorstellt, steht als Slogan: »Gott will Familie« und »Gott mag Kinder«. Lisa weiß, dass die intakte Familie eine Seltenheit geworden ist. Immer mehr Kinder wachsen mit nur einem Elternteil auf.

»Nun bin ich in der zweiten Etappe meines Lebens. Mein Herz schlägt für junge Mütter, Väter und ihre Kinder, besonders auch für die allein Erziehenden, die es oft sehr schwer haben, ihren Weg zu finden und dabei möchte ich ihnen helfen. In dieser Arbeit machte ich eine wichtige Entdeckung: Kinder gehören einfach zu ihren Eltern und umgekehrt. Ich glaube, dass wir in unserer Zeit heute nicht mehr nur Kinderarbeit machen können, sondern sie muss verbunden sein mit Elternarbeit. Hier sehe ich ein großes, weites Feld, das wir noch bebauen können. Psalm 78 sagt es sehr deutlich, dass wir Eltern und Kinder rufen sollen, damit sie auf Gott ihre Hoffnung setzen können. Hoffnung wiederum ist die Motivation zum Leben! Deshalb ist für mich auch die Frauenarbeit so wichtig. Frauen haben den engsten und tiefsten Kontakt zu ihren Kindern, weil sie ein Teil von ihnen selbst sind.«

Mit Frauen arbeitet Lisa besonders durch ihre Tätigkeit als Referentin bei Frühstückstreffen für Frauen, bei Frauenfreizeiten und Frauenabenden. Frauen sind wichtig für den Weg, den die Kinder später einmal einschlagen werden. Frauen haben eine einmalige Chance, das Vertrauen auf Gott und den Glauben an ihn unmittelbar ihren Kindern zu vermitteln.

»Dies geschieht durch biblische Geschichten, Singen und Gebet. Da es aber in vielen Familien heute diese Elemente nicht mehr gibt, müssen wir Missionare als Ersatzmütter eintreten und die Kinder zu Gott führen. Die Aufgabe des Mannes ist es wiederum, in der Pubertät das Kind von der Mutter zu lösen, es zum Leben zu ermutigen und es hineinzuführen. Wo dies heute in Familien noch geschieht, bleiben die Herzen und die Seelen der Kinder heil und sind gewappnet, selbst wieder eine Familie zu gründen und ihre Kinder im Glauben zu erziehen. Deshalb ist es so wichtig, dass die

Mütter und Väter diese Aufgaben wieder neu erkennen. Damit können sie die Welt verändern.«

Lisa hat viele Ideen, wie noch mehr Mitglieder der Gemeinden Mitarbeiter in Sachen Kinder werden können. Dabei ist nicht nur die Gestaltung der Kinderstunde im Blick.

»Mir liegen die Kinder in ihrer Ganzheitlichkeit am Herzen. Die Zeit, in der sie leben, möchte ich besser verstehen, ebenso auch mehr und mehr lernen, ihre Sprache zu sprechen. Ich möchte wissen, was sie denken, lesen und mich auf ihre kindliche Ebene begeben, um ihnen so mehr entgegenzukommen und näher zu sein. Für mich ist unser eigenes Land – Deutschland – sehr wichtig geworden. In den letzten Jahren wurde es immer mehr sichtbar, dass wir ein gottloses Volk geworden sind. Immer mehr Ideologien und falsche Lehren machen sich breit, Massenmedien zerstören die Seelen unserer Kinder. Deshalb ist es mir ein großes Anliegen, noch viel mehr Christen zu motivieren, die Not unserer Kinder zu erkennen. Wir haben uns in unserem Team und in all unseren Arbeiten vorgenommen, die Gemeinden und Christen daraufhin anzusprechen. Zum Beispiel könnten Omas und Opas die Aufgabe des 'Umbetens' der Kinder übernehmen. Mancher Opa hätte auch noch die Kraft dazu, eine Patenschaft für ein vaterloses Kind zu übernehmen, es lieb zu haben, anzunehmen und einfach für es da zu sein. Christliche Väter und Mütter könnten in ihren Häusern Kinder sammeln, ihnen Geschichten erzählen, mit ihnen beten, Lieder singen, ihnen ein wenig Nähe geben. Ich glaube ganz sicher, dass solche Aktivitäten in Deutschland die Kinder verändern würden. Da ich auch als Dozentin an einer Bibelschule tätig bin, habe ich mir dort als Ziel gesteckt, noch mehr Männer für Kinder zu begeistern, da sie eine unglaubliche Rolle zu Ermutigung der Kinder spielen.«

Was hat Lisa Fuchs im Lauf ihrer Tätigkeit gelernt?

»Eines weiß ich ganz sicher: Meine Prioritäten im Leben haben ihren Stellenwert geändert. Ich merke, dass mir das Wort von Jesus: 'Trachtet zuerst nach dem Reich Gottes, so wird euch alles andere zufallen', sich in meinem Leben bewahrheitet. Es ist eine Tatsache, dass Gott allen Mangel ausfüllen wird, wenn er den ersten Platz in unserem Leben

haben darf. Ich habe ihm diesen Platz gegeben. Ein zweiter Punkt war sehr viel härter zu lernen: dass bei Niederlagen und Ablehnung ich meine ganze Hilfe und Identität in Gott suche und mir immer vergegenwärtige, dass ich von ihm geliebt bin. Als dritter Punkt ist mir sehr bewusst geworden, dass Gott mich wertvoll geschaffen hat. Ich weiß, dass ich in meiner Berufung als Frau meine Gaben ausleben darf. Wenn das schon mal angegriffen wird, habe ich es mehr und mehr lernen dürfen, dies einfach stehen zu lassen und weiter zu gehen. Darüber freue ich mich sehr. Und ein Viertes hat mein Leben verändert: Steine, die mir in den Weg gelegt wurden, einfach los zu lassen und Dinge, die mich bedrängten und fertig machten in Gottes Hände fallen zu lassen.«

Es gäbe noch viel zu sagen. Zum Beispiel, dass Lisa auch in Russland, Georgien und Rumänien unterwegs ist. Doch das Land, das ihr am meisten am Herzen liegt, ist Israel. Auch hier investiert das Team in die Zukunft, z.B. durch Freizeiten mit Kindern aus messianisch-jüdischen Familien. Jedes Kind, das heute Jesus kennen lernt, wird in der Zukunft ein Zeichen der Liebe Gottes sein. Die Frucht ihrer Arbeit geht weit über das jetzt Sichtbare hinaus. Aber das versteht sich von selbst, denn Lisa investiert in Kinder und damit in die Zukunft.

»Was wir gehört haben und wissen und unsre Väter uns erzählt haben, das wollen wir nicht verschweigen ihren Kindern; wir verkündigen dem kommenden Geschlecht den Ruhm des Herrn und seine Macht und seine Wunder, die er getan hat« (Psalm 78, 3-4).

Zum Nachdenken:

1. Für wen setze ich mich ein? Wessen Stimme bin ich?
2. Wo gibt es Kinder, denen ich eine Ansprechpartnerin sein kann?
3. Welche anderen Länder legt Gott mit aufs Herz?

Ingrid Giger

Ingrid Giger

Persönliche Daten:
* 15.09.1943; verheiratet; zwei Kinder im Alter von 18 bis 21

Erlernter Beruf: Lehrerin in textilem Werken

Beruf des Mannes:
Mitarbeiter einer Mission

Ausgeübte Tätigkeit jetzt:
Koordinatorin für *»Mütter in Kontakt«* in Deutschland

Ein Ziel Ihres Lebens, auf das Sie zuarbeiten:
Noch mehr zu lernen, Gott beim Wort zu nehmen, seinen Verheißungen zu glauben und im Gebet einzusetzen. – »Das Wort« beten.

Ein Traum, der sich noch nicht erfüllt hat:
Dass es mir immer gelingt die Ruhe zu behalten, auch wenn viele Dinge zu erledigen sind. Die MITI (engl. Name der Arbeit: *Moms in Touch International*)-Arbeit als die Arbeit des Herrn zu sehen; stille werden, auf seine Anweisungen warten. Er überfordert mich nicht.

Ein Gedanke, der Angst macht:
Dass ich in dem nicht durchhalte, Mütter und Väter im Gebet zu begleiten, die besonders schwer in Bezug auf ihre Kinder zu tragen haben.

Eine Not, die Sie in Atem hält:
Adoptivkinder eines Angehörigen, die anderer Hautfarbe sind, die Mühe haben, ihre Eltern anzunehmen und Schwierigkeiten, in der Gesellschaft Fuß zu fassen.

Eine Freude, an die Sie immer wieder denken:
Mitzuerleben, als 700 Frauen/Mütter aus allen Staaten Amerikas Dankopfer (Dank für Gebetserhörungen) brachten (10-jähriges Jubiläum von *Moms In Touch International*). Da blieb kein Auge trocken – ich musste vor Freude weinen.

Ihr Platz, an dem Sie diese Welt verändern:
Das Gebet in der Gruppe hat besondere Verheißungen – eins zu sein in den Anliegen. Die Verantwortung für die eigenen Kinder, egal welches Alter, im Gebet wahrzunehmen. Dass das Leben unserer Kinder gute Kreise zieht. »Salz und Licht« zu sein.

Gebet verändert die Schulwelt

Ingrid Giger kommt weit aus dem Norden, aus Schweden. Ihre Eltern und Geschwister gehörten dort zu einer kleinen Freien Evangelischen Gemeinde: *»The Covenant Church of Sweden«*. Mit fünfzehn Jahren stellte Ingrid fest, dass der Glaube ihrer Eltern ihr nicht helfen würde, wenn sie ihn nicht selbst annehmen würde. Sie entschied sich für ein Leben mit Jesus.

Viele Jahre arbeitete sie in ihrer Gemeinde in einer Pfadfindergruppe mit, die Teil der Jugendarbeit war. Ingrid machte eine Ausbildung zur Lehrerin für Textiles Werken und arbeitete danach sechs Jahre in ihrem Beruf. Mit achtundzwanzig Jahren wurde sie unruhig und begann, Gott intensiv zu suchen, um zu erfahren, ob er sie irgendwo sonst in der Welt einsetzen wollte. Durch seine Führung kam sie zu *Operation Mobilisation* und ließ sich in Jüngerschaft, Teamarbeit und Evangelisation ausbilden, die meiste Zeit im Mittleren Osten.

Dort im Team lernte sie auch ihren Mann kennen. Als Antwort auf ihre Gebete für die gemeinsame Zukunft gab der Herr ihnen mehrere Hinweise, sich einer deutschen Mission anzuschließen. Die Verbindung mit dem Mittleren Osten wurde fortgesetzt, wenn auch um einige Länder in Afrika und Asien erweitert. Mittlerweile sind die Gigers seit über zwanzig Jahren zuverlässige Mitarbeiter dieser Mission. Fünf Jahre davon lebten sie in Kairo.

»Im Sommer 1989 wurde ich mit Moms In Touch International *(MITI)* – Mütter in Kontakt – *bekannt gemacht. Die Idee, eine Stunde wöchentlich mit anderen Müttern für die eigenen Kinder und deren Schulen zu beten, sprach mich an. Während dieser Zeit besuchten unsere Kinder die Deutsche Evangelische Oberschule in Kairo.*

Ich war mit vielen Dingen beschäftigt, besonders auch mit dem Schulleben der Kinder. Eine dort sesshafte deutsche Mutter, die ihre Kinder in der gleichen Schule hatte, gab mir das Anleitungsheft von Mütter in Kontakt *in Englisch und eine Kassette, in der Mütter begeistert erzählen, wie viel ihnen das Beten für Schüler und Schulen bedeutet. Ein Jahr haben wir dann zusammen für die Deutsche Evangelische Oberschule in Kairo gebetet, bevor wir nach Deutschland zurückkehrten.«*

Aus dieser Zeit heraus resultiert die Berufung von Ingrid in den Gebetsdienst für Kinder.

Mütter aus unterschiedlichen Gemeinden und Konfessionen treffen sich regelmäßig, um für ihre Kinder, deren Klassenkameraden, Lehrer und für die Schule an sich zu beten.

Angefangen hat die Arbeit von *Mütter in Kontakt* in British Columbia, einem Staat von Kanada. Fern Nichols, die selbst vier Kinder hat, fühlte sich als Mutter zweier Jungen in der »Junior Highschool« angesichts der vielen negativen Einflüsse auf ihre Kinder ohnmächtig. Sie suchte und fand andere Mütter, denen es ähnlich ging und die sich fortan zum Gebet für ihre Kinder trafen. Die Idee zog Kreise und schon bald gab es in Kanada viele solcher Gebetszellen. Als die Familie Nichols nach Kalifornien zog, schlossen sich auch dort viele Mütter der Bewegung an. Auch international breitete sie sich schnell aus: die Richtlinien für die Arbeit wurden inzwischen in vierzehn Sprachen, darunter Spanisch, Russisch, Rumänisch, Arabisch, Swahili, Chinesisch und auch Deutsch übersetzt. Dabei geht es nicht um den Aufbau einer großen Organisation. Als Ziele der Arbeit liest man in der Broschüre:

»*Mütter in Kontakt ist*

- *eine Gruppe von zwei oder mehreren Müttern, die sich wöchentlich für eine Stunde treffen, um für ihre Kinder und deren Schulen, Lehrer und für die Verwaltung zu beten.*
- *für Mütter, Großmütter oder für jeden, der bereit ist, für ein bestimmtes Kind und eine bestimmte Schule zu beten.*
- *dazu da, unsere Schüler von den Vorschulen bis in die höheren Schulen betend zu begleiten.*
- *für Mütter, die glauben, dass das Gebet Situationen verändert.*«

Ingrid brachte die Idee mit zurück nach Deutschland. Hier bekam die Bewegung den Namen: *Mütter in Kontakt*. Die erste Auflage des Anleitungsheftes wurde im Dezember 1994 gedruckt.

»Moms in Touch *war zu diesem Zeitpunkt schon ein fester Bestandteil meines Lebens, und ohne viel Zeit zu verlieren, habe ich dann einige Mütter um mich versammelt. Mir ist es wichtig, dass nicht nur meine Familie und der Kreis um mich herum diesen Segen erlebt, sondern ich möchte, dass auch andere davon erfahren. Langsam fing ich an, Seite für Seite des Anleitungsheftes zu übersetzen, nachdem ich von Fern Nichols erfahren hatte, dass noch niemand das Heft ins Deutsche übersetzt habe. Es war ein langer Weg, weil Deutsch nicht meine Muttersprache ist. Ich bin gebürtige Schwedin mit zusätzlicher Schweizer Staatsangehörigkeit durch meinen Mann. Ich möchte hier meiner Familie und all denjenigen danken, die mitgeholfen haben, dass wir jetzt so weit gekommen sind. Es war keine leichte Entscheidung, den Schritt zu tun, mich hinter diese Sache zu stellen. Ich fühle mich nicht dafür qualifiziert, aber wenn der Herr mich gebrauchen kann und möchte, dann stelle ich mich zu seiner Verfügung. Ich halte mich an das Wort von Paulus in 2. Korinther 12,9: ' ... denn meine Kraft ist in den Schwachen mächtig'. Was mir sehr geholfen hat, war die herzliche Begegnung in diesem Frühling mit den Mütter-in-Kontakt-Frauen in den Staaten. Die Organisation feierte das zehnjährige Jubiläum in San Diego, Kalifornien. Siebenhundertzwanzig engagierte Mütter aus dem ganzen Land kamen dort zusammen. Anschließend traf ich mich auch mit dem Vorstand und zusammen suchten wir nach einer Lösung, wie die deutsche Übersetzung gedruckt, finanziert und verbreitet werden könnte.«*

Die Idee von *MITI* ist genial. Sie kann von allen Frauen in allen Ländern umgesetzt werden, denn sie erfordert nichts weiter als die Bereitschaft, sich zu treffen, sich zu informieren über die Nöte der Schüler und der Schulen und zu beten. Dennoch muss die jeweilige Situation vor Ort berücksichtigt werden.

»Vielleicht denkt die eine oder andere: Das ist zu amerikanisch und für unsere Verhältnisse nicht geeignet. Das stimmt auch zum Teil. Wir Mütter haben hier weniger Zeit zur Verfügung. In Amerika haben die Kinder eine oder zwei Mahlzeiten in der Schule und für jeden Tag gilt mehr oder weniger der gleiche Zeitplan, was bei uns nicht der Fall ist. Trotzdem bin ich überzeugt, dass wir, unsere Kinder und deren Schulen, diese Gebetsunterstützung genauso brauchen. Ich denke, die Hürden können überwunden werden.«

Welche Sorgen und Ängste bringen Mütter dazu, für ihre Kinder regelmäßig zu beten? Viele Mütter haben Angst, dass ihre Kinder den Anforderungen im Unterricht nicht gerecht werden, dass sie den Klassenstand nicht erreichen. Selbst die guten Schüler haben vor den Klassenarbeiten Angst. Ebenso ist für viele Kinder schlimm, wenn sie zu Außenseitern werden und keinen Freund oder Freundin zu haben. Schlimmer noch ist das Mobbing, das heißt das bewusste Ausgegrenzt- und Schlechtgemachtwerden durch Klassenkameraden, und die Überfälle auf dem Schulweg. Schon lange ist bekannt, dass Gewalt an den Schulen zunimmt.

»Wir Mütter merken immer wieder, wie wichtig es auch unseren Kindern ist, dass wir für sie und ihre Schule beten. Die Kinder vertrauen unserem Gebet und erwarten es von uns, denn als ich mir vor Wochen überlegt habe, wieder in das Berufsleben zurückzugehen, da hatte unsere Tochter nur einen Einwand: 'Mama, dann kannst du ja nicht mehr in den Schulgebetskreis.'

Ich habe jetzt wieder stundenweise angefangen zu arbeiten und es ist trotzdem möglich, dass ich vorher zur Mütter-in-Kontakt-Gruppe *gehe. Das gibt mir Ruhe und Sicherheit und ich weiß meine Tochter auch in der Schule in Gottes Händen geborgen.«*

In der schulischen Laufbahn von Ingrids Kindern gab es einige Gründe, regelmäßig für sie zu beten. Sie hat selbst erfahren, wie wichtig für sie und ihre Kinder das Gebet war.

»Meine Tochter kam ein Jahr zu früh in die Schule. Sie war gerade sechs Jahre alt geworden. Wir waren damals noch in Ägypten, als sie in die Vorschule eingestuft wurde, statt ihrem Alter entsprechend noch ein Jahr im Kindergarten zu sein. Die Kinder wurden an der deutschen Schule in Kairo anders getestet als hier. Ich habe sehr bald gemerkt, dass sie motorisch für die Schule nicht reif war. Es hat mir viel Not gemacht und mich ins Gebet getrieben, was durchaus gut war. Ich habe oft Gott gefragt: Warum hast du das erlaubt? Sie bemühte sich, konnte aber nicht richtig mit den anderen Schritt halten. Es tat mir so Leid. Ich lebte dann mit der Hoffnung, irgendwann auf der Strecke diesen Fehler korrigieren zu können, z.B. dass sie ein Jahr wiederholt: freiwillig – oder gezwungenermaßen. Es kam nicht dazu. Es ist schwer, die Schule zu wechseln und/oder sich in einer neu-

en Klasse einzuleben. Inzwischen ist sie achtzehn geworden. Als sie dreizehn wurde, konnte ich sagen, dass sie die anderen Mädchen eingeholt hatte. Sie ist ein ausgeglichenes, fröhliches Mädchen, das mit sich etwas anzufangen weiß. Sie bereitet uns und anderen viel Freude. Sie hat also keinen Schaden erlitten. Der Herr hat aus der Situation etwas Gutes gemacht. Nach der 10. Klasse (Mittlere Reife) ist sie aus dem Gymnasium ausgestiegen, recht schulmüde. Sie hatte den Wunsch, der auch erfüllt wurde, ein Jahr nach Schweden zu gehen. Sie hat durch mich auch einen schwedischen Pass. Einen Monat vor der Reise haben wir mit den schwedischen Behörden Kontakt aufgenommen und dabei erfahren, dass sie erst zwölf Monate in Schweden gelebt haben muss, um den Pass später behalten zu dürfen. Der Herr hatte uns zu dieser Entscheidung geführt, ohne dass wir wussten, dass es so sein musste. Dieses Jahr hat ihr sehr, sehr gut getan und ihr zu der nötigen Reife verholfen, wieder ins Gymnasium einzusteigen, was sie sich eigentlich nicht hatte vorstellen können.«

Aber auch das Gebet ist keine Garantie für den schulischen Erfolg der Kinder.

»Was wichtig ist: Die Kinder haben Durchhaltevermögen – sie werfen nicht gleich das Handtuch. Sie wissen, dass sie hart arbeiten müssen, um etwas zu erreichen. Ab und zu sagt mein Sohn: 'Du, Mama, wie betet ihr eigentlich für mich in dem Kreis? Ich arbeite hart, schreibe trotzdem keine super Noten.' Ich antworte ihm: 'Andreas, dass du die Kraft hast trotzdem dein Bestes zu geben, dass du nicht aufgibst – das ist ein Geschenk Gottes. Niemand erwartet mehr von dir, als dass du dein Bestes gibst.'

Meine Kinder sind lebensbejahende, fröhliche Teenies. Sie setzen sich mit Glaubensfragen auseinander und sorgen dafür, dass im Religionsunterricht bibeltreues Gedankengut vorkommt. Und sie sind im Gemeindeleben aktiv.«

Es gäbe noch viel zu berichten, von anderen Frauen und ihren Kindern. Von Veränderungen an Schulen bis hin zum Rückgang von Gewalt und Kriminalität. Gebet verändert die Schulwelt der Kinder. Und es entlastet Mütter von der Sorge um die negativen Einflüsse auf ihre Kinder und deren Schulnöte. *Mütter in Kontakt* steht jeder Mutter in Deutschland offen. Ingrid berät und unterstützt die neuen Gruppen, die mit dem Material arbeiten wollen, das auf Deutsch zur Verfügung steht. Mittlerweile gibt es über hundert Gruppen in Deutschland.

Und das nur, weil Ingrid bereit war, das, was sie als hilfreich erlebt hatte, anderen Frauen mitzuteilen. Ein Modell, das zum Nachmachen anregt.

»Schütte dein Herz aus vor dem Herrn wie Wasser. Hebe deine Hände zu ihm auf um des Lebens deiner jungen Kinder willen ...« (Klagelieder 2,19).

Zum Nachdenken:

1. Wie oft bete ich für meine Kinder, ihre Lehrer und ihre Schule? Für welches Kind in meiner Umgebung könnte ich »Gebets-Mutter« sein?
2. Mit wem könnte ich mich regelmäßig zum Gebet treffen?
3. Welche Gebetserhörung aus vergangener Zeit kann mich neu zum Beten ermutigen?

Hertha-Maria Haselmann

Hertha-Maria Haselmann

Persönliche Daten:
* 28.08.1944 in Glückstadt/Elbe, ledig

Erlernter Beruf:
Betriebswirtin

Ausgeübte Tätigkeit jetzt:
Leiterin der Drogenhilfe Lebenswende e.V.

Mitarbeit in Gremien und Vorständen:
Mitglied im Hauptvorstand und Schatzmeisterin im Geschäftsführenden Vorstand der Deutschen Evangelischen Allianz, Schatzmeisterin im Verband der Mitternachtsmissionen (Prostituiertenarbeit) des Diakonischen Werkes, Kuratoriumsmitglied beim Frühstückstreffen für Frauen, Pressesprecherin der ACL (Arbeitsgemeinschaft Christlicher Lebenshilfen)

Ein Ziel Ihres Lebens, auf das Sie zuarbeiten:
Dass ich noch »in aller Frische« jüngere, begabte und motivierte Christen in die Drogenhilfe der Evangelischen Allianz Lebenswende e.V. ausreichend einarbeiten kann und dass ich ein waches Auge behalte für Menschen, die Leitungsfunktionen übernehmen können.
Dass ich noch zu Lebzeiten die Wiederkunft des Messias Jesus Christus erlebe. (Das muss sehr spannend sein.)
Dass ich davor noch reichlich Zeit habe, eine Weltreise zu machen.

Ein Traum, der sich noch nicht erfüllt hat:
Siehe Letzteres oben.

Ein Gedanke, der Angst macht:
Schwer krank zu werden.

Eine Not, die Sie in Atem hält:
Eine zunehmende Tendenz des Wertezerfalls und damit auch stärkere Öffnung für jegliche Art von Legalisierungen von Drogen und Suchtmitteln. Abnehmende Liebe von Verantwortlichen für junge und alte Menschen.

Eine Freude, an die Sie immer wieder denken:
Dass ich Christ werden durfte. Jedes Jahr neu und ergreifend für mich: die ersten Schneeglöckchen im Garten, ein Feld von gelben Osterglocken, die Kirsch- und Apfelblüte: das Frühjahr kommt mit aller Macht und Herrlichkeit und damit die heißersehnte Sommerzeit. Welch eine wunderbare Schöpfung Gottes.

Ihr Platz, an dem Sie diese Welt verändern:
Drogenhilfe Lebenswende e.V. in Frankfurt und Hamburg
- durch das enge Zusammenleben mit Drogenabhängigen
- durch Öffentlichkeitsarbeit in Gemeinden
- durch Drogen-Seminare und Kontakte mit Verantwortlichen und Politikern

Ein Herz für Randgruppen

Ein Herz

Hertha-Maria Haselmann: 2. von links

Sie ist nicht die kühle Blonde aus dem hohen Norden, auch wenn Hertha-Maria als eins von sechs Kindern in Glückstadt hoch im Norden das Licht der Welt erblickte. Sie ist eher die warmherzige Brünette im Frankfurter Dschungel. Seit 1971 ist die gelernte Betriebswirtin engagiert unter Drogenabhängigen tätig. Mit der Diakonisse Schwester Christa Steffens und zwei männlichen Mitarbeitern begann sie eine missionarische Teestubenarbeit in der Großstadt. Alle gehörten zu der Landeskirchlichen Gemeinschaft Lydiahaus.

Über ihren eigenen Weg zum Glauben an Jesus sagt Hertha-Maria kurz und knapp: *»Direkt durch die Bibel mit Auslegung und Hilfe von Christen.«*

Wer auf der Suche nach dem Sinn des Lebens ist, braucht Christen, die ihm den Weg zeigen. Das hat auch Hertha-Maria festgestellt, die selbst aus jüdisch-christlichem Hintergrund kommt.

»Der Glaube an meinen Herrn Jesus Christus ist mir kostbar geworden. Ich danke Gott, dass er mir den Glauben geschenkt hat. Diese Inspiration möchte ich weitergeben, nun besonders an hart gebundene und versklavte Menschen: Drogenabhängige, Knackies, Junkies, Prostituierte. Gerade Letztere sollen nicht vergeblich in der glühenden Sonne am Brunnen auf den Straßen Frankfurts und Hamburgs, meinem 'Streetwork Samarien' warten.«

Doch wie kommt es, dass Hertha-Maria, die selbst nie drogenabhängig war, ausgerechnet mit diesen abhängigen Menschen arbeitet?

»Schwester Christa und ich sowie andere Mitarbeiter suchten junge Menschen auf, die bereits an der Droge hingen und auf der Straße oder auf dem Strich landeten. Die Menschen wurden uns buchstäblich vor die Füße gelegt. An der Hauptwache, einem Knotenpunkt der großen Einkaufsmeile in Frankfurt am Main, kamen die Junkies direkt auf uns zu. Sie fragten, was wir anzubieten hätten. Eine bessere Frage hätte sich Gott nicht ausdenken können, um über die Drogenabhängigen unser diakonisches Herz zu erreichen.«

In Frankfurt begegnet man den Drogenabhängigen spätestens dann, wenn man vom Bahnhof aus in die Stadt geht. Dort sitzen sie vor dem Bahnhof. Teilweise spritzen sie in aller Öffentlichkeit und unbeeindruckt von dem vorbeiziehenden Strom der Menschen, die aus dem Bahnhof kommen, das Heroin in ihre zerstochenen Venen.

»Bundesweit spricht man heute von etwa zweihundertfünfzig- bis dreihunderttausend Menschen, die von harten Drogen wie Heroin und Kokain abhängig sind. In Frankfurt leben nach neusten Informationen bis zu zehntausend. Das bedeutet für unsere Stadt sehr viel. Die Drogenszene reicht vom Hauptbahnhof bis hinüber zur Konstablerwache. Man

muss sagen, dass die Drogenfreiheit praktisch schon existiert, denn jeder, der will, kann überall jede mögliche Droge bekommen. Und täglich sterben junge Menschen einen vollkommen sinnlosen Tod. Das sollte uns klarmachen, wie wichtig diese Drogenarbeit ist. Es geht hier wirklich um die Frage von Leben und Tod.« [1]

Hertha-Maria ist, durch ihre Ausbildung gut vorbereitet, in die Aufgaben der Geschäftsführung und Leitung hineingewachsen. Mittlerweile gibt es zwei Häuser in Hamburg und Frankfurt, die jeweils bis zu zehn Personen zur Therapie aufnehmen. Der Glaube an Gott ist nicht Bedingung für die Aufnahme, sondern nur der Wille zur Veränderung. Die ersten neun Monate darf der Abhängige nicht allein aus dem Haus. Aber das Haus ist alles andere als ein Gefängnis oder eine Anstalt. Es ist ein Zuhause. Man lebt mit den Hauptamtlichen, Praktikanten und Zivildienstleistenden wie in einer Familie. Die Abhängigen werden respektvoll als Gäste bezeichnet. Sie sollen sich wohl fühlen. Aufgegeben wird man hier nicht. Die Mitarbeiter haben für jeden Menschen Hoffnung.

»Ich kenne keine Zweifel an der Wahrheit der Bibel, an Gott, an Jesus Christus und auch nicht an meinem Auftrag, innerhalb der Drogenhilfe Lebenswende mitzuwirken. Suchtkranke sind schwierige Menschen, bedingt durch das Suchtmittel. Darum das Angebot des Evangeliums: Jesus Christus ist auch für schwierige Menschen gestorben und auferstanden. Dabei musste ich erst lernen, dass es Enttäuschungen gibt. Dann musste ich längere Zeit lernen, mit Enttäuschungen umzugehen. Und heute versuche ich mehr und mehr, damit zu leben.«

Hertha-Maria und ihre Mitarbeiter sind den Gästen Ansprechpartner und zuverlässige Informanten über die Hoffnung und Liebe, die Gott zu jedem Menschen hat.

»Angesichts der großen wachsenden Verelendung unter den Drogenabhängigen, wuchs auch das Gebet mit: 'Herr hilf, nicht zu langsam, sie sterben sonst darüber.' Solche Gebete bewirken, dass man lernt, Wunder zu erwarten. Zu diesen Wundern gehören heute die Drogenzentren der Lebenswende.«

Mit vielen Gästen hat Hertha-Maria über Jahre hinweg eine gute persönliche Beziehung. Eine hohe Quote der Gäste in der Lebenswende wird nie wieder rückfällig, sondern lebt ein ganz normales Leben. Doch Hertha-Maria sind die, die abbrechen oder als Folge ihres Drogenkonsums oder der daraus resultierenden Erkrankungen sterben, genauso lieb und ans Herz gewachsen wie die, die inzwischen ein ganz normales Leben führen.

»Viele haben es geschafft – aber andere auch nicht. Doch vergessen sind die, die es nicht geschafft haben und die Einzelnen, die gestorben sind, auf keinen Fall. Sie sind uns noch genauso stark in Erinnerung wie die, die ein neues Leben beginnen konnten. ...Wenn Menschen, die einem so richtig ans Herz gewachsen sind, sterben, dann erlebt man eine Nacht und fragt sich, ob man noch fähig ist, weiterzumachen. Aber dann kommt das, was ich unseren Gästen auch immer wieder sage: Ich muss überwinden. Ich muss die Perspektive und die Hoffnung im Auge behalten. Und das muss ich mir selbst dann auch sagen und im Gebet Gott darum bitten.«[1]

Hertha-Maria hält an den Zusagen Gottes fest. Dabei ist sie nicht gesetzlich oder oberflächlich in ihrer Analyse der Situation. Sie hält den Anblick des Elends aus, weil sie den Ausblick auf Jesus hat. Ihre Sicht der Menschen, die ihr anvertraut sind, zeigt deutlich, dass sie einen Christus-gemäßen Blick für Menschen hat: sie sieht das Potenzial, nicht nur die Schuld und Zerstörung. In den beiden Therapiehäusern in Hamburg und Frankfurt und in dem Nachsorge-Zentrum in Frankfurt können neunundzwanzig Gäste betreut werden.

»Die Häuser sind mit kostbaren Edelsteinen ausgestattet: innerlich und äußerlich verwahrloste Menschen von den Hecken und Zäunen. Edelsteine müssen geschliffen werden. Mancher Edelstein hält das Schleifen nicht durch. Diakonie will jedem helfen, aber nicht jeder möchte die Hilfe der Missionarischen Diakonie.« [2]

Durch ihre erfolgreiche Arbeit in Frankfurt und Hamburg wurde Hertha-Maria bekannt. Als erste Frau wurde sie in den Hauptvorstand der Deutschen Evangelischen Allianz gewählt.

Nicht als Vorzeigedame, sondern als vollwertiges Mitglied. Und sie füllt ihre Position aus. Ihre Weisheit, Umsicht und ihr Verständnis für die unterschiedlichsten Menschen waren dabei eine große Bereicherung für den Vorstand. Sie erhielt sogar entsprechend ihrer Berufsausbildung das Amt des Schatzmeisters. Zu ihrer Berufung in den Vorstand bemerkt sie kurz:

»Ich wurde angefragt und habe es dann, nach Beratung, zagend – nicht zögernd – und freudig angenommen.«

Mittlerweile sind noch weitere Frauen in den Hauptvorstand aufgenommen worden. Hertha-Maria möchte Verantwortung übernehmen und mithelfen, dass Gemeinden in Deutschland gute Arbeit tun können. Gemeinden können nämlich ihrer Überzeugung nach mithelfen, Sucht zu verhindern.

»Zeitgemäßes und sinnvolles Freizeitangebot im Gemeindeleben wird zukünftig entscheidend mitwirken, diesen Einstieg zu verhindern, vorausgesetzt, dass der junge Mensch neben Schule und Beruf wirklich freie Zeit hat. Übrigens bleibt er heute viel länger abends auf als früher. Ein langweiliger Gottesdienst schreckt den jungen Menschen ab, er will gerne persönlich angesprochen und durch Verkündigung und Gestaltung in seiner Situation abgeholt werden. Ja, er sucht Antwort auf seine persönlichen Lebensfragen. Neben dem Zehn-Uhr-Gottesdienst am Sonntagmorgen sollte es auch andere Angebote geben.«

Hertha-Maria lebt nicht im Träumen und Hoffen auf bessere Zeiten. Sie lebt hier und jetzt und versucht, an ihrem Platz alles zu tun, was sie kann, damit andere Menschen das Leben finden.

Dabei ist so mancher eigene Traum zu kurz gekommen, zum Beispiel der, zu heiraten.

»Es liegt nicht daran, dass ich nicht heiraten wollte. Ich bin einfach so früh in diese Arbeit gekommen, und wir führen hier ein Familienleben rund um die Uhr. Und so sind halt die Jahre ins Land gegangen. Sicherlich, jede Frau möchte irgendwann heiraten, aber ich trauere nun nicht, dass es sich bis jetzt nicht ergeben hat.«[1]

Außerdem sagt sie: *»Ich lebe nicht verbissen mit heiß er-*

sehnten Träumen, bin aber jederzeit offen für positive Träume, die dann auch nicht mein Verhältnis zu meinem Vater im Himmel durcheinander bringen. Ich finde es auf jeden Fall immer sehr spannend, wenn Träume wahr werden ...«

Durch Hertha-Marias Leben sind viele Träume wahr geworden. So mancher Drogenabhängige hat erlebt, wie die Sucht überwunden wurde. So manche Eltern haben erlebt, wie der Traum von der Wiederherstellung ihrer Kinder wahr wurde. Doch auf Träume baut Hertha-Maria ihr Leben nicht auf. Nur auf Gottes Zusagen. Und die bleiben bestehen.

»Schmecket und sehet, wie freundlich der Herr ist. Wohl dem, der auf ihn trauet« (Psalm 34,9)!

Zum Nachdenken:

1. Gibt es in meinem Leben Abhängigkeiten, die überwunden werden müssen?
2. Wo hänge ich noch an Lebensträumen fest, die sich nicht erfüllt haben?
3. Wie lebe ich mit Enttäuschungen durch Menschen und durch Gott?

---

[1] Lydia 3/95

[2] Brennpunkt Gemeinde 6/96, Aussaat Verlag

Irmela Hofmann

Irmela Hofmann

Persönliche Daten:
* 24.08.1924; verheiratet; fünf Kinder im Alter von 32 bis 45

Erlernter Beruf:
Apothekerin, Katechetin

Beruf des Mannes:
CVJM-Sekretär

Ausgeübte Tätigkeit jetzt:
keine

Ein Traum, der sich noch nicht erfüllt hat:
Eine Stiftung für die Altersversorgung unserer Mitarbeiter.

Ein Gedanke, der Angst macht:
Die Zukunft der jüngeren Generation.

Eine Not, die Sie in Atem hält:
Die Not der christlichen Ehen.

Eine Freude, an die Sie immer wieder denken:
In einer Gemeinschaft leben zu dürfen.

Ihr Platz, an dem Sie diese Welt verändern:
Das tägliche Gebet.

Eine Familie verändert die Welt

Irmela Hofmann mit ihrem Mann

Dreißig Jahre Großfamilie liegen hinter Irmela Hofmann. Dreißig Jahre intensiver Aufbauarbeit. Ein großes Werk ist entstanden, in dem viele Menschen ein Zuhause gefunden haben. Mehrere Häuser und Projekte gehören ebenso dazu wie eine Tagungsstätte, ein Institut für Jugend und Gesellschaft und vieles mehr.

Irmela und ihr Mann Horst-Klaus sind sozusagen die geistigen und geistlichen Eltern der ganzen Arbeit, der *Offensive Junger Christen*. Irmela hat im Laufe der Jahre hunderten meist jungen Menschen, die für kürzere oder längere Zeit in der *Offensive Junger Christen* mitgelebt haben, geistliche Impulse vermittelt und ihnen den Weg zum Leben gezeigt. In den letzten Jahren musste sie sich aus gesundheitlichen Gründen weitgehend aus der Arbeit der *Offensive Junger Christen (OJC)* zurückziehen. Mehrmals bangten alle in der *OJC* um ihr Leben. Aber Gott hat sie immer wieder genesen lassen und bis heute ist sie eine tragende Säule dieser lebendigen Gemeinschaft im Odenwald. In ihrem Leben wird sichtbar, dass Gottes Kraft in den Schwachen mächtig ist.

Gott hat Irmela Hofmann schon früh auf ihren außergewöhnlichen Lebensweg vorbereitet. Die Vorbereitung begann im Elternhaus. Ihr Vater war seit 1938 Direktor des Evangelischen Predigerseminars ihrer Heimat, Schlesien. Durch den Krieg kam die Familie nach Württemberg, wo ihr Vater weiter im kirchlichen Dienst stand.

»Mein Herz hat Jesus erst im Herbst 1945 erreicht. Wir waren aus Schlesien geflohen und in Lorch in Württemberg gelandet. Dort las der Pfarrer an einem Sonntag von der Kanzel das 'Stuttgarter Schuldbekenntnis' vor. Dabei fiel es mir wie Schuppen von den Augen. Ich sah plötzlich, was ich im Dritten Reich alles hätte wahrnehmen können, wenn ich nicht so mit mir selbst beschäftigt gewesen wäre. Es waren vor allem die Unterlassungen, die mir als Schuld bewusst wurden: 'Was ihr nicht getan habt einem meiner geringsten Brüder…' Kurz darauf hatte ich die Möglichkeit zu einer Lebensbeichte. Das war aber nur der Anfang meines persönlichen Weges mit Jesus. Es folgten noch viele weitere Schritte und Neuausrichtungen.«

Als sie ihren Mann Horst-Klaus in einer Klinik in Bad Mergentheim kennen lernte, waren beide dort Patienten. Sie erholte sich von einer Diphterie, er war mit Lungentuberkulose aus russischer Gefangenschaft heimgekehrt. Es begann eine Beziehung, die bis heute lebendig und voller Liebe ist. Eine Partnerschaft in der Bewältigung des Lebens und des großen Auftrages, den Gott mit beiden vorhatte.

Zuerst einmal machte Horst-Klaus eine Ausbildung zum CVJM-Sekretär. Irmelas Vater schien so ein Schwiegersohn zuerst gar nicht in die Familie zu passen. Doch dank der Hartnäckigkeit von Horst-Klaus stimmte er schließlich der Eheschließung zu. Der gemeinsame Dienst der beiden führte sie zuerst in den CVJM Mannheim. Doch diese Anfänge waren nicht leicht.

»In den ersten acht Jahren unserer Ehe ging er völlig in seiner Arbeit mit den jungen Menschen im CVJM auf, bis ihm eines Tages auf einer internationalen Konferenz am Morgen in der Stille einfiel: an die erste Stelle in deinem Leben gehört Gott, an die zweite deine Familie, dann erst kommt deine Arbeit für das Reich Gottes. Horst-Klaus schrieb an diesem Morgen auch auf: 'Du hast deine Frau in dein Leben vereinnahmt wie ihre Bücher in deinen Bücherschrank. Du solltest dir mehr Zeit für deine Familie nehmen und deiner Frau mehr Raum für ihre eigenen Interessen geben.' Als er mir die Sätze vorlas, konnte ich kaum glauben, was ich hörte. Aber seine Worte gaben mir Mut, ihm zu sagen, dass mir auch etwas eingefallen war: 'Ich habe dich in meinem Leben an die Stelle gesetzt, die allein Gott gehört. Deshalb war ich so abhängig von dir und so launisch, wenn du dich nicht so verhalten hast, wie ich es erwartete. Das tut mir Leid'« (aus: Gelbe Mammuts auf dem Berg).

In diesen Zeilen wird viel über die Hofmanns deutlich. Sie hören täglich in der Stille auf Gott. Das tun sie seit Jahrzehnten jeden Morgen und versuchen dann das in ihrem Leben umzusetzen, was Gott ihnen in der Stille zeigt. Weiterhin wird klar, dass sie als Ehepaar stets sehr offen und ehrlich miteinander umgegangen sind. Beide leben ihr eigenes geistliches Leben und setzen Gott an die erste Stelle.

Und sie sind Menschen, die vielen anderen Menschen sehr offen und ehrlich Einblick geben in ihr Leben. Einblick in das Leben als Christ zu haben, war auch das Ziel der zwei jungen Menschen, die 1968 bei Hofmanns anfragten, ob sie für eine Zeit in der Familie mit leben könnten, um das Christsein aus erster Hand mitzuerleben. Hofmanns hatten damals fünf Kinder, die um Zustimmung zu der Entscheidung gebeten wurden, das Haus für Mitlebende zu öffnen.

Das Abenteuer der Großfamilie *Offensive Junger Christen* begann.

»Mein Mann und ich haben die Großfamilie nicht 'gestartet'. Wir haben ja überhaupt nicht geahnt, worauf wir uns einlassen, als nach einer Schüler- und Studentenkonfe-

renz im Jahr 1968 zwei junge Leute fragten, ob sie in unserer Familie mit leben dürften. Ich denke, es war Gottes eigene Gründung. Er wusste, was daraus werden sollte und wir sind langsam hineingewachsen in die Herausforderung und Verantwortung, die damit verbunden war. Unser Ziel war damals, der jungen Generation eine Alternative zu Marxismus und Gottesferne anzubieten: das gelebte Evangelium, das wir für viel revolutionärer halten als jede Ideologie, die den Menschen das Paradies auf Erden verspricht. Außerdem wollten wir junge Christen aus ihrer Selbstumkreisung, ihrem christlichen Getto und aus dem Elfenbeinturm ihres Ehrgeizes herauslocken, um den Kampf mitzukämpfen, den Jesus seinen Jüngern in dieser Welt aufgetragen hat.«

Es blieb nicht bei den beiden jungen Studenten. Hunderte sind es sicher schon, die für ein Jahr oder länger in der *Offensive* mitgelebt haben. Hofmanns bekamen bald schon Unterstützung durch andere Ehepaare, die ihre Familien ebenfalls für junge Leute öffneten. Mehrere Häuser wurden gekauft, umgebaut und für die geistliche Arbeit genutzt. Dabei ist die *Offensive* nie bei sich selbst stehen geblieben. Sie hat stets andere Gemeinschaften und Werke befruchtet und unterstützt.

»Es gibt heute nicht nur in Deutschland, sondern auch in den USA und in Südamerika Gemeinschaften, die es nicht gäbe, wenn die Leiter die OJC *nicht kennen gelernt hätten und aus unseren Erfahrungen und Fehlern Konsequenzen bei der Gründung ihrer Gemeinschaft gezogen hätten.«*

Ich kann das nur aus eigener Erfahrung bestätigen. Für meinen Mann Roland und mich waren und sind die Hofmanns Ansprechpartner, die uns in so mancher Krise im persönlichen Leben und auch im Leben unserer Gemeinschaft durch ihren weisen Rat und ihre ehrliche Anteilnahme an ihren Erfahrungen weitergeholfen haben.

Irmela Hofmann hat viele Jahre die Finanzen der Gemeinschaft gemanagt. Dabei ging es im Gesamthaushalt um Millionenbeträge. Sie hat das mit der notwendigen Sachkompetenz und dem bewundernswerten Vertrauen auf Gottes Versorgen getan. Oft hat sie dabei Wunder erlebt. Doch nie ist sie in eine Machthaberrolle gerutscht. Sie hat der Gemeinschaft mit ihren Gaben gedient. In ihrem Einsatz spiegelt sich ihre Haltung gegenüber Menschen wieder:

»Was ist die größte Herausforderung in meinem Leben? 2. Korinther 5,15: 'Und er ist darum für alle gestorben, damit, die da leben, hinfort nicht für sich selbst leben, sondern dem, der für sie gestorben und auferstanden ist.' Das heißt für mich: Jeden Tag neu um Jesu willen nicht mehr für mich selbst zu leben, sondern bereit sein, mein Leben, meine Zeit und auch das, was ich habe, mit anderen Menschen zu teilen.«

Dabei hat sich die Art der Hingabe geändert.

Durch Krankheiten aus der aktiven Arbeit herausgenommen, übernimmt sie nun um so mehr die Arbeit der Fürbitte.

»Seit der zweiten Herzoperation bin ich ganz aus dem Gemeinschaftsleben mit den Jungen herausgenommen, weil ich meist im Bett liegen muss. Ich habe auch alle meine Ämter in unserer Gemeinschaft abgegeben. Am Anfang fiel mir das nicht leicht, vor allem, dass ich ständig auf Hilfe angewiesen war. Inzwischen sehe ich, dass im Ja zum Leiden eine positive Kraft verborgen liegt. Ich habe jetzt Zeit, für unsere Gemeinschaft, für unsere Mitarbeiter und für vieles zu beten, wofür ich sonst weder Zeit noch Ruhe hätte. Auf diese Weise nehme ich intensiv Anteil an allem, was geschieht. Jesus sagt ja: 'Ohne mich könnt ihr nichts tun', d. h. für uns: Wenn nicht Beter hinter unserer Arbeit stehen, können wir noch so klug daherreden auf unseren Tagungen – es geschieht nichts in den Herzen der Menschen.«

In den letzten Jahren ist die Tagungsarbeit im Schloss Reichenberg intensiviert worden. Die Auswirkungen der Großfamilie in unser Land hinein und auch international sind enorm. Auch wenn es manchen Leuten nicht gefällt: die *OJC* mischt sich ein, wenn es darum geht, Bibel und Bekenntnis in einer postmodernen Gesellschaft zu verteidigen.

»Ich denke, dass auch unsere Bücher und Rundbriefe (Rundbrief der OJC, 'Anstiftung zum gemeinsamen Christenleben' *und* 'Brennpunkt Seelsorge') *viele Pfarrer, Lehrer und andere Christen im In- und Ausland ermutigt*

haben, ihren Weg klar weiterzugehen und sich nicht, wie viele ihrer Kollegen, dem Zeitgeist anzupassen.

Es gibt auch ganz originelle Einzelbeispiele von Veränderung: Eine Frau nahm bei einem Besuch in unserem Café auf Schloss Reichenberg eine unserer Zeitschriften mit. Sie kam wieder, um sich das nächste Heft zu holen. Eines Tages teilte sie uns mit, sie sei jetzt Christ geworden und fragte, was sie nun zu tun hätte. Ein andermal brauchten wir für eines unserer Schauspiele einen Techniker und liehen ihn von einer Fernsehanstalt aus. Nach der zweiten Aufführung sagte er zu einem unserer Mitarbeiter: 'Das Stück hat genau in meine Situation hineingesprochen und hat mir Antwort gegeben. Ich habe mich entschlossen, Christ zu werden.'

Das sind zwar keine weltbewegenden Ereignisse – aber es ging auch bei Begegnungen mit Kirchenleitungen und Politikern im In- und Ausland jedes Mal um einzelne Menschen, die etwas in Bewegung brachten. Wir übersehen die Auswirkungen unserer Arbeit schon längst nicht mehr.«

Die Welt ist bei Hofmanns zu Hause. Menschen aus allen Erdteilen liegen ihnen am Herzen. Das wird immer wieder in Besuchen und Gesprächen deutlich. Aber vor allem in der jährlichen Weihnachtsaktion, in der die *OJC* für unterschiedliche Projekte in aller Welt Geld sammelt.

»Wir lernten schon in Mannheim Studenten aus Afrika und Asien kennen, die dann in ihrem Land Verantwortung übernahmen und offensichtlich Hilfe brauchten. Die erste Weihnachtsaktion begann mit einem Gedanken aus der Stille und galt einem Projekt in Indien. Wir haben zuerst gezögert, ob das wirklich unser Auftrag sein könnte, denn es ging um einen großen Betrag, der dort gebraucht wurde. Und wir waren eine arme Großfamilie, die noch nicht mal ein kleines Auto besaß, sondern ihre Rundbriefe mit dem Leiterwagen zur Post brachte. Aber dann haben wir unseren Freunden davon berichtet und unser Aufruf hat die Freunde der OJC *so inspiriert, dass wir vom Ergebnis überwältigt waren. Es wurde uns klar, dass wir so eine Weihnachtsaktion nicht nur einmal, sondern in jedem Jahr machen sollten: Für Menschen in Not einzutreten.*

Einmal haben wir dadurch in Nordrussland mehrere hundert Menschen auf der Insel Valaam vor dem Verhungern retten können, – ein andermal sind junge Handwerker und Architekten auf eigene Kosten nach Südamerika geflogen, um dort – in ihrem Urlaub – beim Bau eines christlichen Zentrums zu helfen, von dem heute eine starke Segenswirkung ausgeht.

Das alles dient den jungen Leuten, die ein Jahr lang bei uns mit leben dazu, sich nicht mehr selbst als den Mittelpunkt der Welt zu betrachten, sondern die Nöte in unserer Welt mit in ihr Herz hineinzunehmen.«

Bei all dem wollen die Hofmanns nichts Besonderes sein. Sie wollen viel lieber noch Nachahmer haben, die wie sie Gott vertrauen und erleben, dass er aus kleinen Anfängen Großes wachsen lassen kann.

»Zum Leben in einer Gemeinschaft gehört eine klare Berufung – und Gott bereitet Menschen auf solche Berufungen oft jahrelang vor. Aber jede kleine Zelle oder Familie kann sich öffnen für Menschen, die nach Hilfe fragen. Am meisten werden heute Menschen gebraucht, die zuhören können und dann nicht gleich fertige Antworten bereit halten, sondern sich zuerst einmal auf den anderen Menschen einlassen.

Zuwendung und Liebe sind Dinge, die viele junge Menschen nie in ihrem Leben erfahren haben, aber ohne sie kann kein Mensch auf Dauer leben und lieben lernen. Meine Hoffnung für die junge Generation? Die Jungen sind viel wacher für das Geschehen in unserer Welt als wir es in ihrem Alter waren. Ich hoffe, dass sie die Zeichen der Zeit erkennen und aus der Heiligen Schrift die Antworten finden auf Angst und Panik im Blick auf die Zukunft – und dass sie aus dem Evangelium Mut zum Leben und zur Familie bekommen.«

Irmela Hofmann hat bis heute großen Einfluss auf viele Menschen, denn ihre Bücher über Seelsorge, Ehe und ihre Artikel und gedruckten Bibelarbeiten haben eine große Tiefe und weisen auf Jesus hin.

Dass Irmela Hofmann den Weg in die Großfamilie nie bereut hat, zeigt ihre Aussage im Fragebogen: In einer Gemeinschaft leben zu dürfen ist eine Freude, an die sie immer wieder denkt.

Sie erntet das, was sie selbst jahrelang in die Gemeinschaft investiert hat: Liebe.

»Und er ist darum für alle gestorben, damit, die da leben, hinfort nicht sich selbst leben, sondern dem, der für sie gestorben und auferstanden ist« (2. Korinther 5,15).

Zum Nachdenken:

1. Habe ich ausreichend gelernt, in der Stille auf Gottes Stimme zu hören?
2. Wie steht es mit meinen Beziehungen zu anderen Menschen in meiner Familie oder Umgebung?
3. Kann ich das Leiden, das Jesus mir zumutet, aus seiner Hand annehmen?

Rosmarie Holland

Rosmarie Holland

Persönliche Daten:
* 23.12.1935, verheiratet; vier Kinder im Alter von 27 bis 35

Erlernter Beruf:
Diplom-Theologin

Beruf des Mannes: Dekan

Ausgeübte Tätigkeit jetzt:
Hausfrau

Mitarbeit in Gremien und Vorständen:
Sammlung Bekennender Evangelischer Frauen, Arbeitsgemeinschaft Biblische Frauenarbeit, Forum Missionarische Frauen; Konferenz Bekennender Gemeinschaften, im Kuratorium des Frühstückstreffen für Frauen, Bezirksbeauftragte des evangelischen Frauenwerks Württemberg

Ein Ziel Ihres Lebens, auf das Sie zuarbeiten:
Für meine Familie – Mann, vier Kinder, drei Schwiegerkinder, sechs Enkel – da zu sein. Menschen um mich herum Jesus Christus lieb zu machen und zu zeigen, dass er Not wendend ist.

Ein Traum, der sich noch nicht erfüllt hat:
Menschen zu überzeugen, dass Jesus Christus uns zum Guten verändern will und sich damit scheinbar ausweglose Situationen ändern.

Ein Gedanke, der Angst macht:
Jesus Christus fragt mich nach der Frucht meines Lebens und ich – muss schweigen, weil ich eine »nutzlose Last der Erde« bin (nach Homer).

Eine Not, die Sie in Atem hält:
- Der Gedanke, dass ich von meinen Lieben durch den Tod getrennt werde.
- Dass ich keine Möglichkeit sehe, Frauen mit in meine Arbeit einzubinden und ich auf Gottes Hilfe warten muss.

Eine Freude, an die Sie immer wieder denken:

- Meine glückliche Ehe als Geschenk (!) und meine gesunde und treue Großfamilie.
- Wenn ich Frauen finde, die hinter unserer Arbeit stehen und solche, deren Leben durch den Glauben verändert wurde.

Ihr Platz, an dem Sie diese Welt verändern:

1. Ist das mein Auftrag?
2. In meinem Umfeld durch das Gebet, in der Familie, in der Gemeinde und Evangelischen Landeskirche, durch Gremienarbeit.

Veränderungen in der Kirche

Nicht nur in Württemberg ist die engagierte Diplom-Theologin Rosmarie Holland sehr bekannt. Sie hat im Lauf ihrer Tätigkeit vieles angestoßen und initiiert.

Seit Jahren steht ihr Name für biblische Frauenarbeit. Sie hat sich erfolgreich gegen so manche feministische und unbiblische Position in der Kirche gewandt und sich dafür eingesetzt, dass Frauen aus evangelikalen Kreisen eine hörbare Stimme in der Kirche behalten.

Rosmarie kämpft um diese Kirche, die ihr seit Kindheit an der Ort war, an dem ihr Glaube anfing und gefördert wurde.

»Ich stand kurz vor meiner Konfirmation nach dreijähriger Unterrichtszeit, die mich sehr nachdenklich gemacht

hatte. Was war der Sinn meines Lebens? Wofür lohnte es sich, zu leben und zu arbeiten? Da erkrankte meine Großmutter unheilbar an Krebs. Nach drei Monaten schweren Leidens war der Tod eine Lösung für sie – und für uns. Lösung? Wo blieb ihre Lebenserfahrung, wo ihr langjähriges Wissen, wo der Lohn für die Liebe, die sie vielen Menschen erwiesen hatte? Ich war im Innersten getroffen ... Nein, der Sinn des Lebens musste außerhalb des Menschen liegen: in Gott! Mein Konfirmandenunterricht verstärkte mein Wissen, das ich schon von meiner Mutter hatte, dass Jesus Christus allein unserm Leben das Ziel und wahre Tiefe geben kann.«

Rosmarie wurde ihres Glaubens gewiss. Als die Frage nach dem Beruf anstand, wählte sie das Theologiestudium.

»Diese Erschütterung mit fünfzehn Jahren ließ meinen Entschluss reifen, etwas zu tun, dass ich Gott nicht weglaufen konnte. Ich wählte deshalb nach dem Abitur das Theologiestudium, um der Frage nach dem Sinn des Lebens nie ausweichen und auch anderen darauf Rede und Antwort stehen zu können. Ich wollte mich selbst zum Bekenntnis zwingen. Aus dem mir selbst auferlegten anfänglichen Zwang machte Gott eine tiefe Freude darüber, von ihm geliebt zu sein, seine Vergebung durch Jesus Christus zu bekommen und sie weitersagen zu können und zu dürfen.«

Der Weg führte Rosmarie in den Pfarrdienst, allerdings zunächst hauptsächlich in den Dienst an ihren vier Kindern und ihrem Mann, der die Pfarrstelle ausfüllte.

»Gott hat meinen Mut zum vollzeitlichen Einsatz in seiner Gemeinde zunächst für einen kleinen Kreis angenommen, nämlich für die schließlich sechsköpfige eigene Familie und als Pfarrfrau mit verschiedenen Aufgaben. Dort war mir meine Ausbildung immer wertvoll und Hilfe in vielen Fragen. Nie habe ich gedacht: Das Studium war umsonst! Im Übrigen war ich froh, dass mein Mann das Geld verdiente, das wir für die Existenz unserer Familie brauchten, und ich so frei war, die Aufgaben zu übernehmen je nach dem, wie ich Zeit und Kraft erübrigen konnte. Heute nennt man das 'im Ehrenamt'.«

Rosmarie Holland hat nie Ruhm und Anerkennung für sich gesucht. Ihr war es stets viel wichtiger, für ein klares biblisches Bekenntnis einzustehen, auch wenn es ihr viele Gegner und sogar Ansehensverlust mit sich brachte.

»Meine Bedenken an manchen Liturgien des 'Weltgebetstages für Frauen' habe ich schon in den siebziger Jahren schriftlich geäußert und auf Gemeindeebene besprochen. Darüber wurde die SBEF – Sammlung Bekennender Evangelischer Frauen – *auf mich aufmerksam und fragte mich wegen meiner Mitarbeit an. Ich merkte, dass Frauen selbst aktiv werden müssen. Ein Brief eines Gremiums, dessen Vorstand nur aus demokratisch gewählten Männern bestand, wurde vom Weltgebetstag-Komitee aus diesem Grund gar nicht erst angenommen. Deshalb sagte ich meine Mitarbeit bei der Sammlung Bekennender Evangelischer Frauen zu, sobald ich von meiner Arbeit in der Familie her die Möglichkeit hatte. Darüber wurde mein Name bekannt – in manchen Kreisen allerdings negativ!*

Ich wurde trotzdem als Stellvertreterin für einen evangelikalen Vertreter in die EKD-Synode (Evangelische Kirche in Deutschland) berufen, so dass ich dort öfter an Synoden oder verschiedenen Sitzungen teilnahm.«

Die Kirche hat sich in den letzten Jahren stark geändert. Während des zweiten Weltkrieges haben Frauen selbstverständlich leitende Funktionen in der Kirche übernommen. Nach dem Krieg traten viele Frauen wieder ihre Aufgaben an Männer ab. Aber das Bewusstsein blieb, dass Frauen in der Kirche ihren Platz haben.

»Von der 68er Bewegung ab veränderte sich die langsame Entwicklung. Junge Frauen, die ein abgeschlossenes Studium hatten, forderten Gleichberechtigung im Beruf. Daraus entstand eine gereizte Kampfstimmung. In den Jahren der 'Frauendekade' 1989-1999, die vom Ökumenischen Rat der Kirchen ausgerufen wurde, haben deutsche Frauen u.a. durch ihre Frauenbeauftragten stark in den kirchlichen Ablauf hineingewirkt. Ihr Ziel war einmal, die Quoten der Frauenbeteiligung auf allen Gebieten und Ebenen durchzusetzen; andererseits die Feministische Theologie in den Gemeinden zu verbreiten und zu festigen. Da diese Bewegung nur einen kleinen Teil der Frauen in den Gemeinden vertreten kann, ist an vielen Orten auf Initiative von Frauen eine

Arbeit mit dem Ziel entstanden, Menschen – speziell Frauen – auf Jesus Christus aufmerksam zu machen und in seine Gemeinde zu rufen. Sie geben Arbeitsmaterialien heraus, machen Gemeindeseminare, laden zu Frühstückstreffen ein und bieten Freizeiten an – alles für Frauen.«

Rosmarie Holland hat gerade in diesem Bereich vieles ins Leben gerufen. So war sie 1987 maßgeblich beteiligt an der Idee und Gründung der *ABF – Arbeitsgemeinschaft Biblische Frauenarbeit*, die es bis heute zum Ziel hat, Material für die Frauenarbeit aus den Landes- und Freikirchen zur Verfügung zu stellen. Als 1988 die Arbeit der *'Frühstückstreffen für Frauen'* ins Leben gerufen wurde, wurde Rosmarie Mitglied im Kuratorium. Seit 1998 gibt es eine neue Initiative: das *'Forum missionarischer Frauen'*.

»Da innerhalb der Frauenarbeit über theologische Fragen, Wege und Ziele unterschiedliche Meinungen herrschen, habe ich 1998 einzelne Frauen, aber auch Werke, die Frauenarbeit machen und die die gleiche biblische Basis haben, eingeladen, um zu überlegen, wie wir vorgehen wollen, um Menschen – speziell Frauen – einzuladen und ihnen zu zeigen, dass ein Leben mit Jesu Vergebung ganz neue Orientierung bekommt. Aus diesem Kreis erwuchs das 'Forum Missionarischer Frauen'. *Hier wurde auch eine Stellungnahme zu einem Forderungskatalog erarbeitet, der von einem internationalen feministisch-theologisch geprägten Frauenkongress in Ludwigsburg 1997 über die Landeskirche an alle Gemeinden verschickt wurde. Unsere Stellungnahme wurde nun an die gleichen Adressen vom Oberkirchenrat in Württemberg versandt.«*

Der Einsatz von Rosmarie Holland bringt Frucht. Dennoch weiß sie, dass die Kirche sich nur durch ein Eingreifen Gottes erneuern und zu biblischen Grundlinien zurückkehren kann.

»Äußere Veränderungen in der Institution Kirche können Frauen – ebenso wie Männer- sehr wohl durch engagierte Aktivitäten bewirken. Einen geistlichen Aufbruch schenkt Gott allein. Wir müssen aber die Augen offen halten, wo uns Gott Möglichkeiten öffnet, von ihm weiterzusagen. Frauen sollen darum bereit sein, mitzuarbeiten und Verantwortung

zu übernehmen, auch wenn sie dabei Herzklopfen haben – wie die Männer? – und es in manchen Kreisen noch immer ungewohnt ist, dass Frauen den Mund aufmachen – vor allem in theologischen Fragen. Sie sollen sich so viel Wissen aneignen, wie sie können, sowohl in der Bibel als auch in ihrem speziellen Aufgabenfeld und im gesellschaftlichen Bereich. Nur dann können sie kompetent neue Aufgaben angehen – genau so wie Männer.«

In all den Auseinandersetzungen hat Rosmarie eine starke Unterstützung durch ihren Mann gehabt. Er hat sich auf die Aufgaben in seiner Gemeinde und darüber hinaus konzentriert, aber stets Rosmarie die Arbeit ermöglicht und sie in ihren vielen überregionalen Aufgaben unterstützt.

»Nur dadurch, dass es meinem Mann genauso wie mir am Herzen liegt, auf verschiedenen Wegen das Evangelium weiterzusagen, habe ich die ehrenamtlichen Aktivitäten übernehmen können. Er steht ganz hinter mir und ermutigt mich immer wieder neu, bis heute. Deshalb versuche ich auch, neben diesen Aufgaben die nächst liegenden nicht zu vernachlässigen, nämlich in der Gemeinde und im Dekanat, was mich öfter in Schwierigkeiten bringt, weil ich manches tun möchte und nicht alles schaffe. Nebenbei gesagt: für die größer werdende Familie möchte ich auch noch Zeit übrig lassen.«

Nach einem ermutigenden Erlebnis in ihrem Dienst gefragt, nennt Rosmarie Holland das *»Forum missionarischer Frauen«*. Im Gegensatz zu ihrer einsamen Position in der Kirche hat sie hier Unterstützung durch Frauen erfahren.

»Ich habe anfangs in der Frauenarbeit meinen Platz gesucht und das Gefühl gehabt, völlig allein zu stehen mit meiner Ansicht, was unsere Aufgabe als Christen ist. Das hat mich enttäuscht und entmutigt. Inzwischen habe ich gemerkt, dass viele Frauen in den Gemeinden anders denken, als es von der offiziellen Frauenarbeit stellvertretend für scheinbar alle Frauen ausgedrückt wird. Aber sie wagen nicht, sich zu äußern. Nachdem ich meine Argumente zu nennen versuchte – und dabei mein Ruf sehr gelitten hat! – hat eine gewisse Platzeingrenzung für mich stattgefunden und man lässt mich im Pluralismus auch mitlaufen.«

Rosmarie ist nicht abhängig von Unterstützung. Aber sie freut sich, dass sie im *»Forum missionarischer Frauen«* einen Kreis ins Leben gerufen hat, der missionarische Ziele und nicht Grabenkämpfe verfolgt.

»Uns liegt nicht die Frage nach Frauenmacht am Herzen, sondern wie wir Menschen Jesus nahe bringen können. Dass sich so viel jüngere Frauen die Arbeit zu eigen gemacht haben, war für mich eine ermutigende Erfahrung.«

Ermutigung brauchen Frauen wie Männer, die für das Evangelium einstehen. Rosmarie Holland hat viele Jahre in der Kirche die Stellung für die evangelikale Sicht gehalten und sicher durch ihren persönlichen Einsatz dazu beigetragen, dass die Frauenarbeit in der Kirche nicht ganz in feministische Hände geriet. Dabei ist sie nie ein Einzelgänger gewesen, sondern sie hat immer versucht, mit anderen Frauen gemeinsam zu handeln. Ihr theologischer Sachverstand und ihre menschliche Art haben dazu beigetragen, dass sie ernstgenommen wird. Und ihre Arbeit wird sich fortsetzen, weil sie bis in die jüngere Generation Unterstützung findet.

»Wir wollen getrost an dem Platz die Möglichkeiten aufnehmen, die uns Gott bietet; aber im Übrigen getrost warten, was er aus unserem Handeln macht, wie er unsere Verkündigung auf fruchtbaren Boden fallen lässt. Er kann sehr wohl in der Institution eine ganz neue Bewegung ins Leben rufen – ähnlich wie in der Reformationszeit durch Martin Luther. Dafür bete ich!«

»Siehe, ich lege in Zion einen Grundstein, einen bewährten Stein, einen kostbaren Eckstein, der fest gegründet ist. Wer glaubt, der flieht nicht« (Jesaja 28, 16).

Zum Nachdenken:

1. Wie reagiere ich auf den Tod von geliebten Menschen?
2. Wo ist mir mein Ruf wichtiger als meine Meinung?
3. Wo bin ich in Gefahr, um des lieben Friedens willen auf Wahrheit zu verzichten?

Hannelore Illgen

Hannelore Illgen

Persönliche Daten:
*16.12.1948; verheiratet; drei Kinder im Alter von 12 bis 23

Erlernter Beruf:
Grund- u. Hauptschullehrerin

Beruf des Mannes:
Grafikdesigner

Ausgeübte Tätigkeit jetzt:
Redaktionsassistenz bei meinem Mann; ehrenamtlich bei Aglow International; Hausfrau

Mitarbeit in Gremien und Vorständen:
Vorsitzende der Aglow-Vereinigung christlicher Frauen in Deutschland e. V.; Vorsitzende des Europäischen Koordinationskomitees von Aglow-Europa; Mitglied im internationalen Aglow-Vorstand als Vertreterin für Europa; Mitglied im Vorstand des Sozialdienstes der Christengemeinde Elim Hannover e. V.

Ein Ziel Ihres Lebens, auf das Sie zuarbeiten:
Im Lauf meines Lebens soviel Frauen wie möglich zu einer biblischen Identität in Christus zu ermutigen und dazu ihre von Gott gegebenen Gaben zur Evangelisation in ihrer Umgebung einzusetzen, in Deutschland und besonders in osteuropäischen Ländern.

Ein Traum, der sich noch nicht erfüllt hat:
Dass der Familienbetrieb – Illgendesign – täglich um 18.00 Uhr die Bürotür schließt und Feierabend hat. Ein mehr geistlicher Traum: dass es in jedem Ort oder Stadtteil eine kirchliche oder überkonfessionelle Frauengruppe gibt, die entweder evangelistisch, sozial-missionarisch oder im Gebet aktiv ist.

Ein Gedanke, der Angst macht:
Eventuell mit dreiundsechzig Jahren noch im Schuldienst stehen zu müssen, aus finanziellen Gründen. Ich habe im Moment noch einen zweijährigen Urlaub.

Eine Not, die Sie in Atem hält:
Verschiedene kleine Nöte: Alterungsprozess meiner 86-jährigen Schwiegermutter; Schwierigkeiten in der Gemeinde; Zeitprobleme: ich schaffe immer viel weniger als ich möchte; Krankheitsnöte bei Mitarbeiterinnen.

Eine Freude, an die Sie immer wieder denken:
Dass Jesus so früh in mein Leben gekommen ist. Ich war damals zehn Jahre alt. Und: meinen Mann vor genau dreißig Jahren in Israel kennen gelernt zu haben.

Ihr Platz, an dem Sie diese Welt verändern:
An seiner Seite, so mein Mann, hätte ich erst einmal seine Welt verändert. Ich versuche es durch meine Arbeit am Schreibtisch, durch Telefonieren, Schreiben, Kommunizieren, Organisieren, in Sitzungen, Tagungen und Reisen, durch Seminare und Schulungen. Manchmal einfach dadurch, dass ich versuche, »Bindegewebe« zu sein.

Frauen für Jesus gewinnen

Hannelore Illgen besticht durch ihre ruhige und sachliche Art. Kennen gelernt habe ich sie in Sitzungen, in denen es um Arbeit mit Frauen ging. Ihr weises und gut überlegtes Urteil habe ich schätzen gelernt. Als Grund- und Hauptschullehrerin hat sie keinen einfachen Beruf gewählt. Aber sie ist gerne Lehrerin. Es entspricht ihren Gaben, Kinder und auch Erwachsene zu unterrichten. Auch im Glauben. Hannelore hat von klein auf den christlichen Glauben in der Familie erlebt. Schon ihr Großvater mütterlicherseits war ein engagierter Christ, der sich bei einer lutherischen Zeltmission für den Glauben entschieden hatte. Beide Eltern von Hannelore kamen als Flüchtlinge vom Osten in den

Westen. Sie kamen in Kontakt mit Pfingstgemeinden, in denen sie ihre geistliche Heimat fanden.

Auch Hannelore kam mit zehn Jahren zum Glauben an Jesus und erfuhr das Wirken Gottes ganz neu, als sie dreizehn Jahre alt war. Es war nicht immer leicht für sie, in der Gemeinde Antworten auf ihre intellektuellen Probleme zu finden. So war sie zum Beispiel die erste Abiturientin in ihrer Gemeinde.

»Als Segen Gottes sehe ich, dass ich aus einer Arbeiterfamilie kommend, wie meine drei jüngeren Brüder das Gymnasium besuchen und studieren konnte, dank der opferbereiten Unterstützung durch die Eltern.«

In ethischen Fragen fühlte sich Hannelore als bewusste Christin oft von Altersgenossen unverstanden. In die Zeit ihrer Jugend fielen ja große gesellschaftliche Umbrüche.

»Dadurch hielt ich immer Ausschau nach Leuten mit lebendigem Glauben aus einem anderen kirchlichen Umfeld. In den Erschütterungen der 68-er-Zeit sah ich die gravierenden Veränderungen von Leuten durch die Jesus-People-Erweckung. Dank der Begegnungen und Freundschaften mit Leuten aus der so genannten Hippie-Szene, die Christen wurden und in die Gemeinde kamen, hatte ich kaum das Gefühl, in meinem eigenen Leben etwas versäumt zu haben.«

Trotz relativ engem gemeindlichen und von der Bibel geprägtem familiären Hintergrund hatte Hannelore nicht das Gefühl, Freiheit und Abenteuer nachholen zu müssen.

Doch es gab andere Probleme, mit denen sie fertig werden musste.

»Durch falsches Minderwertigkeitsdenken, erwachsen aus der empfundenen familiären, weltanschaulichen und moralischen Außenseiterstellung sowie falscher Auffassung von biblischer Demut und Unterordnung, hatte ich Probleme, meine eigene Identität zu finden. In schlichten, aber für mich besonderen Erfahrungen der Liebe Gottes – durch Bibellesen, Wirken des Heiligen Geistes, Lobpreis- und Anbetungszeiten – habe ich ein stabiles Selbstwertgefühl bekommen. Der Glaube hat mir sehr geholfen, eine Persönlichkeit zu werden. Daher ist mein Lieblingsthema bis heute: Wer bin ich?«

Hannlore hat in ihrem eigenen Leben die Frage nach dem Selbstwertgefühl und der Identität durchgearbeitet. Diese Fragen bewegen auch sehr viele andere Frauen in unserem Land und weltweit. Nur, wer Jesus kennen lernt, kann letztlich seine eigene, von Gott geschaffene Identität finden. Deshalb ist Hannelore in einer weltweiten Bewegung aktiv, die Frauen auf Jesus hinweist: die Bewegung *Aglow*.

»Der Name der Bewegung, den die ersten Mitarbeiterinnen ziemlich bald nach der Gründung für die erste christliche Frauenzeitschrift, die sie herausgaben, im Gebet bekamen, war Aglow (nach Römer 12,11: 'Be aglow and burning with the Spirit'; 'Seid brennend im Geist') und ist bis heute internationaler geschützter Name unserer Frauenbewegung geblieben. Vor gut einunddreißig Jahren durch vier Frauen in USA im Staat Washington eigentlich 'spontan' gegründet, war es ein besonderes Wirken des Heiligen Geistes, dass einfache christliche Hausfrauen den Mut hatten, andere Frauen – recht erfolgreich – zu Zusammenkünften in Cafés und andere öffentliche Räume einzuladen. Nicht nur zu einem Imbiss, sondern um dabei gleichzeitig in persönlichen Erfahrungsberichten und mit Liedern des Evangeliums etwas von den Quellen ihres geistlichen Lebens weiterzugeben. Die daraus entstandenen Treffen breiteten sich recht schnell aus, bis heute. Das Aglow-Netzwerk mit größeren und kleineren regelmäßigen Gruppentreffen (weltweit etwa dreitausendfünfhundert) umfasst jetzt einhundertvierzig Länder auf allen Kontinenten. Die Palette reicht von internationalen Frauenkonferenzen mit bis zu zehntausend Delegierten bis hin zu kleinen Bibelstudiengruppen mit Aglow-eigenem Studienmaterial im afrikanischen Busch oder der kasachischen Steppe. Von überkonfessionellen Treffen in lutherischen Kirchen bis zu Kaffeenachmittagen in Frauengefängnissen, evangelistischen Straßen- und Gebetseinsätzen. Aus den Frauen, die auf diese Weise von der verändernden Kraft des Evangeliums erreicht worden sind, rekrutieren sich inzwischen viele Mitarbeiterinnen von Aglow. Viele sind aber inzwischen auch zu verlässlichen Mitarbeiterinnen ihrer lokalen Kirchengemeinde geworden.

Als Aglow-Gruppen vor mehr als dreißig Jahren mit ih-

rer Arbeit begannen, war es absolut noch nicht üblich, dass Frauen gemeinschaftlich außerhalb ihrer Gemeinde- und Kirchenmauern gingen, um Zeugnis von ihrem Erleben mit Gott zu geben und andere Frauen zu solchen Erfahrungen zu ermutigen. Es war ja vielfach noch nicht einmal 'innerhalb' möglich – wenigstens gemäß Titus 2 – dass Frauen andere Frauen aus Gottes Wort geistlich anleiteten. Selbst kaum im Bereich der Pfingstgemeinden, in denen Frauen zwar durch die Gleichstellung in der Erfahrung der Erfüllung mit dem Heiligen Geist mit Gaben dienen konnten, aber wenig motiviert waren, mit Hilfe ihrer Gaben auch zu evangelisieren.

Aglow hat hier weltweit, so weit ich das beobachten kann, eine entscheidenden Bresche geschlagen: Dass christliche Frauen den Evangelisationsauftrag in dieser Zeit in der ihnen eigenen Art und mit ihren speziellen Gaben wahrnehmen. Es ist schön zu sehen, wie seitdem Frauentreffen, sowohl interkonfessionell als auch gemeindlich gebunden, in Fülle entstanden sind und immer noch am Entstehen sind.«

In Deutschland entstanden die ersten Gruppen in den siebziger Jahren. Zunächst waren die Referentinnen oft aus dem Ausland. Sie machten den deutschen Frauen viel Mut, ihre Identität in Christus zu finden und ihre Gaben einzusetzen.

»Besonders geprägt hat mich das geistliche Vorbild und der beispielhafte Mut einer einfachen texanischen Hausfrau: Betty Lowe, eine Beterin mit einer starken missionarischen Berufung, die nach Deutschland gezogen war und für Aglow in Europa innerhalb weniger Jahre eigenhändig vierzig Gruppen gründete. Sie hat die jetzige europäische Leiterinnengeneration entscheidend auf die Übernahme der Herausforderungen der Aglow-Arbeit in den jeweiligen Ländern vorbereitet. Vorher nicht gewohnt, geistlich selbständig zu arbeiten, konnte ich die Möglichkeiten der Treffen nutzen, um Frauen aus meiner Umgebung, die noch nicht die verändernde Kraft des Evangeliums kannten, zu Aglow-Treffen einzuladen. Manche bekehrten sich, geistlich Hungrige erlebten das Beschenktwerden mit geistlichen Gaben. Es

machte Mut, dass wir als deutsche Laien-Frauen da miteinbezogen waren. Wie auch ich persönlich Anfang der achtziger Jahre hielten viele Mitarbeiterinnen ihren ersten Vortrag oder gaben ihren ersten Erfahrungsbericht bei einem Aglow-Treffen. Gaben wurden in den vielfältigen Aufgaben, die zu einem Treffen gehören, entdeckt und gefördert.«

Hannelore machte ihre ersten Erfahrungen im geistlichen Dienst. Schon bald wurde sie nach Gebet und Wahl in größere Aufgaben hineinberufen.

»Zu meiner eigenen großen Verwunderung gab es immer Übereinstimmung bei solchen 'Wahlen' unter den Mitarbeiterinnen, was die Übernahme von Leitungsaufgaben für mich betraf. Da ich Gott bereits als Teenager schon ein grundsätzliches 'Ja' für alle Führungen in meinem Leben gegeben hatte, nahm ich solche Herausforderungen immer an, wenn auch oft wie 'ein paar Nummern zu große Schuhe'. So war es, dass ich bei Aglow (1979) als erstes gebeten wurde, den Büchertisch in meiner örtlichen Gruppe zu führen, danach die örtliche Gruppe zu leiten, in den Deutschland-Vorstand zu kommen usw. Bei mir zeigte sich – aus meiner Sicht – nie eine schwerpunktmäßige besondere Begabung oder Stärke, aber ich habe in den verschiedenen Aufgaben vieles gelernt und tue es noch immer, ich durfte immer üben.«

Die Verantwortung wuchs, aber auch das Vertrauen auf Gott, der Impulse gibt und bei der Umsetzung hilft. So konnte das nationale deutsche Leitungsteam von Aglow bei der ersten gesamteuropäischen Aglow-Konferenz 1992 in Prag das evangelistische Magazin »Freude« in neun osteuropäischen Sprachen in einer Auflage von 50 000 Exemplaren herstellen und drucken lassen.

»Wir waren zu Tränen gerührt zu sehen, als Frauen aus Osteuropa, die noch nie ein christliches Frauenmagazin in den Händen gehabt hatten, diese Zeitschriften bei der Tagung mit insgesamt zweitausend Frauen aus Ost und West in Empfang nahmen. In Albanien z. B. sagte man uns, dass es die erste mehrfarbige Zeitschrift überhaupt in der Landessprache sei. Wir hoffen, 1999 eine vierte neue Auflage mit Erfahrungen von christlichen albanischen Frauen drucken

zu können. Im Nachhinein kann ich es eigentlich immer noch nicht begreifen, dass Gott mich in diesem Projekt entscheidend mit gebraucht hat.«

Hannelore ist mittlerweile in internationale Verantwortung gekommen und bereist viele Länder. Welche Not beschäftigt die Frauen in anderen Ländern am meisten?

»Frauen haben meist einen Mangel an Selbstwert, sie fühlen sich schuldig an den Miseren in ihrem Leben und denen in ihren Familien, auch wenn ihnen oft nichts angelastet werden kann. Sie leiden an dem Gefühl, nicht angenommen und ernst genommen zu werden. Wenn sie aber Jesus erfahren, bis tief in ihre Gefühle hinein (wir erleben häufig, dass Frauen bei unseren Veranstaltungen weinen), wenn ihr inneres Bedürfnis nach Liebe und Annahme durch Jesus gestillt wird, haben sie meist den starken Wunsch, dies auch anderen Frauen weiterzugeben.

Nicht in jedem Fall wird das von den Gemeinden, in die die Frauen gehen, gern gesehen. Besonders in den Ländern Osteuropas gibt es Schwierigkeiten, wenn Frauen nach außen hin geistlich aktiv werden. Einerseits wird die evangelistische Frucht dieser Arbeit anerkannt und manchmal sogar als Bereicherung der Gemeindearbeit gesehen. Andererseits fällt es vielen Gemeindeleitern noch schwer, von dem stark kulturell – aus ihrer Sicht natürlich biblisch – geprägten Bild von der Stellung der Frau und den von ihnen gesetzten Grenzen wegzukommen. Wir ermutigen solche Frauen, sich mehr dem Missionsbefehl von Jesus zu beugen als menschlicher Meinung und sich dann eventuell auf einen Wirkungskreis in ihrem Haus zu beschränken; dabei aber zu beten, zu segnen und zu warten, dass Gott ihnen die Tür für einen geistlichen Dienst öffnet. Wir stellen nie den Dienst innerhalb unserer Frauenbewegung in den Vordergrund, sondern betrachten ihn als Teil des Reiches Gottes in seiner Gesamtheit. Frauen erleben, wie Gott durch ihre erneuerte Haltung und Sicherheit im Glauben ihre Familien und Gemeinden verändert. Was ich sehe, ist, dass Frauen, wenn sie ihre Identität in Jesus gefunden haben, sowohl evangelistischer leben als auch Nöte ihrer Familien und Gemeinden im Gebet zu Gott bringen. Sie verändern dadurch ihre jeweilige Welt. Ich bin jedes Mal sehr froh, wenn ich das wahrnehme und wenn ich persönlich oder eine Mitarbeiterin – in welchem Land auch immer – dazu einen Anstoß geben kann.«

Für Hannelore bedeutet die Verantwortung für andere Länder einen enormen Einsatz an Zeit und Kraft, um zu reisen und Kontakte zu pflegen. Dabei hat sie die volle Unterstützung durch ihren Mann. Beide verstehen sich als Team, bei dem jeder seine ihm entsprechenden Gaben einsetzt und die Aufgaben nach Bedarf und Möglichkeit aufgeteilt werden. Wie sieht Hannelores Mann ihr Engagement?

»Er sieht es als seinen Auftrag als Ehemann an, mir nicht bei dem im Weg zu stehen, was Gott mit meinem persönlichen Leben vor hat. Vielmehr, mir darin Unterstützung zu geben. Zu dieser Unterstützung gehört es, dass es ihm eigentlich 'egal' ist, was er macht, es ihm nicht 'unter seiner Würde' ist als Mann. Als ich mit Babys beschäftigt und berufstätig war, hat er die Kinder gewickelt und versorgt, neben und während seiner freiberuflichen Arbeit, die er zu Hause durchführen konnte, seit nun über 27 Jahren. 'Störungen' durch Kinder waren also eingeplant. Wenn ich heute unterwegs bin, und das ist relativ häufig, versucht die ganze Familie als Team, den Haushalt aufrechtzuerhalten. Es läuft dann zwar etwas anders als bei mir – die Wiedereingewöhnung fällt mir manchmal nicht ganz leicht –, aber es funktioniert. Unsere Kinder haben davon profitiert, besonders in Punkto Selbständigkeit und persönlichem geistlichen Leben. Auch durch die Gäste in unserem Haus kommt immer wieder etwas 'Flair der weiten Welt' in unser Haus: eine Bereicherung und Veränderung für unsere Familienwelt. Unser Gästebuch dokumentiert das sehr farbig.

Weil mein Mann auch langjährig immer in Leitungsaufgaben war und ist, können wir uns gegenseitig austauschen und oft einander mit den gemachten Erfahrungen beraten, besonders was die Bewältigung von Problemen und Krisen in den jeweiligen Bereichen betrifft. Mein Mann ist mir in dieser Weise mein kritischer Berater. Der Frieden in meiner Familie bzw. meine Gesundheit sind für mich ein gewisser Prüfmaßstab für ein mögliches Zuviel in meinen Aktivitä-

ten. Auch während meiner Tätigkeit als Lehrerin mit einer halben Stelle konnte ich Reisen unternehmen, da ich dadurch angehäufte Mehrstunden 'abfeiern' konnte. Meine christlich eingestellte Schulleiterin und die Schulamtsdirektoren sind mir in meinen ehrenamtlichen Aufgaben immer enorm unterstützend und wohlwollend begegnet.

Einige Jahre war meine Lehrtätigkeit zur finanziellen Unterstützung des Haushaltes notwendig, aber auch, um meine Reisen selbst finanzieren zu können, da die Aglow-Bewegung sich ausschließlich aus Spenden finanziert.«

Hannelore nimmt die Herausforderung eines deutschlandweiten Leitungsdienstes an. Sie hat sich extra von ihrer Tätigkeit als Lehrerin für zwei Jahre beurlauben lassen, um andere Frauen in ihrem geistlichen Dienst besser ermutigen zu können. Und sicher hat Gott noch viel mit ihr vor.

»Ich will rühmen Gottes Wort; ich will rühmen des Herrn Wort. Auf Gott hoffe ich und fürchte mich nicht; was können mir Menschen tun« (Psalm 56,11-12)?

Zum Nachdenken:

1. Wie sehr hat mich meine ursprüngliche Gemeinde geprägt?
2. Wie habe ich meine Identität gefunden? Was hat sie mit Jesus zu tun?
3. Mit welcher Idee könnte ich anderen Frauen eine Freude machen?

Ingrid Kern

Ingrid Kern

Persönliche Daten.
* 25.01.1934; verheiratet; vier Kinder im Alter von 33 bis 40

Erlernter Beruf: Lehrerin

Beruf des Mannes: Pastor

Ausgeübte Tätigkeit jetzt:
Rentnerin

Mitarbeit in Gremien und Vorständen:
WEF (World Evangelical Fellowship); ABF (Arbeitsgemeinschaft Biblische Frauenarbeit); Hope for Europe

Ein Ziel Ihres Lebens, auf das Sie zuarbeiten:
Frauen zu helfen, ihren Platz so ganz selbstverständlich in der Mitarbeit der Gemeinde zu finden.

Ein Traum, der sich noch nicht erfüllt hat:
Dass alle unsere Kinder und Enkelkinder bewusst zum Glauben finden.

Ein Gedanke, der Angst macht:
Die weltweite Entwicklung, die immer mehr Menschen das Gefühl gibt, »nicht gebraucht« zu werden.

Eine Not, die Sie in Atem hält:
Situation von Christen speziell in islamischen Ländern.

Eine Freude, an die Sie immer wieder denken:
Begegnungen mit Christen in vielen Teilen der Welt.

Ihr Platz, an dem Sie diese Welt verändern:
Unser »offenes Haus« in dem sich Menschen einfinden – mein Weg in manches Land, um Frauen zum gemeinsamen Tun zu ermutigen.

In Christus ist nicht Ost noch West

In Christus

Ingrid Kern: Mitte

Immer wieder weisen uns Medien darauf hin, dass in den Köpfen der Deutschen noch eine Mauer zwischen Ost und West aufgerichtet ist. Und daran ist sicher auch vieles wahr. Aber es gibt auch Menschen, die wie Ingrid Kern durch ihr eigenes Leben zeigen, dass man auch ohne diese Mauer leben kann.

Viele Jahre ihres Lebens hat sie hinter der Mauer um die DDR gelebt. Freiwillig. Aber nie hat sie diese Mauer als Grenze ihres geistlichen Engagements akzeptiert oder zu mächtig werden lassen. Sie ist ein Beispiel dafür, dass ein Mensch mit der Perspektive Gottes auch hinter Mauern frei sein kann.

Kennen gelernt habe ich sie erst nach dem Fall der Mauer. Sie war mit ihrem Mann viele Jahre für die Evangelische Allianz in der DDR leitend tätig.

Ihr Mann war nach der Wiedervereinigung stellvertretender Generalsekretär der Evangelischen Allianz in Deutschland. Doch beginnen wir mit ihrer Kindheit.

»Ich bin aufgewachsen in einem katholisch dominierten Teil Deutschlands – in Aachen. Meine Eltern waren Glieder einer Evangelisch-Freikirchlichen Gemeinde, die allerdings mehr als sechs Kilometer entfernt lag, und nur zu Fuß zu erreichen war. So waren wir keine regelmäßigen Gottesdienstbesucher. Vor allem hatte ich dadurch keinen Kontakt zur Sonntagsschule. Die stärksten Impulse zur Beschäftigung mit der Bibel gingen sicher von meinem Großvater aus, bei dem ich während der Ferien nie genug an Geschichten hören konnte. Am Ende des Krieges wurden wir ins Ruhrgebiet verschlagen, dort lebten wir dann wieder ganz mit der Gemeinde. In einer Jugendevangelisation habe ich mich persönlich zur Nachfolge entschieden.«

Nachfolge, das war Ingrid Kern klar, bedeutet Einsatz und Gehorsam. Sie war bereit, Gottes Weg zu gehen, egal wo er sie hinführen würde. Ihr Mann Manfred war in der Ausbildung zum Pastor der Evangelisch-Freikirchlichen Gemeinden.

Manfred drückte die Not der Gemeinden in der damaligen so genannten Ostzone. Dort gab es zu wenig ausgebildete Pastoren. Manfred spürte den Ruf, dort Pastor zu werden. Auch Ingrid wurde von Gott gerufen.

»Gegen Ende meiner Schulzeit wusste ich, dass mein Weg der Nachfolge bewusst in einen Dienst für Jesus gehen sollte. Mein Ziel war allerdings Arbeit in der Mission – Lieblingsland Indien. Als ich dann meinen Mann kennen lernte und er sich klar war, dass sein Weg in den Ostteil unseres Landes gehen sollte, habe ich das als meinen Weg in die Arbeit des Reiches Gottes angenommen. Es gab zu der Zeit Mangel an ausgebildeten Pastoren im Osten.«

Das hört sich so einfach an, als wäre es normal gewesen, vom Westen in den Osten zu gehen. Aber es war sehr ungewöhnlich und schwer. Die Entscheidung, in den Osten zu gehen, brachte für viele Jahre eine Einschränkung der persönlichen Freiheit mit sich. Anders als bei einer Ausreise nach Indien hieß die Berufung in die DDR zunächst einmal für immer Abschied zu nehmen vom Westen und der Familie. Die Trennung schien zuerst einmal unwiderruflich.

»Zunächst haben wir in drei verschiedenen Evangelisch-Freikirchlichen Gemeinden als Pastorenehepaar gearbeitet – sechsundzwanzig Jahre lang. Meine spezielle Arbeit war von Anfang an die Arbeit mit Kindern und Jugendlichen.

Neben der Gemeindearbeit stellten sich so nach und nach andere Aufgaben ein. Mein Mann evangelisierte mehrere Male im Jahr, er übernahm die Leitung eines größeren Bezirks – Vereinigungsleitung. Ende der 60er Jahre fing dann eine stärkere Mitarbeit in der Allianz an, die dazu führte, dass wir gemeinsam ab 1983 ganz in die Allianzarbeit gingen, freigestellt von unserem Bund.«

Die Teamarbeit von Manfred und Ingrid in Gemeinde und Familie stellte für viele eine Besonderheit dar. Ingrid war stets frei, ihre eigenen Aufgaben zu entwickeln. Nie hat sie sich einschüchtern lassen durch Gewohnheit in den Gemeinden oder Druck von außen durch die Agenten der Regierung. Und nie hat sie sich die Freiheit nehmen lassen, als Frau ihren Mann zu stehen. Ingrid wurde schon lange vorher von Gott auf Aufgaben vorbereitet, die weit über den Rahmen der Mitarbeit in einer Gemeinde hinausgehen.

»In der letzten Gemeinde musste ich die Frauenarbeit übernehmen, weil niemand sonst dafür da war. Ich denke, das war dann so ein Stück Vorbereitung auf das, was dann auf mich zukam.«

Doch was kam auf Ingrid zu?

Ingrid und Manfred war es stets wichtig, nicht nur für sich selbst zu sorgen. Sie hatten stets die Lage der Christen in anderen sozialistischen Ländern vor Augen, denen es zum Teil sehr viel schlechter ging als ihnen.

»Während unserer Allianzarbeit waren wir bemüht, Kontakte zur Europäischen Evangelischen Allianz (EEA) und Weltweiten Evangelischen Allianz (WEA) zu knüpfen, weil wir spürten, dass das eine Brücke war, aus der Isolation herauszukommen. Gleichzeitig erkannten wir die

Möglichkeit, die anderen sozialistischen Länder und Leute der WEF in unserem Allianzhaus miteinander zusammenzubringen.«

Reisen in die verschiedenen Länder des Ostblocks und auch viele Besuche aus eben diesen gehörten fortan zum Leben der Kerns. Immer häufiger konnten auch leitende Mitarbeiter der Weltweiten Evangelischen Allianz an den Blankenburger Konferenzen und anderen Allianztagungen in der DDR teilnehmen. Sie entdeckten das Potential in Ingrid und fragten sie, ob sie bereit wäre, eine Pionieraufgabe zu übernehmen. Ingrid berichtet:

»So lernten mich die leitenden Leute der WEF kennen und meinten, dass sie mich brauchen könnten, eine Frauenkommission mit zu gründen.«

In dieser Zeit wurde es immer deutlicher, dass die feministische Theologie weltweit an Einfluss gewann.

»Ich muss sagen, dass ich einfach aus meiner persönlichen Entwicklung zu der Zeit wenig Verständnis hatte für die feministische Bewegung, die mit Klagen und Vorwürfen Rechte für Frauen durchzusetzen versuchte. Klar gab es mal hier und dort ehrwürdige Älteste, die meinten, dass Frauen eben in die Küche gehörten und wie üblich in der Versenkung zu leben hätten. Aber weder in meiner Jugendzeit noch in der Arbeit unserer Gemeinden habe ich Einschränkungen erlebt. Ein wenig spürte ich dann in der Allianzarbeit, wie schwer es ist, als Frau einen Platz zu finden. Am Schreibtisch konnte ich viele Dinge tun, aber bitte nicht in der Öffentlichkeit. Doch auch in der Arbeit hier in der Allianz war ich so ausgefüllt, dass ich das nicht unbedingt als Mangel empfand, zumal es mehr und mehr ins Bewusstsein einiger Männer kam, dass etwas im Umgang mit den Frauen veränderungswürdig wäre. Doch die Berührung mit Frauen aus den ganz anderen Kulturkreisen – Afrika, Lateinamerika, Nahost, Asien auf der einen Seite und dann Amerika, Australien, Europa auf der anderen Seite – veränderte meine Sicht. Die Geschichte der Allianzbewegung, die zu dieser Zeit etwa einhundertvierzig Jahre aufzuweisen hatte, zeigte, dass Frauen in dieser ganzen Zeit auf der Leitungsebene gar keine Stimme hatten. Ich lernte die bedrü-

ckende Situation von Frauen in vielen Teilen der Welt kennen.

Ich sah, wie die im säkularen Bereich gut ausgebildeten Frauen der westlichen Welt zwar Freiheit proklamierten, sich aber in ihren Kirchen und Gemeinden im Grunde genommen gar nicht auslebten. Ich lernte auf meinen Reisen durch viele Länder der Welt so hochbegabte Frauen kennen, die ihre Gaben aus Tradition einfach nicht in der Arbeit des Reiches Gottes einsetzen konnten. Ich spürte, wie dadurch die Kraft der Gemeinden eingeschränkt wurde. Obwohl weltweit viel mehr Frauen zur Kirche gehörten, in bestimmten Ländern Männer gar keine Frauen außerhalb der Kirchen erreichen konnten, ließ man die Gaben der Frauen ungenutzt.

Als ich dann 1992 den Vorsitz der Frauenkommission übernahm, war das für mich der Anstoß, mit der Kommission an eine theologische Arbeit zur Frauenfrage zu gehen. Wichtig war es uns dabei, nicht in die Falle der feministischen Theologie zu tappen, sondern allein aus der Bibel unsere Antwort zu finden. So kam zum Schluss die Zusammenfassung der Arbeit durch Lynn Smith aus Canada zustande: ein Thesenpapier unter dem Titel: 'Gender or Giftedness' *(Geschlecht oder Begabung).«*

Ingrid Kern hat an der Frage nach der Stellung der Frau keine Einschränkungen für sich selbst erlebt. Sie hat sich nie die Freiheit nehmen lassen, als Frau Gott mit allen ihr gegebenen Gaben zu dienen. Aber sie hat entdeckt, dass andere Frauen ihre Hilfe brauchen, um sich ebenso frei und sinnvoll für Gott einsetzen zu können.

»Viele Frauen in den osteuropäischen Ländern sind durchgehend gut ausgebildet, haben im säkularen Bereich ihren Platz. In der Zeit des Sozialismus mussten sie auch in den Gemeinden oftmals Aufgaben übernehmen – das gilt besonders für Russland – weil die Männer in Gefängnissen und Lagern verschwanden. Nach der Wende war gleich die Tradition wieder stärker als die Wirklichkeit. Es ist nicht ganz einfach, den Frauen ihrer Begabung nach Raum zu schaffen. Da wir in den Kirchen und Gemeinden gute Kontakte durch die vorhergehende Zeit hatten, habe ich dort,

wo sich Allianzen entwickelten, gleich versucht, dass Frauenkommissionen mitgegründet wurden – mit einigem Erfolg.

Das ist vielleicht ein wenig Hilfe so langsam in den Kreisen etwas aufzubrechen. Doch ist der Weg noch weiter als bei uns. Entscheidend ist, ob es gelingt, Männer in den Ländern zu gewinnen für die Sicht, dass Männer und Frauen von Gott begabt und berufen werden.«

Ingrid war in den letzten Jahren besonders viel unterwegs in dieser Sache. Sie kämpft nicht gegen Männer, sie verteidigt nicht Positionen und Machthaberei.

Vorsichtig, respektvoll, aber dennoch klar zeigt sie von der Bibel her auf, dass Gott Männer und Frauen in gleicher Weise begabt und bevollmächtigt. Dabei ist es nicht immer leicht, in den ärmeren Ländern zu reisen, Kontakte zu knüpfen und sensibel auf die in den Gemeinden gewachsenen Traditionen einzugehen. Dennoch ist es Ingrid gelungen, Frauen in unterschiedlichsten Gemeinden und Gegenden zu finden und sie zu fördern. Eine wichtige Rolle spielten dabei die internationalen Frauentagungen im Evangelischen Allianzhaus in Bad Blankenburg, die seit Mitte der achtziger Jahre mit kurzer Unterbrechung jährlich stattfanden. Ihre Aufgaben als Pionierin für die Gründung von Frauenkomitees in den unterschiedlichen Ländern haben sie um die halbe Welt geführt.

»Eigentlich habe ich mich immer von Gott in etwas hineinstecken lassen. Die Not vieler Frauen hat mich angerührt, ins Gebet geführt. Wenn ich dann wusste, dass Gott mich an einen Platz gestellt hatte, dann war ich auch ganz zuversichtlich, dass er Schritt für Schritt Raum schaffen würde. Manchmal allerdings waren mir die Schritte zu klein, ein wenig zu langsam, auch oft recht mühevoll. Aber ich weiß, dass wir nur so weit gehen können, wie es in Gottes Plan ist.«

Ingrid ist eine engagierte und fröhliche Person. Sie lässt sich nicht leicht entmutigen und kann sich auf unterschiedliche Menschen und Situationen einlassen. Dazu hilft ihr ihre Bescheidenheit und die Tatsache, dass sie selbst ganz in den Hintergrund der Sache tritt. Man hat bei ihr den Eindruck, als sei es das Natürlichste in der Welt, eine solche Arbeit zu tun.

In ihrem Leben gab es viele Veränderungen, die sie ganz gefordert haben. Auf meine Frage, was die größte Veränderung war, sagte sie:

»Das ist schwer zu sagen – Ehe – Weg in die DDR – Familie – Abschied vom Gemeindedienst in die Arbeit der Allianz – Frauenarbeit weltweit – immer neu gab es Veränderung. Zu jedem Zeitpunkt löste das Bangen aus, neue Wege zu beschreiten.«

Eine große und nachhaltige Veränderung brachte der Fall der Mauer mit sich. Für die Arbeit von Ingrid hatte das auch Auswirkungen:

»Nach der Wende fiel die Abhängigkeit von Genehmigungen fort. Bis dahin war speziell die Arbeit international mehr oder weniger eingeschränkt im Blick auf Reisen. Nun konnte ich mich frei bewegen. Nach der Wende gab es in unseren Gemeinden manche Veränderung. Ich übernahm die Leitung der Ortsgemeinde als Älteste. Allen Prognosen zum Trotz, dass ich das als Frau nicht lange durchhalten würde, habe ich diese Arbeit über sieben Jahre getan. Das war manchmal nicht ganz leicht, aber ich habe viel dabei gelernt. Dann konnte ich nach all den Jahren endlich für meine Mutter sorgen, die sicher mit meinem Weg in die DDR das größte Opfer gebracht hat.«

Ingrid ist mit ihrem Mann offiziell im Ruhestand. Aber als mehrfache Mutter und Großmutter, als Freundin vieler Frauen in den unterschiedlichsten Ländern und als engagierte Christin in ihrer Gemeinde und in der Arbeit mit Frauen weltweit bleibt sie aktiv.

Ganz einfach, weil es für sie selbstverständlich ist, dass ihr Weg in die Nachfolge sie in den Dienst für Jesus führt. Mit und ohne Mauern. Weit über Grenzen hinaus.

»Denn mit dir kann ich Kriegsvolk zerschlagen und mit meinem Gott über Mauern springen« (Psalm 18,30).

Zum Nachdenken:

1. Welche Mauern will Gott in meinem Leben überwinden?
2. Was kann ich tun, um Christen in anderen Ländern kennen zu lernen und zu unterstützen?
3. Was war in meinem Leben die größte Veränderung?

Elisabeth Mittelstädt

Elisabeth Mittelstädt

Persönliche Daten:
* 18.04.1946; verheiratet

Erlernter Beruf: Modedesign

Beruf des Mannes:
Theologe, Direktor des International Correspondence Institute (ICI)

Ausgeübte Tätigkeit jetzt:
Redaktionsleiterin

Mitarbeit in Gremien und Vorständen:
Hope for Europe

Ein Ziel Ihres Lebens, auf das Sie zuarbeiten:
Ich möchte eine Frau sein, wie Gott mich haben will.

Ein Traum, der sich noch nicht erfüllt hat:
Ich bin noch nicht die Frau, die ich sein möchte.

Ein Gedanke, der Angst macht:
Dass der körperliche Schmerz mich überwältigen könnte.

Mein Lieblingsvers in solchen Zeiten ist Philipper 4,6-7.

Eine Not, die Sie in Atem hält:
Dass ich genügend Kraft habe für die vielfältigen Aufgaben an jedem Tag.

Eine Freude, an die Sie immer wieder denken:
Dass Gott in jeder Situation da ist. Dass Frauen durch das gedruckte Wort zu Jesus finden.

Ihr Platz, an dem Sie diese Welt verändern:
Wo ich mich befinde, ist die Welt, die ich verändern möchte.

Frauen ermutigen

Frauen ermutigen

Von Anfang an war Elisabeths Leben bedroht. Schon während der Schwangerschaft ihrer Mutter mit Elisabeth griff die Krankheit nach ihrem Leben. Die Mutter hatte Diphterie, wurde vom Arzt aufgefordert, das Kind abzutreiben.
Auf dem Weg zur Klinik jedoch griff Gott ein. Er sprach zu der schwangeren Frau: »Töte dieses Kind nicht.« Die Mutter kannte Gott nicht, aber sie wusste, dass sie der Aufforderung der inneren Stimme gehorchen musste. Elisabeth kam

zur Welt. Erst neun Jahre später lernte die Mutter und auch der Rest der Familie den Gott kennen, der so deutlich in ihr Leben hineingeredet hatte. Sie wurden alle Christen. Elisabeth hatte von Anfang an den großen Wunsch, Gott ganz zu dienen. Aber in den Gemeinden, in denen sie war, hatten Frauen wenig Möglichkeiten, sich mit ihren Gaben einzubringen.

Elisabeth engagierte sich in der Kinder- und Jugendarbeit. Sie lernte ihren Mann Ditmar kennen und lieben. Bis heute sind die beiden eine Team im Dienst für Jesus.

Noch einmal trat die Krankheit in Elisabeths Leben. Eine fehlerhafte Zahnbehandlung führte dazu, dass sie über Jahre hinweg so starke Schmerzen zurückbehielt, dass sie verzweifelt nach Hilfe suchte. Besuche vieler Ärzte, Krankenhausaufenthalte und sogar eine Untersuchung in der weltweit bekannten Mayo-Klinik in den USA bestätigten nur das niederschmetternde Ergebnis: Elisabeth musste mit den Schmerzen leben. Es gab keine Heilung.

»Wovor habe ich am meisten Angst?«, fragte Elisabeth sich, als sie unter großen Schmerzen auf einer kleinen Brücke in einem Ort in Deutschland stand und auf den langsam dahinfließenden Fluss sah. Eine Stimme in ihrem Inneren sagte: »Spring. Mach deinem Leben ein Ende.« Doch sie wusste, dass das die Stimme des Teufels war, der sie versuchen wollte.

»Ich fürchtete mich vor der Zukunft. Wie sollte ich den Rest meines Lebens diese Schmerzen aushalten?

Doch in meinem aufgewühlten Inneren stiegen die Worte Jesu auf: 'Sorgt nicht für morgen' (Matthäus 6, 34). Während ich darüber nachsann, warf ich einen Blick auf das kleine Dorf hinter mir. Die schmucken, gepflegten Häuser mit den überquellenden Blumenkästen zogen meine Blicke auf sich. In diesem Moment wurde mir bewusst, dass äußerlich alles schön und ordentlich aussieht, aber Tausende von Frauen sich genauso fühlen wie ich. Ob sie körperlich oder seelisch leiden, oder unter Einsamkeit und familiären Problemen – sie empfinden reale Schmerzen. Mir war, als würde Gott mich fragen: 'Bist du bereit, sie zu ermutigen?'«[1]

Elisabeth erinnert sich: *»Ich fasste den Entschluss, die*

Sorge um die Zukunft Gott zu überlassen und immer nur einen Tag nach dem anderen zu leben.«

Doch wie konnte Elisabeth, die selbst durch die Schmerzen geschwächt war, all die leidenden Frauen ermutigen und ihnen helfen? Noch am selben Tag hatte sie die Idee, eine Frauenzeitschrift herauszugeben. Doch so reizvoll diese Aufgabe auch schien, so unmöglich schien sie auch umzusetzen zu sein. Warnende Stimmen meinten, es gäbe nicht genug Frauen, die solch eine Zeitschrift abonnieren würden. Als sie ihre Sorgen vor Gott ausbreitete und zu ihm schrie: *»Gott, siehst du, keiner hier will diese Zeitschrift!«,* antwortete Gott sehr deutlich: »Aber ich will sie!« Und so machte sie sich an die Arbeit. Ihr Mann Ditmar unterstützte sie von Anfang an und übernahm die geschäftliche Abwicklung.

Elisabeth war sich im Klaren darüber, dass sie keine Erfahrung und kaum Kenntnisse über die Herausgabe einer Zeitschrift besaß. Doch in der festen Gewissheit, von Gott selbst in diese Aufgabe gestellt worden zu sein, und unterstützt von ihrem Mann, stieß sie auf die Verheißung in Psalm 2,8: »Bitte mich, so will ich dir Völker zum Erbe geben.« Elisabeth überlegte, was ihr größter Wunsch sei.

Sofort hatte sie den Wunsch: Wie wäre es, eine Stunde schmerzfrei zu sein? Dann sagte sie zu Gott: *»Mehr als das – mehr als alles in der Welt – möchte ich, dass Menschen zu dir finden.«*

Elisabeth war so kühn, Gott um 10 000 Abonnentinnen zu bitten.

Die Zeitschrift *Lydia* – die christliche Zeitschrift für die Frau – entstand. Inzwischen erscheint sie nicht nur in Deutsch, sondern auch in Ungarisch und Rumänisch. Alle Gewinne aus der deutschen Auflage werden in die beiden anderen Projekte investiert. Insgesamt hat *Lydia* eine Auflage von ca. 160 000 in 102 Ländern dieser Erde.

»Das Anliegen von Lydia *ist, Frauen zu ermutigen. Leserinnen geben diese Zeitschrift an andere Frauen weiter, weil sie ihnen hilft und sie anderen helfen möchten.«*

Eine Frau schrieb: 'Lydia hat meiner 89-jährigen Nachbarin geholfen. Sie hatte nach ihrer Konfirmation die Kirche verlassen, aber nun – nach 75 Jahren – hat sie Gott wieder gefunden. Wie viele Menschen werden im Himmel wohl auf Sie zugelaufen kommen, um Ihnen zu danken, dass Lydia ihnen den Weg gewiesen hat!'« [1]

In unserer heutigen Gesellschaft, in der sich immer mehr Menschen in ihre Privatsphäre zurückziehen, und Angst haben, Veranstaltungen von Christen zu besuchen, bietet die Zeitschrift Frauen eine ideale Möglichkeit, den Glauben weiterzugeben.

»Ich bin erstaunt, wie viele Frauen berichten, dass ihr erster Schritt zu Gott durch Lydia zustande kam.«

Nach der biblischen Lydia benannt, die in Apostelgeschichte 16,14 als eine Geschäftsfrau beschrieben wird, die Gott suchte, motiviert die Zeitschrift ihre Leserinnen, ihr Leben nach dem auszurichten, was in Ewigkeit bestand hat. Lydia hat weit über Deutschland hinaus Auswirkungen.

In Russland wurde Lydia in öffentliche Bibliotheksbestände aufgenommen, damit sie im Deutschunterricht Anwendung finden kann. Trans-World-Radio benutzt Lydia für Frauensendungen, die in Ecuador ausgestrahlt werden. Außerdem hat Lydia weitere christliche Frauenzeitschriften in Europa inspiriert. In Moldawien verwenden Frauen die rumänische Lydia, um anderen Frauen lesen zu lehren. In Wartezimmern der Ärzte und an Kiosken wird Lydia ausgelegt. Und auch Männer und Ehemänner sind treue Leser, wenn auch nur insgeheim!

»Wir sind immer wieder überrascht, mit welcher Kreativität unsere Leserinnen Lydia *weitergeben«*, erzählt Elisabeth.

»In einem Restaurant in Rumänien begegnete ich Joseph, einem Zusteller der Zeitschrift. 'Ich muss Ihnen unbedingt erzählen, was gestern Abend passiert ist', sagte Joseph. Als er spät abends nach Hause fuhr, übersah er eine rote Ampel. Eine Polizist hielt ihn an, verlangte seinen Führerschein und entzog ihm für drei Monate die Fahrerlaubnis.

'Dann dachte ich an Lydia *und gab ihm ein Heft. Er trat zur Seite und las die Überschriften. Danach kam er zurück und fragte, ob ich ihm auch ein Heft für seine Schwiegermutter geben könne. Ich schenkte ihm noch eins. Zu meiner* Über*raschung händigte er mir meinen Führerschein wieder aus!'«*

Viele Wünsche in Elisabeths Leben blieben unerfüllt. Gerne hätten sie und Ditmar Kinder gehabt. Und gerne hätte sie ohne Schmerzen und mit voller Kraft gearbeitet. Aber ihr Ziel geht weit über persönliches Glück hinaus.

»Wonach wir geistlich streben, wird von dem bestimmt, was in unserem persönlichen Leben am wertvollsten ist, und ist die Grundlage für eine menschliche Gemeinschaft. Ich glaube, dass Frauen in Europa sich heute nach Werten sehnen, die ihrem Leben Sinn und ihren Aktivitäten ein Ziel geben können. Es gibt eine innere Leere in vielen Frauen, die nur die Liebe Gottes auszufüllen vermag.«

Elisabeth liebt diese Welt mit ihren unterschiedlichen Menschen. Sie sieht die geistliche Not in unserem Land sehr deutlich.

»In Deutschland leben über zwei Millionen Muslime. Wir wissen, wie schwer es ist, die muslimische Welt zu erreichen. Doch Frauen kommen durch ihre Kinder miteinander in Kontakt. Wir hören bemerkenswerte Geschichten darüber, wie solche Frauen Christen werden. Und dies sind die Frauen, die ihre Söhne und die zukünftigen Generationen erziehen.«

So manche Not, die Elisabeth durch ihre Arbeit erfährt, lässt sie kaum schlafen. Sie ist bereit, sich für die Schwachen und Unterdrückten zu engagieren, auch wenn das für sie persönlich mit Risiken verbunden ist. Als in den Nachrichten bekanntgemacht wurde, dass in Bosnien regelrechte Vergewaltigungslager existierten, überlegte Elisabeth, wie sie diese Not angemessen konfrontieren sollte. Die Worte aus Jesaja 41,10 gaben ihr Mut: »Fürchte dich nicht, ich bin mit dir.« Und als ihre Blicke auf die gegenüberliegende Seite ihrer Bibel schweiften, sprang ihr Jesaja 42, 6-7 in die Augen; » ... dass du die Augen der Blinden öffnen sollst und die Gefangenen aus dem Gefängnis führen und, die da sitzen in der Finsternis, aus dem Kerker.«

Lydia rief die Leserinnen auf, für die Frauen im Balkan zu beten, die in den Lagern auf grausame Weise vergewaltigt und im Stich gelassen wurden.

»Gebet ist unsere wichtigste Waffe in diesem Kampf. Es folgte eine Flut betroffener Briefe von Frauen, die über diese

Not tief bewegt waren. Sogar neunjährige Mädchen versprachen, für die Frauen in Bosnien zu beten.«[1]

Bald darauf verschwanden die Nachrichten über die Vergewaltigungslager aus den Medien. Elisabeth erkundigte sich bei verschiedenen Quellen, was geschehen war.

»Die Antwort war immer dieselbe: 'Die Lager sind aufgelöst worden.' Ich muss zugeben, dass es mir schwer fiel, an die enormen Auswirkungen einmütiger Fürbitte zu glauben. Ich weiß auch, dass wir nicht die Einzigen waren, die beteten, aber es war wunderbar zu erleben, was ernsthaftes Gebet bewirkt. Frauen können einander ebenso beistehen, wie Ester in der Bibel ihrem Volk half, als sie es aufforderte, zu beten und Fürbitte zu tun.«

Auch Elisabeth braucht Fürbitte. Erneut ist eine bedrohliche Krankheit in ihr Leben getreten. Bei einer ihrer Reisen in Ost-Europa wurde sie von einer Zecke gebissen. Eine schwere Erkrankung der Gelenke war die Folge. Schmerzen, Schwäche und Anfälligkeit durch ein geschwächtes Immunsystem führten dazu, dass sie fast im Rollstuhl gelandet wäre. Ein Jahr der Schwäche und des Ruhens waren die Folge. Doch Elisabeth hat auch in dieser Krankheit nicht aufgegeben. Sie ist und bleibt eine Kämpferin für die Dinge, die Gott ihr gezeigt hat. Sie kann sich nicht zur Ruhe setzen. Schmerzen und Krankheit nennt sie *»ein Leben unter Dornen«*. Trotz ihrer Krankheit lief *Lydia* weiter. Und auch ihre Aufgaben als Leiterin der europäischen Frauenarbeit von *Hope for Europe* (Hoffnung für Europa) nahm sie weiter wahr.

Hope for Europe ist der internationale Zusammenschluss von Europäischer Evangelischer Allianz, Lausanner Bewegung und *»AD 2 000 and beyond«*(Anno Domini 2 000 und darüber hinaus). Ihre Aufgabe, Frauen in Europa zu ermutigen, nimmt Elisabeth nicht nur durch die Zeitschrift wahr. Sie hat angefangen, Konferenzen für Frauen aus mehr als 25 europäischen Ländern durchzuführen. Zuerst mit einer kleinen Gruppe von Delegierten. Doch bei der dritten Tagung in Budapest 1997 kamen schon über 120 Delegierte.

Die Möglichkeiten, die Gott durch ihre Lebensführung in ihr Leben hineingelegt hat, nutzt Elisabeth sehr effektiv, um Frauen aus Ost und West zu ermutigen und ihnen zu helfen, zueinander zu finden. Elisabeths Leben macht Mut. Mut, sich nicht durch Krankheiten, Schwierigkeiten oder unerfüllte Wünsche davon abhalten zu lassen das zu tun, was Gott will.

Wenn jemand Grund hätte, sich selbst Leid zu tun, und Gott anzuklagen, dann Elisabeth. Doch das Gegenteil ist der Fall. Sie nimmt es aus Gottes Hand an und sagt, dass sie *»immer noch auf Gottes Warteliste für Heilung steht.«* In ihrem Leben wird deutlich, was der Apostel Paulus sagt: Ich möchte Christus erkennen: die Gemeinschaft seiner Leiden und die Kraft seiner Auferstehung (vgl. Philipper 3,10).

Elisabeth sagt: *»Hätte ich wählen können, auf welche Weise der Dienst der* Lydia *geboren wird, wäre mir bestimmt etwas anderes eingefallen als ein Weg der Schmerzen. Aber Gott fragt nicht nach dem Plan, den ich für mein Leben hatte. Stattdessen entwarf er einen Plan für mich, der mit Freude und Schmerzen durchwoben ist.«*

Dieser Plan Gottes hat durch Elisabeth und ihren Mann Ditmar viel Segen entstehen lassen. Bis heute werden Frauen durch die Zeitschrift Christen. Und bis heute werden leidende Frauen getröstet. Auch Elisabeth.

»Sorgt euch um nichts, sondern in allen Dingen laßt eure Bitten in Gebet und Flehen mit Danksagung vor Gott kundwerden. Und der Friede Gottes, der höher ist als alle Vernunft, bewahre eure Herzen und Sinne in Christus Jesus« (Philipper 4, 6-7).

Zum Nachdenken:

1. Aus welchen Erfahrungen des Leidens bin ich gestärkt hervorgegangen?
2. Wie und wen kann ich trösten und ermutigen?
3. Wo habe ich einen Auftrag Gottes aufgegeben, weil andere mich entmutigt haben? Kann ich ihn noch ausführen?

[1] Quellen: Womens Touch; Todays Christians Women; L. Lutz: Woman as Risk Takers for God

Regine Parzany

Regine Parzany

Persönliche Daten:
* 29.12.1940; verheiratet; drei Kinder im Alter von 26 bis 30

Erlernter Beruf: Lehrerin

Beruf des Mannes: Pfarrer

Ausgeübte Tätigkeit jetzt:
Hausfrau und ehrenamtliche Aufgaben

Mitarbeit in Gremien und Vorständen:
Kirchenvorstand; Evangelische Allianz in Kassel; Koordinatorin des Frühstückstreffens für Frauen in Kassel

Ein Ziel Ihres Lebens, auf das Sie zuarbeiten:
Dass Frauen, mit denen ich ein Stück des Weges gehe, ein bewusstes Ja zur Einladung Gottes finden und Verwurzelung in der Gemeinde!

Ein Traum, der sich noch nicht erfüllt hat:
Fließend Englisch zu sprechen.

Eine Not, die Sie in Atem hält:
Wenn geliebte Menschen Jesus Christus noch nicht nachfolgen.

Eine Freude, an die Sie immer wieder denken:
Besondere Erfahrungen des Handeln Gottes.

Ihr Platz, an dem Sie diese Welt verändern:
Da wo Gott mich ausgesät hat, treu sein.

Wenn Frauen zum Frühstück einladen...

Regine Parzany: Mitte

Regine Parzany lernte ich vor vielen Jahren in Essen im Weigle-Haus kennen. Nicht dass sie mich damals kennen gelernt hätte. Ich gehörte nicht zum *Weigle-Haus* (abgekürzt WH genannt), sondern ich kam mit Freunden nur sonntags zum Gottesdienst. Wir waren als junge Leute in der Nachbarstadt Duisburg aktiv und kamen ins WH, um dort geistlich aufzutanken. Deshalb kannte Regine mich damals nicht. Aber ich sah sie jeden Sonntag im Weigle-Haus mit ihren drei Kindern. Eine sehr freundliche Frau, die bescheiden und offen hinter der Arbeit ihres Mannes stand. Eine Frau, die sich nicht als Pastorenfrau in den Vordergrund drängte, die aber dennoch für alle sichtbar die Arbeit mittrug und denen die Menschen im Weigle-Haus am Herzen lagen.

Regine liebt bis heute nicht die große Öffentlichkeit. Sie hat auch nie die Bekanntheit ihres Mannes Ulrich Parzany genossen. Sie steht für sich selbst und hat ihre ganz eigenen Wege des Dienstes für Jesus gefunden. Zuerst sicher in der Erziehung ihrer drei Kinder, von denen zwei adoptiert sind. Doch auch durch ehrenamtliche Mitarbeit in Hauskreisen und durch persönliche Kontakte war sie stets aktiv. Mittlerweile sind die Kinder aus dem Haus. Da hat sie mehr Zeit für Besuche bei Kranken oder Freunden, zur persönlichen Evangelisation. Regine weiß, wie wichtig Menschen sind, die Einzelnen den Weg zu Gott zeigen und ihnen helfen, eine persönliche Beziehung zu Jesus aufzubauen.

»Ich bin in einer traditionell christlichen Familie aufgewachsen, konfirmiert worden, zum Gottesdienst gegangen. Aber dass Jesus eine persönliche Beziehung zu mir haben möchte, habe ich erst später erfahren, als Studentin in Göttingen in einem Hausbibelkreis der Studentenmission in Deutschland, SMD: durch das Gespräch über der Bibel und vor allem durch das persönliche Beten der anderen. Das war mir völlig neu. Es wuchs eine Sehnsucht in mir, auch so zu leben, und ich vertraute Jesus mein Leben an.«

Von Anfang an wollte Regine von dem weitersagen, was sie mit Gott erlebte. Während ihr Mann im Weigle-Haus und darüber hinaus vor vielen predigte und mit großen Menschengruppen arbeitete, lag Regines Arbeitsfeld eher im persönlichen Rahmen und durch einzelne Beziehungen.

»Mitarbeit im Hauskreis war mir von meiner persönlichen Geschichte her ganz wichtig.«

1976 fand das erste *Christival* in Essen statt. Ulrich war der Ideengeber und Vorsitzende des Ganzen. Viele Jugendliche aus ganz Deutschland erhielten gute Impulse, wie sie Gott im Alltag den Platz einräumen konnten, der ihm allein zusteht. Für Regine brachte das *Christival* auch eine Anregung:

»Beim ersten Christival *hat Gott mir dann das gemeinsame Beten für andere aufs Herz gelegt. Und ich fand eine Mit-*

beterin in unserer Straße in Essen, mit der ich mich jeden Tag eine halbe Stunde traf, zur Sesamstraßenzeit, weil damals noch eines unserer Kinder nicht zum Kindergarten ging.«

Regine hat nicht darauf gewartet, irgendwann einmal bessere äußere Bedingungen für ihre Mitarbeit zu haben. Sie hat die Gelegenheiten genutzt, die sie sich trotz der Kinder schaffen konnte.

»Mit dem Selbständigwerden der Kinder zeigte Gott neue Aufgaben, von denen ich mir keine selbst ausgesucht habe. Darüber kann ich nur staunen. Ein Schwerpunkt wurden im Lauf der Zeit die persönlichen Gespräche, oft beim Frauenfrühstück oder Kaffeetrinken bei uns zu Hause.«

Von Essen ging es 1984 für die Parzanys nach Kassel. Ulrich wurde zum Generalsekretär des Deutschen CVJM berufen und die Familie ging mit. Neue Herausforderungen für beide. Für Regine hieß es, neue Aufgabenfelder zu entdecken.

»Wir wohnten noch nicht lange in Kassel, da lud mich eine engagierte Christin aus der Nachbarschaft zusammen mit einigen anderen Frauen aus verschiedenen Gemeinden zum Frühstück ein. Wir tauschten uns aus und beteten miteinander. Das half mir damals sehr zum Einleben. Bei einem dieser Treffen nahm ich allen Mut zusammen und fragte, ob sie denn die 'Frühstückstreffen für Frauen' *kennen würden und wie sie darüber dächten. Alle waren sehr aktiv in ihren Gemeinden und ich befürchtete Desinteresse. Aber es kam ganz anders. Einige kannten die Arbeit und wünschten sich das so sehr für Kassel, beteten auch dafür, hatten aber keine Kapazität frei, um es anzufangen. So fragten sie mich, da ich noch nicht so fest in eine Gemeinde eingebunden war. Ich hatte die Zeit, aber sonst manche Bedenken, doch im Vertrauen auf Gott wagten wir es. Das Beste unseres Lebens, den Glauben an Jesus, wollten wir gerne mit noch vielen Frauen teilen, die den Weg in unsere Gemeinden nicht finden, für die die kommunikative Form des Frühstückstreffens aber eine Brücke sein kann.«*

Die Arbeit der *Frühstückstreffen für Frauen*, die in der Schweiz ihren Ursprung hat, hat sich inzwischen über ganz

Deutschland ausgebreitet. Tausende Frauen sind engagiert, anderen Frauen das Evangelium weiterzusagen. Und sehr viele Außenstehende, das heißt nicht als bewusste Christen lebende Frauen, lassen sich zu diesen Treffen einladen. Der Rahmen ist stets wunderschön, geschmackvoll und liebevoll von den Frauen gestaltet. Ein neutraler Ort, zum Beispiel ein Hotel, ein gutes Frühstück und ein ansprechendes Referat mit anschließendem Gespräch an den Tischen machen den Vormittag für viele Frauen zu einem besonders bereichernden Erlebnis. Für die Frauen aus den Vorbereitungs- und Arbeitskreisen bedeuten diese Treffen sehr viel Vorbereitungszeit. Gesprächsschulungen, Planungstreffen, Gebetsrunden, Bastelkreise für die Dekoration auf den Tischen und Einladeaktionen gehören dazu.

Aber sie nehmen diese Arbeit gerne auf sich, weil sie in diesen Treffen die einmalige Chance sehen, Bekannte, Nachbarinnen und Unbekannte einzuladen. Was ist für Regine das Besondere an den Frühstückstreffen?

»Das ist zum einen die einladende, wunderschöne Form des gemeinsamen Frühstücks, bei »Kaffeeduft und frischen Brötchen«, die eine Brücke für die Liebe Gottes sein kann. Und zum anderen, dass wir diese Arbeit im Team tun können. Jede Mitarbeiterin kann sich mit ihren besonderen Gaben einbringen. Erst im Zusammenwirken wird ein Ganzes daraus. Der einen liegen besonders die Tischgespräche am Herzen, eine andere organisiert gerne den Büchertisch oder kümmert sich in großer Treue um die Nacharbeit oder den Versand von Einladungen. Vieles geschieht im Hintergrund, aber alles trägt zum Gelingen bei. Das Bild der Bibel vom Leib und den Gliedern begeistert mich immer neu! Und noch eine ermutigende Erfahrung haben wir in elfjähriger Arbeit gemacht: Mitarbeiterinnen aus verschiedenen Gemeinden und Kirchen lernten sich neu kennen, und darüber auch schätzen; in der gemeinsamen Liebe zu Jesus, trotz unterschiedlicher Prägung. Das ist ein besonderes Geschenk.«

Es gäbe viel zu erzählen, welche Auswirkungen die Treffen auf Frauen haben. Nicht alle Veränderungen bekommen die Mitarbeiterinnen zu hören. Manche Frau wird für die Öffentlichkeit verborgen innerlich ermutigt, ihr Glaube aus Kindertagen wird wieder lebendig. Oder sie fängt zum ersten Mal an, nach Gott zu suchen. Für viele Frauen ist das Frühstückstreffen ein Anfang, ein erster Schritt auf einem längeren Weg. Auch in Kassel gibt es ermutigende Beispiele.

»Spontan denke ich an eine Frau, noch keine fünfzig, die ganz plötzlich ihren Mann verloren hatte. Sie wurde zu einem Frühstückstreffen eingeladen und saß weinend da, Mitarbeiterinnen kümmerten sich um sie, hörten zu und luden sie in einen Gesprächskreis ein. Sie ließ sich darauf ein, kam dann in einen weiterführenden Bibelgesprächskreis. Ein langer Weg begann, mit verzweifelten Fragen, Tiefen und Traurigkeiten. Aber Gottes Liebe schenkte ganz langsam neue Hoffnung, und sie vertraute ihr Leben Jesus an. Seit einiger Zeit ist sie nun Mitarbeiterin bei uns und hat gerade mit einer anderen Mitarbeiterin zusammen einen neuen Gesprächskreis begonnen.«

Es gibt so viel Not im Leben von Frauen. Dabei ist sicher nicht nur materielle und finanzielle Not gemeint. Viele der Frauen tragen schwer an Krankheiten, familiären Problemen, Ängsten und Sorgen. Die Mitarbeiterinnen sind wie Regine Parzany auch bereit, sich diesen Frauen zu widmen. Mit den gemütlichen Frühstückstreffen ist es da nicht getan. Gesprächsgruppen und die persönliche Fürsorge und Begleitung gehören zum Konzept und machen die ganze Sache erst richtig zu einem Rettungsanker für Viele.

»Am häufigsten begegnet mir die Not der Frauen in Scheidungssituationen. Eine Hilfe ist es dann, Zeit für sie zu haben, zuzuhören, ihnen Wertschätzung entgegenzubringen und vor allem ihnen die einzigartige Liebe von Jesus zu bezeugen, die uns trotz Versagen und Scheitern gilt.«

Das Frühstückstreffen ist nicht nur in missionarischer Hinsicht eine Bereicherung. Fast ebenso wichtig ist es, weil es Frauen mit unterschiedlichster Begabung einen Ort und eine Chance gibt, sich so einzusetzen, wie sie es können. Dabei geht es darum:

»Gott hat jedem von uns unterschiedliche Gaben gegeben. Das gilt es zu erkennen – auch mit Hilfe der anderen – und zu leben. Nicht andere kopieren, sondern aus dem Hö-

ren auf Gott die Schritte gehen, die er zeigt und darin treu sein.«

Das lebt Regine selbst. Sie hört auf Gott. Gebet und Fürbitte, Besuche und Gespräche sind ihr geistlicher Dienst. Und den segnet Gott sichtbar.

»Und der Herr sprach zu dem Knecht: Geh hinaus auf die Landstraßen und an die Zäune und nötige sie, hereinzukommen, dass mein Haus voll werde« (Lukas 14,23).

Zum Nachdenken:

1. Wie kann ich meine Beziehung zu Gott weiter aufbauen?
2. Wie kann ich Frauen in meiner Umgebung mit dem Evangelium erreichen?
3. Welche Not bei Frauen geht mir zu Herzen? Wie kann ich helfen?

Ute Paul

Persönliche Daten:
* 15.06.1962; verheiratet; drei Kinder im Alter von 5 bis 11

Erlernter Beruf:
Grundschullehrerin

Beruf des Mannes:
Pastor/Missionar

Ausgeübte Tätigkeit jetzt:
Haus- und Familienfrau

Mitarbeit in Gremien und Vorständen:
in Ortsgemeinde, Hauskreis, Kindergruppe

Ein Ziel Ihres Lebens, auf das Sie zuarbeiten:
Aus dem Hören auf Jesus zu leben – eine gute Seelsorgerin zu werden. Verantwortliche, fröhliche Kinder großzuziehen.

Ein Traum, der sich noch nicht erfüllt hat:
In einer (kleinen) Lebensgemeinschaft leben.

Ein Gedanke, der Angst macht:
Weit weg zu sein, wenn meine Eltern sterben.

Eine Not, die Sie in Atem hält:
Existenzielle Überlebenssorgen; Gewalt in den Familien der Frauen, die ich begleite und kenne.

Eine Freude, an die Sie immer wieder denken:
Dass unsere (armen) Nachbarn sich nicht schämen, wenn ich sie besuche und sie mich in ihre Häuser einladen.

Ihr Platz, an dem Sie diese Welt verändern:
Landeplatz »zu Hause«.

Als Missionarin im argentinischen Chaco

Als Missionarin

Ute Paul mit Familie

Ute Paul ist Missionarin. Seit mehreren Jahren lebt sie mit ihrem Mann Frank und ihren Kindern in Argentinien. Zunächst für ein Jahr auf Probe. In diesem Jahr lernten sie die Gruppe: *Fe y vida* (Glaube und Leben) kennen.

»Nach einem Probejahr mit Cati und René Padilla und der Arbeitsgemeinschaft Kairos lebten wir vier Jahre als 'interkulturelle Mitarbeiter' in einem armen Vorstadtviertel der Fünfzehnmillionenstadt Groß-Buenos Aires.«

Ute und Frank wohnten mitten unter den Armen. Sie bauten ein kleines Haus neben die *'villas miserias'*, die Hütten der Ärmsten.

»Wir beabsichtigten, uns auf die Lebensbedingungen unserer neuen Nachbarschaft einzulassen, möglichst keine Gegenstände zu haben, die wir nicht auch verleihen würden, und zu lernen, für das tägliche Leben mit einem ortsüblichen, durchschnittlichen Einkommen auszukommen.«

Eine kleine Gemeinde in diesem Wohngebiet hatte Pauls eingeladen, ihnen beim Gemeindeaufbau mitzuhelfen. Für die Familie der Anfang eines langen Lernprozesses. Hier ein kleiner Auszug aus einem Bericht von Ute aus dieser Zeit:

»Ich ging für drei Stunden bei Schlamm und Regen einige Kinder im Slum hüten mit unseren drei, davon eines ein Krabbelkind. Nur mühsam konnte ich die Fassung bewahren bei dem Lärmpegel, dem Dreck, der Nähe der Nachbarn; unsere Kleinste konnte ich nirgends absetzen. Wie, dachte ich, kommt denn eine vielfache Mutter tagtäglich allein damit zurecht? Zweierlei wurde mir dabei bewusst: Die Dauerbelastung der Leute im Slum und meine eigenen Grenzen. Als ich in den ersten Monaten ohne Waschmaschine Kleider und Windeln mit der Hand wusch, kam ich mir ziemlich heroisch vor. Dann stellte sich eines Tages ein kleines Nachbarmädchen neben mich, schaute zu und sagte: 'Gell, du kannst das eigentlich nicht so waschen, das ist zu viel für dich ...' Ich fühlte mich durchschaut und in meiner Ehre angegriffen. Was die können, das kann ich doch auch.«

Für Ute war es erst einmal eine fremde Welt, die Welt der Armut. Aufgewachsen ist sie in der Nähe von Gießen in einer Familie, in der der Glaube an Gott keine Rolle spielte. Dennoch ging Ute zur Konfirmation und erlebte einen guten Konfirmandenunterricht. Sie trug schon vorher in ihrem Herzen die Ahnung, dass es einen Schöpfer geben müsse. Ihr erstes Abendmahl ist ihr in tiefer Erinnerung. Ein Jahr später lud ihr Bruder sie zu einer Zeltevangelisation ein. Sie lernte Jesus kennen. Und sie ging fortan in einen lebendigen Jugendkreis. Das Ausland hat sie schon immer gereizt und während des Studiums baute sie Zeiten im Ausland ein, in denen sie Mission vor Ort kennen lernen wollte. Mit neunzehn Jahren ging sie für sechs Monate nach Peru, in die Slums von Lima.

Als Frank in ihr Leben trat, stand für die beiden fest,

dass sie gemeinsam in die Mission gehen wollten. Frank ging für drei Monate nach Ägypten. Ute ging mit zweiundzwanzig Jahren nach Mali, mit fünfundzwanzig für drei Monate nach Tansania. Doch nach Argentinien gingen sie beide erst, als klar wurde, dass das ihr Platz für einen längerfristigen Einsatz sein würde. Stets waren beide interessiert an einer Arbeit, die das Reich Gottes mit der Arbeit unter Armen verbindet.

Dr. René Padilla, ein Ecuadorianer, der seit über dreißig Jahren in Argentinien lebt, lud sie ein, für ein Jahr bei ihm mit zu leben. Vorbereitet werden sollte dieser Einsatz durch das Mitleben der Pauls für insgesamt achtzehn Monate bei der *Offensive Junger Christen* (OJC).

»René Padilla hegt eine jahrzehntelange Freundschaft mit dem Gründer der OJC, Horst-Klaus Hofmann. Auf diesem Wege lernten wir die OJC kennen, die uns nachhaltig prägte und veränderte. Seit 1990 leben wir in Argentinien.«

Die Umstellung war groß. Die Not der Menschen schockierte und überforderte. Selbst wenn man viel Geld gehabt hätte, mit dem man Menschen hätte helfen können, es wäre nur ein Tropfen auf den heißen Stein gewesen.

»Wir fragten uns: Was können wir überhaupt tun – ohne selbst als Weihnachtsmänner aufzutreten, Eigeninitiative zu unterdrücken, Abhängigkeiten zu uns oder dem Ausland zu schaffen? Außerdem fingen wir an, langsam etwas vom Schicksal der Armen zu verstehen.«

Die Armut ist nicht selbstgewählt. Und sie ist selten selbstverschuldet. Über Unterdrückung und Ausbeutung ärgerten sich Ute und Frank.

»Aber es gibt noch so viel mehr Strukturen bzw. Menschen und Handlungsweisen, die die Armen arm machen bzw. halten: städtische Bedienstete, die mit ihren Trinkwasserautos lieber für Extra-Geld die Schwimmbäder der Reichen füllen als die Wasserkanister in den Armenvierteln; Polizeibeamte, die an Einbrüchen und Rauschgifthandel gut mitverdienen.«

Nach vielen inneren Prozessen verstärkte sich eine Überzeugung in beiden:

»Wenn wir wirklich mit den Armen etwas zur Verbesse-

rung ihrer eigenen Situation zuwege bringen wollen, müssen wir vor allem ihr Vertrauen und sie als Freunde gewinnen. Dazu war es nötig, dass wir uns unser Gefühl der Überlegenheit, des Besserwissens eingestanden. Wer sind wir eigentlich, dass wir meinen, in Deutschland sei alles besser bzw. wenn sie es nur nach unseren Rezepten machten, dann würde sich vieles verbessern?«

Ute und Frank wollten umdenken lernen. Sie wollten Partner der Nachbarn und Freunde sein, nicht Belehrende. Und beide wurden selbst stark bereichert und verändert. Für Ute gehörte zum Verändertwerden dazu:

»Eine fremde Sprache lernen und sich nach Jahren darin wohl fühlen. Viel beobachten und hinschauen, um das Leben, Kämpfen, Arbeiten, den Tagesrhythmus, die Gewohnheiten, die Speisen, die Pflanzen, die Vorstellungen, die Form, sich auszudrücken und hunderttausend Kleinigkeiten mehr, den Glauben, die Gemeinden, ihre Form des Gottesdienstes kennen zu lernen, zu schätzen, nach und nach ins eigene Leben zu integrieren. Respektvoll und vorsichtig zu sein. Ich wurde weniger sicher, weniger laut, weniger bestimmend, schämte mich mehr, und all das hat mich verändert. Ich habe eine tiefe Freude entwickelt, dass mir die Menschen hier schon so vertraut sind: ich habe Augen bekommen, dass sie mit Münzen einkaufen gehen, nur für das eben Nötigste. Ich weiß, dass sie die billigsten Schuhe tragen, damit sie nicht barfuß gehen müssen. Ich kann mir etwa vorstellen, wie sie auf 15 m² leben, wie es ist mit drei Kindern in einem Bett zu schlafen ... Mich fasziniert immer noch jeder Besuch in einem lauten Hof voller Kinder und Hühner, oder in einem kleinen stillen Hinterhäuschen bei einem alten Mann, der mir Mate ausschenkt. Ich sehe tatsächlich Jesus in dem, was mir begegnet. Kinder in einem fremden Land aufzuziehen, bringt auch mehr Unsicherheit mit sich: wie funktionieren die staatlichen Erziehungseinrichtungen, auf was muss ich achten, was alle wissen, nur ich nicht.«

Ute legte einen hohen Maßstab an, wenn es um ihren eigenen Einsatz ging. Sie wollte viel erreichen und setzte sich für viele Menschen ein. Doch erst bei einem Heimataufenthalt musste sie mit viel Schmerzen feststellen, dass es Probleme gab, die sie nicht erkannt hatte.

»Ich kam nach Argentinien mit der Vorstellung, etwas Heldenhaftes zu tun: also tat ich Heldenhaftes, damit es alle sehen. Oder besser das, was ich für besonders verdienstwürdig hielt: mich ganz viel um andere kümmern. Es wohnten verkommene Jugendliche bei uns, zu allen Tageszeiten gab es Besuch, ich ging in die Slums zu Besuchen, arbeitete in der Kindergruppe, besuchte die Eltern ... und mir blieb keine Kraft für die eigenen Kinder, erst zwei, dann drei. Fast fünf Jahre war ich blind für ihre unterschiedliche Form, meine Aufmerksamkeit auf sich zu lenken. Auch in unserer Ehe blieben Konflikte einfach liegen und wurden nicht gelöst. Als ich aufwachte, weil wir für einige Monate nach Deutschland kamen und gute Freunde uns darauf aufmerksam machten, war die Scham, der verletzte Stolz so schmerzhaft, dass ich dachte, es würde nie wieder gut. Zeit, gute Seelsorge und Vergebung öffneten mir eine neue Perspektive. Vielleicht verstand ich in dem Zusammenhang überhaupt erst, dass mich Jesus befreien wollte, um nicht ständig damit beschäftigt zu sein, ob das, was ich tue, andere beeindruckt, sondern, um ihm zu dienen und andere zum Glauben einzuladen.«

Gott bereitete Ute in dieser Zeit der Umorientierung vom Dienst nach außen zu einem Dienst in die Familie hinein vor auf neue Aufgaben, die die Pauls übernehmen sollten. Nach fünf Jahren in Buenos Aires wurde Frank angefragt, den Indianern im argentinischen Norden in ihren Gemeinden und Gemeinschaften beratend und durch geistliche Dienste zur Verfügung zu stehen. Diese neue Arbeit bringt es mit sich, dass Frank sehr viel allein reisen und seine Dienste in abgelegenen Gegenden tun muss. Ute, die sich immer dagegen gesträubt hatte, nur die Hausfrau im Hintergrund zu sein, hat auch eine neue Beauftragung von Gott erhalten.

»Deshalb konnte ich in der neuen Aufgabe meines Mannes seit 1995 ein Lernfeld erkennen, das sich mein Vater im Himmel für mich erdacht hatte: da mein Mann mindestens den halben Monat außer Haus sein würde, um die Indianergemeinden zu besuchen, war ich nötig, um den Landeplatz 'ZUHAUSE' zu gestalten und zu ermöglichen. Mich begleite-

te zuerst die Angst, ich würde in all dem zu kurz kommen, würde untergehen, in dem Versuch, die Kinder zu erziehen, aber Gott schenkte mir ein neues Vertrauen, dass er selbst sich um das kümmern würde, was ich brauche: ich müsste mich nicht abrackern, um gesehen zu werden. Er würde alle kleinen Dinge schätzen. Ich bin viel zu Hause. Nach fast drei Jahren habe ich die Leitung eines kleinen Hauskreises in einem armen Stadtviertel angenommen. Immer noch lerne ich, mich nicht aus den 'Außerhausaktivitäten' zu definieren. Ich habe bewusst Zeit, dass andere zu Besuch kommen können, besuche selbst viel die Nachbarn, habe Zeit für die Kinder, bin ansprechbar, bin da, wenn Frank von einer Reise kommt. Ich tue die Hausarbeit als 'die kleinen Dinge, in denen ich treu bin'.«

Ute versteht sich als Haus- und Familienfrau, während Frank Missionar ist. Und so konsequent und kompetent wie Ute die ihr gestellten Aufgaben erledigt, so engagiert widmet sie sich ihrem neuen Auftrag von Gott:

»Ich möchte unsere Kinder in den kommenden Jahren fester, klarer und gelassener erziehen, möchte auch Teenagern gegenüber die Ruhe nicht verlieren. Gerne möchte ich im Bereich der Seelsorge an Frauen mehr Erfahrung gewinnen. Es beginnt sich schon abzuzeichnen, aber ich wünsche mir noch mehr Möglichkeiten, mit meinem Mann gemeinsam etwas zu unternehmen, evtl. gemeinsam eine Besuchsreise zu machen. In der Ermangelung der Großeltern, ergibt sich nur allmählich die Möglichkeit, die Kindern bei anderen unterzubringen.«

Ich habe Ute gefragt, was sie gerne uns Frauen in Deutschland mit auf den Weg geben würde.

»Ich würde gerne viel 'Begegnung', aufrichtiges Gespräch, Ehrlichkeit und Tiefe anstoßen. Ich würde viele Frauen gerne ermutigen, sich nicht verrückt machen zu lassen, von dem Wert der Titel, der bezahlten Arbeit, der Beschäftigten, der pausenlos Dienenden, sondern dafür sorgen, dass der Begegnungsraum mit einer Kaffeetasse reich und ehrlich sei. Ich würde noch bestimmter wenig haben wollen, mich wie bisher fröhlich genügen lassen und andere dazu anstiften, so frei zu sein.«

Nicht jede von uns wird von Gott zu den Armen gerufen. Nicht jede hat die Kraft, sich selbst so zu hinterfragen und sich so radikal Neuem zuzuwenden. Aber jede kann wie Ute auf Gott hören und das tun, was er sagt. Und dann ist es unwichtig, ob man Missionarin ist, Familienfrau oder Berufstätige, Alleinstehende, ob Arbeitslose oder Rentnerin. Gott ruft und beauftragt jede anders. Und nur im Gehorsam und in der Bereitschaft, zu tun, was wir erkennen, finden wir den Frieden, der uns und unserer Umgebung gut tut.

»Missionarin sein, bedeutet für mich, Beauftragte des höchsten Gottes und Gesandte meiner Gemeinde: als Gast in einem anderen Land in der Hoffnung, dass das Licht und Heil, das Jesus für mich ist, auch andere ansteckt. Das gilt für jeden Christen, an jedem Ort, ist eine Frage des Lebens in der Nachfolge in den Zusammenhängen, die jeden betreffen, also gar nichts 'Besonderes'.«

Das sagt Ute, die von sich selbst sagt, dass sie eine normale Frau ist, die in für Deutschland ungewöhnlichen Umständen lebt. In meinen Augen ist sie dennoch eine besondere Frau, denn sie ist bereit, Gott zu dienen. Auch wenn es viel kostet.

»Wenn du ein Mahl machst, so lade Arme, Verkrüppelte, Lahme und Blinde ein, dann wirst du selig sein, denn sie haben nichts, um es dir zu vergelten; es wird dir aber vergolten werden bei der Auferstehung der Gerechten« (Lukas 14, 13-14).

Zum Nachdenken:

1. Welche Erfahrungen habe ich im Ausland gesammelt?
2. Was kann ich tun, um Menschen in Armut zu helfen?
3. Was heißt für mich, »Leben in der Nachfolge«?

Quelle: OJC-Rundbrief »Anstiftungen zu gemeinsamem Christenleben«

Margit Pflüger

Margit Pflüger

Persönliche Daten:
* 23.12.1961; verheiratet; drei Kinder im Alter von 4 bis 7

Erlernter Beruf: Erzieherin

Beruf des Mannes:
Studienrat

Ausgeübte Tätigkeit jetzt:
In Jerusalem Mutter-Kind-Arbeit, Deutschunterricht für israelische Kinder am Goethe-Institut in Jerusalem, Gästearbeit im Johanniter-Hospiz, für den Christus-Treff Marburg

Mitarbeit in Gremien und Vorständen:
Erlöserkirche Jerusalem; Anglican-International-School Jerusalem; Christus-Treff Jerusalem, Jesus-Gemeinschaft Marburg

Ein Ziel Ihres Lebens, auf das Sie zuarbeiten:
Mit ganz viel Gelassenheit den Herausforderungen, die Jesus mir stellt, zu begegnen – zu glauben, dass er aus wenig ganz viel macht.

Ein Traum, der sich noch nicht erfüllt hat:
In Indien zu arbeiten und dort Kinder aufzunehmen.

Ein Gedanke, der Angst macht:
Jemanden aus meiner Familie bei einem Anschlag in Jerusalem verletzt zu finden oder zu verlieren.

Eine Not, die Sie in Atem hält:
Der Palästina-Israel-Konflikt bzw. die ganzen Friedensfragen im Nahen Osten.

Eine Freude, an die Sie immer wieder denken:
Jerusalem ist ein Ort des Kommen und Gehens. Ständiges Abschiednehmen, Loslassen. Ich freue mich darauf, dass im Himmel alle und immer zusammen sein können.

Der Platz, an dem Sie diese Welt verändern:
Mein Alltag: da begegnen mir Leute angemeldet oder spontan, da kommen Kinder zu uns nach Hause. Ich kann zur Vergebung ermutigen, dazu, die Liebe Jesu weiterzugeben.

Zum Frieden beitragen

Zum Frieden beitragen

Bei einer Freizeit in Nes Amin

Als ich Margit Pflüger kennen lernte, war sie dreizehn Jahre alt. Sie kam in unseren Duisburger Jugendkreis, obwohl sie in einem anderen Stadtteil wohnte.

Damals wusste keine von uns beiden, dass Gott uns eine lange Freundschaft und Partnerschaft im Dienst schenken würde. Und schon gar nicht, dass Margit später einmal mit ihrer Familie in Israel leben würde.

Eins stand damals schon fest: Margit hatte Jesus kennen gelernt und wollte mit ihm durch Dick und Dünn gehen.

»Ich war noch ziemlich jung, zwölf oder dreizehn Jahre und lebte in einer recht heilen, friedlichen Welt. Aber da war meine sechs Jahre ältere Cousine, die ich sehr bewunderte. Sie war überzeugte Christin und tat lauter spannende Dinge bzw. Dinge, die alles über den Haufen warfen, was man bzw. frau so macht. Sie fuhr allein in den Libanon (wo es damals arg krachte) und ließ sich, zum Schrecken der Familie, taufen. Ich fand diese Cousine toll. Sie hat sich sehr um mich gekümmert, mir Gitarre spielen beigebracht. ... Eines abends nahm sie mich zu einer evangelistischen Veranstaltung mit. Eigentlich war alles recht lahm für einen Teenie in meinem Alter, aber plötzlich hat es bei mir gefunkt. Da war einfach die Gewissheit: Gott hat seinen Sohn für dich gegeben – was machst du damit? Und ich habe gesagt: Okay Herr, das ist dein Leben!«

Viele Jahre haben wir im Jugendkreis gemeinsam erlebt. Kinderarbeit lag Margit schon damals am Herzen. Und Evangelisation. In der Zeit der *Jesus-People* erlebten wir gemeinsam ein Wachstum unserer Arbeit.

»Meine Kindheit war schön, und ich hatte einen sehr intensiven Draht zu meiner Mutter – aber Besucher, Freunde und Gäste gab es selten bis kaum. Meine Eltern waren beide berufstätig und da war das Zuhause einfach stiller Rückzugsort. Um ehrlich zu sein, hat sich das geändert, als ich Christ wurde. Plötzlich fand ein Hauskreis bei uns statt. Ich gehörte zu einer jungen, total lebendigen Gemeinde, junge Leute kamen zu mir nach Hause und meine Eltern machten mit.

Manchmal sind sie extra ausgegangen, damit ich sturmfreie Bude hatte, d.h. mehr Platz, denn unsere Wohnung war sehr klein.«

Margit begann eine Ausbildung zur Erzieherin und tat es damit ihrer Mutter nach, die ebenfalls in einem Kindergarten gearbeitet hatte. Ihre erste Stelle führte sie von Duisburg nach Düsseldorf. Dort arbeitete sie ehrenamtlich im *Jesus-Haus* mit. Schon vor ihrem Umzug hatte sie auf einer Freizeit unseres Jugendkreises in Italien ihren Mann Georg kennen gelernt. Georg begann sein Studium in Marburg. Margit blieb bis zu ihrer Hochzeit in Düsseldorf. Doch schon damals war sie bereit, in ein anderes Land zu gehen. Sie war von Indien fasziniert und reiste allein dorthin, um Land und Leute kennen zu lernen. Auch Georg liebte Indien und lernte Hindi, um eventuell später einmal dort zu leben. Doch vorrangig war bei beiden der Wunsch, in Gemeinschaft mit anderen Christen zu leben.

»Bei mir war eine große Sehnsucht nach Gemeinschaft, nach Menschen, die mich im Alltag begleiten. Dieses Treffen einmal die Woche am Sonntag, das konnte doch nicht alles sein. Im Licht leben, das wurde mir deutlich, geht nur in Gemeinschaft. Ein zweiter Wunsch war die intensivere Beziehung zu Gott – wie soll man ihn lieben, geht das überhaupt? Hier erlebte ich durch Gottesdienste, in denen Lobpreis und Anbetung ganz wichtig waren, dass die Liebe zu Gott auch in meinen Gefühlen Ausdruck haben darf. Dass man die Liebe durch Werke ausdrückt, das war mir von klein auf gesagt worden. So fing ich an Lieder zu schreiben und in einer Band zu singen. Als ich meinen Mann kennen lernte, war dies unser gemeinsamer Wunsch – Jesus mit ganzem Herzen radikal folgen, und dies in Gemeinschaft. In Marburg waren wir mit bei den Ersten, die die Jesus-Gemeinschaft *gründeten (nein, gründen eigentlich nicht, wir wuchsen in sie hinein und wir wuchsen in ihr). Gegründet hat sie Jesus, zu unserem Erstaunen. Dieses Leben in Gemeinschaft hat unsere Ehe geprägt und später dann unsere Familie. Offene Familie zu sein, einen Ort zu schaffen, wo Leute einfach kommen können – das ist ja eigentlich das, was wir nun auch in Jerusalem leben.«*

Nach der Hochzeit kam Margit nach Marburg. Ihr sehnlichster Wunsch, in einem christlichen Kindergarten zu arbeiten, schien sich hier nicht erfüllen zu lassen. Sie war erst einmal arbeitslos. Doch dann entschied die *Jesus-Gemeinschaft*, eine eigene Kindergruppe aufzubauen, mit Margit als Erzieherin.

Die Gruppe wuchs schnell auf etwa sechzehn Kinder, die wie in einem normalen Kindergarten betreut wurden. Nur, dass Margit ihnen und den Eltern etwas von ihrem Glauben an Jesus vermittelte. Die *Kindergruppe Regenbogen* war bald in Marburg anerkannt und akzeptiert.

Margits Herz schlägt für Kinder.

»Tja, einmal bin ich ganz einfach ein Kinderfan. Ich sehe in ihnen so vieles, was mich begeistert. Auch noch nach 10-jähriger Tätigkeit als Erzieherin und Mutter von drei Kids. Ich meine damit nicht, dass Kinder süß sind, das war nicht der Grund, warum sie bei Jesus in der Mitte standen (und stehen), aber an ihnen sehen wir, was Vertrauen, ganzer Einsatz, Begeisterungsfähigkeit und Ehrlichkeit bedeuten. Wenn mir eines im Umgang mit ihnen wichtig ist, dann ist es, ihnen dieses zu erhalten. Die Welt sagt ihnen, was wichtig ist, was zählt. Sie bekommen es täglich in den Medien zu hören, mit der Schokocreme aufs Brot geschmiert. Werte, die einfach nicht stimmen! Wenn Kinder mit dem Herzen verstehen, dass sie bei Gott unendlich wichtig und einzigartig sind, dann ist das das beste Fundament für ihr Leben.«

Margit musste schweren Herzens die Arbeit aufhören, als sie selbst Kinder bekam und dann auch noch die Gruppe ihren Raum in einer Schule verlor. Es gab wieder mehr Schulklassen, die untergebracht werden mussten und die Kindergruppe fand auch nach längerem Suchen keine geeigneten Räume. Doch für Margit war das nicht das Ende ihrer Arbeit mit Kindern.

Sie begann mit ihrem Mann verstärkt mit Familien zu arbeiten. Ein Familiengottesdienst entstand. Mit ihrem Mann Georg war sie stets in der Leitung des *Christus-Treff* aktiv. 1993 begann die *Jesus-Gemeinschaft* eine Arbeit an der 8. Station der Via Dolorosa, die Gästearbeit im *Johanniter-Hospiz*. Nach zwei Jahren kam eine Familie aus der *Jesus-Gemeinschaft* zurück und es wurde nach Nachfolgern gesucht. Margit fragte eines Tages Georg: »Warum gehen wir eigentlich nicht?« Und so begann der Weg nach Jerusalem.

»Mit achtzehn Jahren war ich das erste Mal in Israel – auf eigene Faust, aber Schritt für Schritt geleitet. Das war eine ganz starke Erfahrung. Wie eine Hochzeitsreise mit Jesus. Das Land hat mich fasziniert, zu sehen wo Jesus gelebt hat, aus welcher Kultur er stammte, Wege zu gehen, auf denen er gegangen sein könnte – es war überwältigend und gleichzeitig so ernüchternd! Ein heiliges Land vielleicht, aber sicher keine heiligen Leute. Überall Soldaten. Überall

Krawalle ... Dann die Konflikte der verschiedenen christlichen Konfessionen untereinander, also das ist jetzt 18 Jahre her ... Aber seitdem war Jerusalem in meinem Herzen. Einfach als Ort, wo mir Jesus neu begegnet ist. An eine Wohnung in Jerusalem habe ich nie im Traum gedacht. Tja, und dann kam Jahre später diese Anfrage an uns als Jesus-Gemeinschaft, *ob wir nicht ein Hospiz in der Altstadt Jerusalems haben wollten. Zuerst einmal haben mein Mann und ich uns nicht angesprochen gefühlt. Er hatte gerade einen super Job als Gymnasiallehrer, wir hatten zwei kleine Kinder und gerade zum ersten Mal etwas mehr Geld. Israel? Ne also dann schon eher Indien, das war mein Traum.*

Aber nach zwei Jahren war alles anders. Trotz gutem Job, mittlerweile drei kleinen Kindern und einer gerade neubezogenen Traumwohnung ließ es uns nicht mehr los – sollen wir nach Israel gehen? Wir haben uns als Ehepaar Zeit genommen, gefastet, gebetet und weil ich mich kenne – und Jesus mich auch –, hatte ich den Mut, Gott um ein extra Zeichen zu bitten. Ich glaube, in einer Ehe muss jeder für sich einen Ruf haben und die Gewissheit, dass Gott ihn an diesem Platz haben will, denn es kommen Krisen, in denen es einer Frau nichts nützt, dass ihr Mann den Ruf hatte. Da kann so viel Bitterkeit daraus entstehen – deshalb meine Bitte um ein Zeichen ganz für mich allein. Dieses habe ich mehr als deutlich bekommen, und so sind wir im August 1995 in unserem VW-Bus losgefahren.«

Neben der Arbeit mit den Gästen und Mitarbeitern im Haus hat Margit gleich Verantwortung für den Kindergottesdienst in der deutschen Gemeinde in Jerusalem übernommen. Sie lernte bald schon deutsche Frauen kennen, die im Land verheiratet waren und sich nach Kontakt zu anderen Deutschen sehnten. Sie begann eine Mutter-Kind-Gruppe, die von Frauen, die mit Palästinensern verheiratet sind, genauso besucht wird, wie von Frauen, die mit Juden verheiratet sind. In dieser Gruppe begegnen sich Frauen und Kinder, die sich sonst nur als Feinde gegenüberstehen würden.

»Die Frauen aus Mischehen haben hier keinen einfachen Stand. Um ihre Situation zu verstehen, muss man sich in ihren Alltag versetzen – der recht hart ist.

Mein erstes Ziel ist es, diese Frauen kennen zu lernen, ihren Alltag, ihre Sorgen, ihre täglichen Herausforderungen. In den letzten Jahren sind dabei Freundschaften entstanden, die ganz kostbar sind. Wir teilen hier viele Erfahrungen, vermissen dieselben Dinge und je länger man hier lebt, desto mehr kommen auch Fragen nach der eigenen Identität hoch und die Fragen nach der Identität der Kinder. Vielleicht war für sie der christliche Glaube nie ein Thema in Deutschland, hier in der Auseinandersetzung mit den verschiedenen Religionen wird es eines! Vielleicht sind es oft nur die Kindheitserinnerungen an Weihnachten und Ostern – wir feiern diese Feste hier ganz intensiv und mit einem ganz klaren Inhalt. Eben durch das Vergleichen mit den anderen Religionen wird manchen Frauen deutlich, dass die christlichen Werte anders sind, dass das Frauenbild oder Erziehungswerte etwas mit dem Glauben zu tun haben. Ich wünsche mir, dass die Kinder eine Chance bekommen, etwas über Jesus zu erfahren. Entscheiden müssen sie sich irgendwann selbst. Und ich kann beten für die Nöte der Frauen, einfach mal zuhören, Tipps geben, neue Ideen entwickeln.«

Neben den regelmäßigen Gruppentreffen gibt es viele Besuche hin und her. Und einmal im Jahr eine Freizeit in Nes Amin, einem jüdisch-christlichen Kibbuz. Für viele palästinensische Kinder die einzige Zeit im Jahr, in der sie Jerusalem verlassen können. Die Gruppe gibt vielen Frauen Mut und Kraft zu einem Leben unter solch erschwerten Bedingungen.

»Ich glaube, dass unsere Treffen das Selbstbewusstsein der Frauen positiv verändert. Es braucht hier manchmal einiges an Rückenstärkung. Manchmal ist es auch nur ganz einfach mal die Chance, etwas Schönes zu tun. Unter den Spannungen dieses Landes, den Grenzschließungen, der politischen Ungewissheit verliert man manchmal an Lebensfreude. Es tut gut, zusammen zu sein, sich auszusprechen und mal wieder zu lachen. Das alles in der Sprache, die einem vertraut ist. Tja, und dann natürlich der ganze Komplex des Israel-Palästina-Konflikts. Ich hoffe und glaube, dass unsere Treffen dazu beitragen, Vorurteile abzubauen oder aber zu verstehen, was den anderen dazu bewegt, so zu leben

wie er lebt. Bei den Freizeiten, bei den Festen, beim Laternenumzug durch die Altstadt, bei meiner Arbeit in der deutschen Schule – überall kommen Frauen zusammen, die sonst nicht auf derselben Seite stehen. Ich glaube, unsere Arbeit ist da wie eine Brücke. Die Grenzen dieses Landes sind ganz klar gezogen und werden erschreckend selten mal von der einen zur andern Seite durchbrochen. Das ist die Spannung, in der ich lebe – ich bete, dass Gott mir die Neutralität bewahrt. Jesus sagt: 'Mein Reich ist nicht von dieser Welt.'

Eine Frau sagte mir mal, dass sie einfach merkt, dass Jesus ein Friedenskönig war, und dass sie das so an ihm begeistert. Sie ist Muslimin und hat einen Tag mit mir auf den Treppen des Hospizes verbracht, wo wir am Karfreitag saßen und die Prozession der Christen durch die Via Dolorosa anschauten. Offenheit entsteht, wo Vertrauen gewachsen ist.

Und noch ein Letztes: Ich glaube, bei der einen oder anderen Frau werden Wunden ihrer Kindheit geheilt. Sie erleben, dass Geschichten aus der Bibel Spaß machen können, dass man lachen darf, dass die Liebe Gottes für ihre Kinder greifbar, erfahrbar wird. Und diese Wahrheiten, die Kindern ja oft durch Symbole erklärt werden, werden plötzlich auch von ihnen ganz neu oder zum ersten Mal verstanden.«

Margit leidet unter den Spannungen im Land wie jeder, der dort lebt und arbeitet. Sie sehnt sich nach Frieden in dieser Region. Und sie weiß, dass der Friede stark gefährdet ist.

»Das Hebräische Wort für Frieden heißt ja Schalom, und das bedeutet eigentlich so viel mehr. Es beinhaltet das Wohlergehen des ganzen Menschen an Leib, Seele und Geist. Es bedeutet auch einen Ort, an dem man zusammen sein kann ohne Angst, ohne Lieblosigkeit ... und das wünscht man sich ja hier bei jeder Begegnung: Schalom, die offizielle Begrüßungsformel. Deshalb hoffe ich so, dass den Menschen die Augen geöffnet werden, was diesen Schalom ermöglicht, dass nicht mehr diskutiert wird, welche Grenzen biblisch sind oder welche Gesetze unbedingt am Sabbat gehalten werden müssen.«

Dass ihr Leben und das ihrer Familie in Gottes Hand liegt, hat sie sich immer wieder klargemacht. Dennoch sitzt der Schrecken tief, wenn wie geschehen, bei einem Attentat auf einem Markt in Jerusalem, eine gute Freundin schwer verletzt wird. Oder wenn bei einem Spaziergang von Georg und den Kindern etwa zwei Minuten nach ihrem Durchqueren einer bestimmten Straße genau dort eine Bombe hochgeht.

Auch persönliches Leid gehört dazu. Margit hat nach einer zuerst gut verlaufenden Schwangerschaft ihr viertes Kind wenige Wochen vor der Geburt verloren. Die fremde Umgebung, die etwas lieblose Behandlung und das mangelnde Verständnis für ihre Verzweiflung und Trauer von Seiten des israelischen Pflegepersonals machten dieses traurige Erlebnis zu einem Tiefpunkt in ihrem Leben. Doch sie lernte Gott auch in dieser Situation als Helfer und Tröster kennen. Sie ging verändert und dennoch in ihrer Beziehung zu Jesus gestärkt aus dieser Not heraus. Sicher hat auch Georg einen großen Anteil an der Stärke von Margit, denn er ist ihr ein echter Partner in ihrem Leben und Dienst.

»Im Alten Testament gibt es diese Aufforderung, dass Gott die Pflöcke unseres Zeltes weit stecken will (Jesaja 54,2). Nun, ich hätte nie gedacht, wie viele Menschen, verschiedener Nationalität, Herkunft, Religion usw. in mein 'Zelt' kommen würden. Wie vielen Leuten wir hier ein Stück Geborgenheit geben konnten. Ich traue Gott heute sehr viel mehr zu als früher. Ich habe auch gelernt, dass ich jeden Tag als Herausforderung annehmen kann – solange ich mich dabei an Jesus halte. Die täglichen Lebensbedingungen sind hier extremer – die Gegensätze viel krasser. Planen ist fast immer, das Unerwartete einplanen ... und dabei lerne ich zu vertrauen. Ich merke, wie mich das Erleben von mehreren Terroranschlägen, Rabins Ermordung, der Golfkrise und der täglichen Ungerechtigkeiten hier haben erwachsen werden lassen im Glauben. Da werden jahrelang runtergeleierte fromme Phrasen zu Glaubensgewissheiten: 'Es muss denen, die Gott lieben, alles zum Besten dienen.' Dies hätte ich so in meiner mehr oder weniger doch sicheren Heimat nicht in dem Tempo gelernt. Ich glaube, ich bin auch viel dankbarer geworden – die Einstellung, ein Recht auf dieses oder jenes, vor allem im materiellen Bereich, zu haben,

kommt einem hier recht merkwürdig vor, wo Arbeitslosigkeit, Leben im Flüchtlingslager, Perspektivlosigkeit und auch tägliche Angst vor Anschlägen herrschen. Ich sehe viel stärker, wie reich ich in Jesus beschenkt bin, dass es sich lohnt, Jesus ganz nachzufolgen.«

Margit wird nicht immer in Jerusalem leben. Aber eins wird ihr bleiben: die Erfahrungen, die sie gemacht hat, haben aus ihr einen anderen Menschen werden lassen. Und sie wird sich mit dem gleichen Eifer für Kinder einsetzen, wie sie es schon immer tat. Egal, in welchem Land dieser Erde.

»Mache den Raum deines Zeltes weit und breite aus die Decken deiner Wohnstatt; spare nicht! Spann deine Seile lang und stecke deine Pflöcke fest« (Jesaja 54,2).

Zum Nachdenken:

1. Was bedeutet mir Gemeinschaft? Bin ich bereit, mich vor anderen zu öffnen?
2. Wo lebe ich im Unfrieden mit Menschen? Wo kann ich Frieden stiften?
3. Kann ich Gott für meine eigene und für die Sicherheit meiner Familie vertrauen?

Claudia Schark

Claudia Schark

Persönliche Daten:
* 03.12.1962;
verwitwet seit: 21.02.1994

Erlernter Beruf: Ärztin

Beruf des Mannes: Arzt

Ausgeübte Tätigkeit jetzt:
Assistenzärztin in der Inneren Medizin

Mitarbeit in Gremien und Vorständen:
Mitarbeit bei Christen im Gesundheitswesen; Christus-Treff Marburg

Ein Ziel Ihres Lebens, auf das Sie zuarbeiten:
Ich möchte möglichst wirkungsvoll dazu beitragen, dass Menschen in einem umfassenden, also ganzheitlichen Sinne, heil werden an Körper, Geist und Seele. Meine Identität in Christus immer deutlicher zu erkennen und zu leben.

Ein Traum, der sich noch nicht erfüllt hat:
Eine Ballonfahrt. Mein Traum ist, dass die vielen Dinge, die ich tue und bisher erlebt habe, die zurzeit auch teilweise noch wenig Berührungspunkte miteinander haben, sich irgendwann zu einem Guss an dem Ort zusammenfügen, an dem Gott mich haben möchte.

Ein Gedanke, der Angst macht:
Jesus einmal zu verleugnen. Gottes Stimme nicht zu hören oder ihr nicht zu folgen, so dass ich mich von ihm entferne.

Eine Not, die Sie in Atem hält:
Missverständnisse zwischen Menschen, Kulturen, Konfessionen, Schichten, Völkern, die zu Zwistigkeiten führen und ganz offensichtlich nur übernatürlich durch die Annahme des Evangeliums, Buße, Vergebung und Umkehr zum lebendigen Gott gelöst werden können.

Eine Freude, an die Sie immer wieder denken:
Meine Schwester und ich sind einander sehr vertraut. Wir haben den Weg, wie wir zu Jesus fanden und wie wir mit Jesus gehen, geteilt und miteinander erlebt. Mich freut sehr, dass meine Schwester mir nicht nur Schwester, sondern auch enge Freundin und Glaubensschwester ist.

Ihr Platz, an dem Sie diese Welt verändern:
Im Hauskreis, im Beruf, in meiner berufsbegleitenden Ausbildung zur Verhaltenstherapeutin, bei Vorträgen in Seminaren und nicht zuletzt in vielen Einzelbeziehungen.

Mit Patienten beten

Mit Patienten beten

Wer diese junge Ärztin im Krankenhaus trifft, spürt gleich, dass sie ein Ohr und ein Herz für ihre Patienten hat. Claudia Schark ist Ärztin aus Berufung.

Aber sie ist es nicht, weil sie ausschließlich an Medizin interessiert ist. Sie ist an Menschen interessiert. Es gelingt ihr dabei, ihren Glauben an Jesus und ihre medizinische Arbeit in guter Weise zu kombinieren. Wer sie kennen lernt erfährt sicher bald schon, dass sie als Christ lebt und dass ihr der Glaube an Jesus ein wertvoller Schatz ist. Aufgewachsen ist sie mit ihrer Schwester bei ihren Eltern in Hamburg. Ihr Vater war ein leitender Beamter der Post, ihre Mutter Hausfrau.

»Meine Mutter betete für sich allein regelmäßig zu Gott. Aber weder sie noch mein Vater hatten eine persönliche Beziehung zum auferstandenen Jesus. Sie waren sehr konsequent und empfanden den Kirchgang nur zu Festtagen als Heuchelei. Trotzdem wurde ich getauft und konfirmiert. Mein Leben war aber völlig von Jesus abgewandt. Ich suchte irgendeinen Sinn in meinem Leben und war für alles offen, was Sinn machte. So besuchte ich auch den 'Grundkurs des Glaubens' bei Wolfram Kopfermann in St. Petri in Hamburg. Das, was dort gesagt wurde, machte Sinn, und so gab ich Jesus mein Leben; genauso konsequent, wie ich vorher gelernt hatte, meinen Nichtglauben zu leben.«

Die ganze Familie nahm innerhalb weniger Wochen an diesem Grundkurs des Glaubens teil und schließlich fanden alle Familienmitglieder zum lebendigen Glauben an Jesus und in eine Gemeinde hinein. Für Claudias Berufswahl waren schon vorher die Entscheidungen gefallen:

»Ich wollte eigentlich einmal Schauspielerin werden. Oder Musikerin und Geisteswissenschaften studieren. Aber zu diesem Zeitpunkt waren wir alle in der Familie noch keine Christen. Mein Vater hat mir gesagt, ich solle etwas Anständiges studieren, solange meine Füße unter seinem Tisch weilten, und für Trödelei hätte er auch nichts übrig. Da ich nicht wusste, was ich studieren wollte, schlug mein Vater mir vor: Jura, Betriebswissenschaften oder Humanmedizin. So gingen wir meine Neigungen, Freuden und Fähigkeiten oder Begabungen durch. Am Ende kam heraus, dass ich mich für einen Studienplatz in Medizin bewarb und ihn auch gleich bekam. Während des Studiums lernte ich Jesus kennen und hatte danach eine klare Berufung als Ärztin.«

Claudia wohnte schon einige Jahre in Marburg, als sie ihren Traummann kennen lernte: Johannes. Er war ebenfalls Arzt. Eine sehr intensive Liebe erfüllte die beiden und sie erlebten großes Glück miteinander. Nach einer kurzen Verlobungszeit heirateten sie. Sie schmiedeten Pläne, gemeinsam in die Mission zu gehen. Sie waren wie füreinander geschaffen. Doch schon nach einem dreiviertel Jahr Ehe verunglückte Johannes auf dem Weg zur Arbeit tödlich.

Claudia war wieder allein. Kurz zuvor hatte sie ihre Schwester getröstet, als deren Freund tödlich verunglückt war. Nun teilte sie dieses Leid mit der Schwester. Claudia war zutiefst traurig, aber nie brachte sie ihre Trauer dazu, an Gott zu zweifeln. Sie hielt fest an dem Wissen, dass Jesus sie liebt und ihr Leben führt. Sie war stets ehrlich mit sich und anderen, trauerte intensiv und heilsam. Wenige Wochen später stand sie wieder an einem Grab. Ihr geliebter und sehr von ihr geschätzter Vater starb bei Umzugsarbeiten an einem Herzinfarkt. Innerhalb kürzester Zeit hatten die drei Frauen der Familie ihre Männer verloren. Eine Anfechtung war in dieser Zeit, dass manche Menschen einen Fluch hinter dem Tod der drei Männer vermuteten. Diese Gedanken wiesen sie zurück. Ihr Leben und das ihrer Männer hatte unter dem Segen und Schutz Gottes gestanden. Und der ist stärker als jede negative Macht.

Sie blieben Jesus treu und legten ihr eigenes Leben ganz in Gottes Hand. Wie hat Claudia diese schwere Zeit erlebt? Was gab ihr die Kraft, an Gott festzuhalten?

»Mein Leben ist zunächst einmal durchdrungen gewesen von der Gegenwart Gottes. Ich habe den Tröster sehr stark erlebt. Gott hat in meinen Schmerz hineingesprochen und mir anderen Schmerz von früher gezeigt. So nach und nach sind viele Wunden aus Jugend und Kindheit geheilt worden. Meine Entscheidung, in meinem Leben zu erfahren, was es heißt, dass uns alles zum Besten dienen muss, wenn wir Gott lieben, hat mich immer wieder auf Jesus schauen lassen. Indem ich Altes, auch schöne Dinge, losgelassen habe, konnte ich immer offener werden für Gottes Gegenwart und seinen Plan für mich.«

Claudia wurde durch ihr eigenes Leiden auf eine weit über die medizinische Versorgung hinausgehende Betreuung ihrer Patienten vorbereitet. Das erlebte und überwundene Leid in ihrem Leben machte sie bereit, anderen zu helfen, die in Not sind.

»In dem Prozess kamen immer mehr Menschen auf mich zu, die Unterstützung in einer Krisensituation suchen. Mein

Leben ist durch die tiefe Erfahrung, von Gott durchgetragen zu werden, egal was ist, und durch viele, viele Begegnungen mit Menschen, die auf der Suche sind, sehr viel reicher geworden. Tod, Krankheit und Leiden haben für mich nicht mehr das Schreckensgesicht wie vor diesen Erlebnissen. Sie sind in einen Gesamtzusammenhang gestellt. Die Bedeutung der Krise wird dadurch relativiert.

Wichtiger als Krisen ist das Ziel unseres Lebens, also, was nach der Krise ist, und das ist immer die tiefere Gemeinschaft mit Jesus. Für mich hat der Tod nichts Schreckliches, obwohl ich gerne lebe. Ich weiß aber, dass ich nach meinem irdischen Leben bei Jesus sein werde. So sehe ich auch das Leiden anderer heute in einem anderen Licht. Grundsätzlich hat sich meine Arbeit mit den Patienten nicht verändert. Bestimmte Grundhaltungen haben sich sehr verfestigt und ich habe schneller und leichter ein Verständnis für die Nöte der Angehörigen. Irrationale Gedankengänge, wie sie in der Leidverarbeitung vorkommen, ordne ich zum Beispiel schneller als Teil des Verarbeitungsprozesses ein. Ich habe es viel leichter, mich mit in die Hilflosigkeit und Ratlosigkeit der Betroffenen und Angehörigen hineinzubegeben. Damit ist Vertrauen schneller hergestellt. Dies ist die Basis für jedes therapeutische Handeln und auch das Weitersagen der Worte von Jesus.«

Claudia suchte nach anderen Christen, die das berufliche Leben mit dem Christsein verbanden. Sie lernte *»Christen im Gesundheitswesen«* kennen. Dabei handelt es sich um eine bundesweite Initiative von medizinischem Personal und Angestellten, die mit Patienten, Krankenhaus und sonstigen medizinischen Gebieten zu tun haben. In über 100 Gebetskreisen an verschiedenen Einrichtungen des Gesundheitswesens treffen sich Christen aus den unterschiedlichsten Gemeinden. Schulungen und Projektarbeit vervollständigen das Angebot. Claudia ist für die Region Marburg zuständig.

»Ich sehe mich als eine Frontfrau: Ich sage Kranken von Jesus weiter. Ich bete dafür allein und mit anderen. Wichtig sind zum einen der Austausch über Erfahrungen und zum anderen immer wieder das Gebet dafür. Ich habe an meinen Arbeitsplätzen immer für die Begegnung mit Christen gebe-

tet, die auch den Austausch und das Gebet suchten. Wir haben uns dann so regelmäßig wie möglich getroffen. Aufbau und Erhalt von Gebetskreisen ist also ein wichtiger Punkt. In meiner Region bin ich Ansprechperson für Austausch, Netzbildung und Treffen zum Beten. Der zweite Punkt ist jetzt Seminararbeit geworden. In Seminaren wie 'Gesunder Umgang mit Krankheit – Seminar für Kranke' und 'Glaubensgespräche und Gebete mit Patienten – Seminar für Berufstätige' helfe ich in Teams mit, Menschen bei ihrer Gesundung, ihrer Beziehung mit Gott zu helfen, oder anderen zu helfen zu erkennen, wie sie Bedürftigen mit Gesprächen und/oder Gebeten helfen können.«

Wie schafft es eine viel beschäftigte Ärztin, in ihrem Berufsalltag eine Zeugin für Jesus zu sein?

»Ich sehe meine Hauptaufgabe darin, selbst ganz nah bei Gott zu sein und Gottes Sicht für meinen Alltag zu erkennen. Das entlastet mich, weil ich dann nicht das Gefühl habe, dass ich immer und jedem von Jesus erzählen muss. Ich kann dann einfach ich sein. Ich bitte Gott, dass mir deutlich Situationen gezeigt werden, in denen ich in einem Gespräch helfen soll. Gelegentlich kommt es dann auch zum Gebet. Die Möglichkeiten zum Gespräch sind an meinem Arbeitsplatz formal reichlich gegeben: Es ist ein evangelisches Krankenhaus, in dem ich etwas von Jesus weitersagen darf. Aber auch vorher habe ich Gelegenheiten gesucht und versucht, sie zu nutzen. Ich erlebe oft, dass Schuld und Schuldgefühle gerade auch bei Angehörigen von Erkrankten eine große Rolle spielen. Oder auch Ängste seitens der Patienten und der Angehörigen. Dies alles sind Gelegenheiten, von dem zu sprechen, der uns alle Schuld vergibt oder uns beisteht, wenn wir Angst haben, wenn wir mit unserem Anliegen zum Kreuz von Jesus gehen. Viele Patienten und Angehörige lassen sich da ansprechen. Gelegentlich merke ich erst sehr viel später, manchmal nach Jahren, dass Saat gesät wurde und mit der Zeit aufging.«

Claudia nimmt sich Zeit für die Patienten und ihre Angehörigen. Sie spricht sie auch offen auf den Glauben an.

»Ich habe es selten erlebt, dass Patienten oder Angehörige nicht aufhorchen, wenn ich von Jesus spreche. Wie das

geschieht, hängt von sehr vielen Kleinigkeiten ab. Zum einen davon, an welchem Punkt der Patient auf dem Weg zu Gott steht. Jemand, der sich mit der Möglichkeit, Gott kennen lernen zu können, noch nie beschäftigt hat, braucht ein anderes Gespräch als jemand, der schon seit längerem mit Jesus auf dem Weg ist. Zu erstem habe ich ein Beispiel einer Patientin, die verzweifelt war und fragte, ob das Leben denn so aussehen müsse. Sie meinte, sie wolle nichts mit der Kirche zu tun haben. Und an Gott glaube sie schon gar nicht. Ich sagte, ich wolle mich mit ihr nicht über die Kirche unterhalten. Ich lud sie statt dessen ein, sich auf eine Imagination (gedankliche Vorstellung) einzulassen. Sie lautete: Angenommen, es gäbe einen Schöpfer dieser Welt, und weiter angenommen, er sei allmächtig, wisse alles und meine es zutiefst gut mit uns – könne sie sich vorstellen, dass es sich lohnt, diesen Schöpfer kennen zu lernen? Ich ließ sie nicht ausweichen. Sie brauchte mir persönlich diese Frage nicht zu beantworten. Aber ich erwartete von ihr, dass sie sich selbst dieser Frage stellte und für sich beantworten sollte. Nach solch einem Gespräch fordere ich noch auf, ein einfaches Gebet zu versuchen, das so etwa lautet: 'Gott, wenn es dich geben sollte, dann will ich das von dir wissen.' Später betete ich intensiv für die Patientin. Diese Art Gespräch ist ein erstes Saatkorn. Ich werde vermutlich nie sehen, wie es aufgeht. Aber ich weiß, dass diese Patientin etwas von der Hoffnung, die in mir für sie lebt, gespürt hat.

In einem anderen Fall hatte eine Patientin Schlafstörungen. Zudem wollte sie das Rauchen loswerden, womit sie bislang erfolglos gewesen war. Ich fragte sie, was sie nachts mache. Sie grübele viel. Ich fragte sie, ob sie sich vorstellen könne, in der Bibel zu lesen. Ich machte sie auf ein paar Stellen aufmerksam, die hilfreich sein könnten. Ich gab ihr eine Anleitung zum Beten. Nach zwei Wochen hatte sie ihre Schlafstörungen überwunden. Und später bekam ich einen Brief von ihr, in dem sie mir mitteilte, sie hätte einen neuen Anfang mit Jesus gemacht und mit dem Rauchen aufhören können.«

Nicht überall hatten die Kollegen Verständnis für Claudias geistlichen Dienst an den Patienten. Viele Ärzte beschränken sich auf die medizinische Behandlung ihrer Patienten und nehmen sich keine Zeit für persönliche Gespräche. Nur wenige glauben selbst an Gott. Manche haben sogar im Lauf ihrer Berufstätigkeit einen Zynismus entwickelt, der ihnen über das Leiden und die Not der Menschen hinweghelfen soll.

»An unterschiedlichen Arbeitsstellen war das sehr verschieden. Im Universitätskrankenhaus habe ich Zynismus geerntet. Es wurde öfters von mir als einer Sektenanhängerin geredet. Ich wurde sehr genau beobachtet. Bei meiner zweiten Arbeitsstelle wurde mir erzählt, dass dort verschiedene therapeutische Techniken und unter anderem Autogenes Training angeboten würden. Ich sagte im Einstellungsgespräch, dass ich dann ja auch mit Patienten beten könne. Ja, ich könne alles machen, was den Patienten helfe. Aber er selbst glaube nicht daran. Er sei Atheist. Im Lauf der Zeit erntete ich auch an dieser Arbeitsstelle Zynismus. Ich könne ja meine heilenden Hände über jemanden ausstrecken, wurde mir gesagt. Als ich dort aufhörte, fragte ich, warum er mich eingestellt habe, mich, die im Gegensatz zu ihm glaube. Da sagte er, er habe gewusst, dass ich etwas habe, was er nicht hatte ... Meine Gebete mit Patienten wurden registriert. Aber es wurde nicht der Versuch unternommen, sie zu verhindern. Und es wurde nicht verboten. Es ergaben sich immer wieder Gespräche mit einzelnen misstrauischen Kollegen. An der dann folgenden Arbeitsstelle wurde meine Haltung billigend wahrgenommen. An der jetzigen Arbeitsstelle wird sie von Arbeitgeber und Vorgesetzten unterstützt. Von Mitarbeitern wird sie je nachdem, ob sie Christen sind oder nicht, wieder wohlwollend oder zynisch beurteilt und wahrgenommen.«

Claudia lässt sich von ihrem Weg nicht abbringen. Sie weiß, was ihren Patienten hilft und sie ist gerade deshalb so gerne Ärztin. Das eigene Leiden hat ihr den Weg zu den Herzen anderer Leidender geöffnet. Die Zusatzausbildung zur Verhaltenstherapeutin wird ihren beruflichen Schwerpunkt vielleicht eines Tages ändern. Aber ihr Herz wird immer für die ganzheitliche Betreuung ihrer Patienten schlagen.

»Seid allezeit bereit zur Verantwortung vor jedermann, der von euch Rechenschaft fordert über die Hoffnung, die in euch ist« (1. Petrus 3, 15).

Zum Nachdenken:

1. Wie bin ich zu meiner Berufswahl gelangt? Ist mein Beruf der Platz, an dem mich Gott gebraucht?
2. Wie reagiere ich, wenn Leid in mein Leben tritt?
3. Wie wird mein Christsein an meinem Arbeitsplatz konkret? Und wie reagieren meine Kollegen auf meinen Glauben?

Gisela Stübner

Persönliche Daten:
* 16.03.1956; ledig

Erlernter Beruf:
Krankenschwester

Ausgeübte Tätigkeit jetzt:
Leitung des help center e. V.

Mitarbeit in Gremien und Vorständen:
Arbeitskreis *Prisca* (Frauentagungen im Rahmen des Rings Missionarischer Jugendbewegungen)

Ein Ziel Ihres Lebens, auf das Sie zuarbeiten:
Täglich aus der Gnade Gottes leben, in Bezug auf mich selbst und andere; in einer lebendigen Beziehung zu Gott zu bleiben; Menschen in ein befreites Leben unter Gottes Leitung zu führen; Hilfe weiterzugeben an problembeladene Menschen, wie Gott es will.

Ein Traum, der sich noch nicht erfüllt hat:
Junge Leute in einer Art Lebensschule für den vollzeitigen Dienst motivieren und vorbereiten. Ausgebrannten Missionaren und vollzeitlichen Mitarbeitern eine Möglichkeit schaffen, Seelsorge in Anspruch zu nehmen.

Ein Gedanke, der Angst macht:
An Gott vorbeizuleben, seine Aufträge zu verpassen oder zu verweigern; einseitig zu werden, falsche Gottesbilder aufzubauen und weiterzugeben.

Eine Not, die Sie in Atem hält:
Die Millionen von abgetriebenen Kindern; die Gottverlassenheit vieler junger Leute; die Not von vielen verletzten Frauen und Müttern.

Eine Freude, an die Sie immer wieder denken:
Dass Jesus mich von der Homosexualität befreit hat.

Ihr Platz, an dem Sie diese Welt verändern:
Der Platz, an den Gott mich hinstellt – im Augenblick das *help Center*. Und in der »Gebetskammer«.

Für Hoffnungslose hoffen

Es gibt wenige Menschen, die so offen über Homosexualität reden wir Gisela.

Dabei ist ihr das Thema nicht peinlich, sondern mit großer Freude berichtet sie davon, dass Gott sie aus diesen Gefühlsstrukturen herausgelöst hat. Mich hat das schon bei den ersten Begegnungen mit ihr fasziniert: ihre Offenheit und ihr herrliches Lachen. Als Leiterin eines Missionswerkes hätte sie eigentlich Grund genug, nicht mehr über die Schwierigkeiten in ihrem Leben zu reden, sondern nur noch von den Problemen, die andere Menschen haben und hatten. Doch Gisela ist nicht um ihren Ruf bekümmert. Sie will Menschen helfen. Und sie weiß, dass jeder die Hilfe Gottes braucht, egal was das Problem ist. Aus eigener Erfahrung kann sie bezeugen: Gott macht alles neu! Und dass sie eines Tages mit einem verheirateten Kollegen zusammen das Missionswerk *help Center e.V.* mit seinen vielen Arbeitszweigen leiten würde, hätte sie sich vor einigen Jahren auch noch nicht vorstellen können. Doch Gott wusste, was er mit ihr vorhatte und rief sie zu einem neuen Leben in der Nachfolge.

»Mit vierzehn Jahren streckte Jesus zum ersten Mal seine Hand nach mir aus auf einer christlichen Freizeit und ich lud ihn in mein Leben ein. Er hat mich ernst genommen und mir geholfen, dass ich nach weiteren sechs Jahren den Glauben und sein Wort ganz praktisch zu erfassen begann und für meinen Alltag anfing umzusetzen. In diesen Jahren entdeckte ich eine homosexuelle Neigung und viele neurotische Gedankenstrukturen, die Jesus in seiner Liebe aufdeckte und mir half, sie nach und nach zu verändern.«

Für Gisela steht fest, dass Homosexualität kein Schicksal ist, das genetisch festgelegt wird, sondern dass Störungen in der Persönlichkeitsentwicklung zu diesen Gefühlen führen. Schmerzhafte Erfahrungen, missbrauchtes Vertrauen, mangelnde Zuwendung und fehlende Identifikation mit dem eigenen Geschlecht sind einige der Ursachen für diese Gefühlsstruktur. Viele haben wie Gisela Veränderung in diesem Bereich erfahren, aber nur wenige haben den Mut, darüber öffentlich zu reden. Leider ist das Thema selbst in christlichen Kreisen immer noch Tabu oder wird von vornherein als etwas Schlimmes angesehen. Dabei kann Jesus genauso diese Probleme lösen wie er Stolz, Neid und Minderwertigkeitskomplexe heilen kann.

Gisela denkt und lebt für andere. Die Anforderung, im *help Center* Mitarbeiter zu sein, ist sehr hoch. Es ist keine Arbeitsstelle, die sie acht Stunden am Tag ausfüllt. Es ist eine Lebensgemeinschaft von Gästen und Seelsorgern, in der man rund um die Uhr eingesetzt werden kann. Doch genau das liegt Gisela.

»Mit 21 Jahren berief mich Gott zunächst, für andere da

zu sein, um ihnen seelsorglich weiterzuhelfen. Besonders die Verse aus Jesaja 42, 6-7 ('Ich, der Herr, habe dich gerufen in Gerechtigkeit und halte dich bei der Hand und behüte dich und mache dich zum Bund für das Volk, zum Licht der Heiden, dass du die Augen der Blinden öffnen sollst und die Gefangenen aus dem Gefängnis führen und, die da sitzen in der Finsternis aus dem Kerker.') *und Jesaja 58, 6-12 waren bestimmend für meinen Lebensweg. Aus eigener Betroffenheit heraus wusste ich, wie Menschen danach lechzen können, dass sie in ihrer Not einen finden, der bereit ist, sie in einer solchen Lage auszuhalten. Aber nicht nur das, sondern der auch ein Stück Weg mitgeht und hilfreich ermutigt. Und ich stellte mich Gott zur Verfügung, damit er einen solchen Menschen aus mir machen möchte. Mit sechsundzwanzig Jahren führte Gott mich ins* help center, *weil er zunächst an mir selbst noch eine weitere Veränderung und Heilung geben wollte. Ich wurde völlig frei von der Homosexualität, lernte Seelsorge praktisch kennen und erfahre seither immer wieder überwältigend: Gottes Wort und sein freimachendes Evangelium vom Kreuz verändert Menschen völlig, wenn sie darauf vertrauen lernen. Jesaja 58 wurde meine Richtschnur, Verheißung und Bestätigung zugleich.«*

Für andere da sein, das ist Gisela ganz und gar. Dabei geht es in der Betreuung der Gäste im *help Center* nur selten um die Problematik der Homosexualität. Das *help Center* wurde 1970 von Ehepaar Straube gegründet. Die Arbeit ist seither kontinuierlich gewachsen und verteilt sich auf mehrere Häuser und Orte. In Buchenau gibt es Häuser für Intensiv-Betreuung, ein Haus für Schwangere, Mütter und Kinder sowie ein Haus für die Verwaltung der gesamten Arbeit. In Herbstein, Vogelsbergkreis, ist eine Nachsorge-Wohngemeinschaft entstanden und in Rohnstedt, Thüringen, ein Haus für Alkoholiker und deren Angehörige. Giselas Aufgaben als Leiterin, gemeinsam mit Karl-Gottfried Kissel, sind:

»Die Leitung der Seelsorge-Arbeit, Schulung und Begleitung der Mitarbeiter, praktische Anleitung in Seelsorge-Gesprächen zusammen mit jungen Mitarbeitern, Beratung

über Vorgehensweisen in der Seelsorge in Teambesprechungen der einzelnen Häuser, Seelsorge-Korrespondenz – es kommen etwa sechshundert bis achthundert Seelsorge-Briefe im Jahr –, Telefonate mit zukünftigen Gästen, administrative Aufgaben in der Verwaltung, Organisation und Koordination von Informationsveranstaltungen und Seminaren innerhalb und außerhalb des Werkes, Organisation der Wirtschaft, Gespräche mit Hausleitungen der verschiedenen Zweige der Arbeit, geistliche Impulse weitergeben, Ermutigung zum Gebet, Inputs für Außenmission und Einladung von Missionaren, Organisation der Gestaltung des Außengeländes.«

Da können wir uns schon vorstellen, dass Gisela viel arbeitet. Auch inhaltlich ist die Arbeit sehr vielfältig. Die Nöte der werdenden Mütter sind sicher anders als die der Magersüchtigen, der psychisch kranken Gäste oder der okkult Belasteten. Gisela hat besonders ein Herz für

»Menschen, die in neurotischen Denkstrukturen gefangen sind, durch Gesetzlichkeit geschädigte junge Leute, sexuell und seelisch missbrauchte Menschen, Menschen, verstrickt in Süchten.«

Gisela hilft dabei, sie in ein befreites Christsein zu führen. Und dabei erlebt sie selbst immer wieder, wie Gott eingreift und Menschen sich verändern. Für Gisela gibt es keinen hoffnungslosen Fall, solange der Mensch Hilfe annimmt und sich an Gott wendet. Ihr Vertrauen auf Gottes Eingreifen und ihre Zuversicht, dass Gottes Wort Antworten auf alle unsere Probleme enthält, lassen sie an dieser starken Hoffnung festhalten.

»Gottes überreiche Gnade und Barmherzigkeit mitzuleben hat mein Verständnis für schwache Menschen erweitert und vertieft, immer wieder Hoffnung zu haben in ausweglosen Situationen im Blick auf Gäste und Mitarbeiter und diese weiterzugeben. Hoffnungslosigkeit und Resignation sind überwindbar. Das ständige Leben in einer Lebensgemeinschaft hat mich sehr verändert und meinen Blick für die Abgründe im Menschen – einschließlich meiner selbst – vertieft und die Botschaft der Vergebung und der Gnade heller leuchten lassen.

Versöhnung ist möglich, Bitterkeit kann überwunden werden. Heilung und Veränderung von tiefsitzenden Wunden ist möglich. Gleichzeitig entdeckte ich die vielfältigen Gaben, die jeder Mensch von Gott bekommt. Werden sie gefördert und eingebracht, entsteht eine gegenseitige Ergänzung, die eine zugkräftige Dynamik und Freude im Leben des Einzelnen in der Gemeinschaft entstehen lassen. Wichtig ist dabei das Stehen lassen und Akzeptieren der Andersartigkeit des anderen, Flexibilität und die Bereitschaft, Herausforderungen als Chancen zu empfinden, Grenzen kennen zu lernen und zu akzeptieren – bei mir selbst und anderen. Ich lerne, Gott ernster zu nehmen, mich selbst weniger ernst zu nehmen. Echter Humor ist ein Segen und kann manchmal mehr bewirken als viele ernsthafte Gespräche. Humor und Freude zu haben trotz vielerlei Problemen, die nicht sofort gelöst werden können, das hilft mir. Ich erlebe, dass Mann und Frau sich sehr gut ergänzen und zusammenarbeiten können, wenn jeder den anderen in seiner Art schätzt und akzeptiert.

Ich will von Herzen Frau sein und die Unterschiedlichkeit von Frauen genießen. Ich kann Gottes Aufträge entdecken und darin Erfüllung finden. Und gerade dann zu erleben, dass Gott meine persönlichen Bedürfnisse nie übersieht, so dass ich sie auch nicht übersehen muss. Mein Leben wurde einfach umgekrempelt ...«

Im *help Center* werden viele Menschenleben umgekrempelt und verändert. Viele Menschen sind im Lauf der Jahre von dort weggegangen und haben ein neues Leben begonnen. Gisela erzählt einige Beispiele:

»Ein junger Mann, gefangen in sich selbst, unfähig für Gemeinschaft, voller Selbstmitleid, Hass und Verzweiflung, findet Sicherheit in Jesus, entdeckt einen Vater im Himmel, der ihn liebt und erzieht. Er wird beziehungsfähig, lebt versöhnt und beginnt, den Herausforderungen des Lebens positiv entgegenzutreten.

Eine junge Frau, gefangen in Zwängen, mit denen sie sich selbst und andere terrorisiert, schöpft Hoffnung durch das Wort Gottes, erfährt die Hintergründe ihres Gefängnisses, lernt auf Gottes Gnade mehr zu bauen als auf ihre Ge-

wissensqualen, überwindet ihre versteckte Rebellion und lernt ihre Bedürfnisse auf natürliche Weise zu leben.

Eine junge Frau, auf der Suche nach Leben, in die Gebundenheit an Drogen geraten, erlebt Befreiung und findet das Leben in Jesus. Sie lernt, Spannungen auszuhalten, lässt sich von Gott ermutigen, die versäumte Reifung nachzuholen und wird zu einer völlig veränderten Frau, die nun in ihrer 4-köpfigen Familie eine Stütze sein kann und setzt sich in ihrer Gemeinde für andere ein.

Eine Frau, durch sexuellen Missbrauch und Hass zu Grunde gerichtet, erfährt Heilung durch Gottes gütiges Eingreifen. Seine Liebe überwindet die Rachegedanken und hilft ihr zu einem versöhnten Umgang mit anderen – Männern und Frauen.

Ein junger Mann, der loskommen möchte von seiner homosexuellen Neigung, wird bereit zur Auseinandersetzung mit sich selbst. Er entdeckt Hintergründe seines Verhaltens und setzt sein Vertrauen auf Gottes Führung. Er erlebt Befreiung, ist mittlerweile glücklich verheiratet und übernimmt Verantwortung in Beruf und Gemeinde.«

Gisela macht Menschen Mut. Ihre bescheidene Art und ihre Bereitschaft, zu dienen, stecken an.

Wie kann Veränderung denn nun geschehen? Wie kann ich anders werden und meine Probleme überwinden? Veränderung geschieht:

»Indem man die eigene Bedürftigkeit erkennt, offen und ehrlich wird und nun lernt, sich von Gott helfen zu lassen. Indem man bereit wird, den Heiligen Geist an sich ranzulassen, damit er uns aus den Nöten und Schwierigkeiten herausführt bzw. uns die Kraft schenkt, etwas völlig Neues zu wagen. Veränderung geschieht nicht automatisch, sondern schließt einen eigenen Willensakt ein.

Gott gibt uns durch sein Wort die Ermutigung, Herausforderungen anzunehmen und neue Schritte zu gehen. Es gilt Sicherheiten loszulassen, die einem lieb geworden sind. Es bedeutet manchmal, Gegenwind in Kauf nehmen und trotzdem dabei zu bleiben.

Veränderung geschieht durch Gottes Eingreifen in Zusammenarbeit mit uns. Er möchte uns dabei haben. Das kann bedeuten, dass man sich unsicher und hilflos fühlt. Denn wenn frühere Verhaltensmuster abgelegt werden, hat man nicht sofort neue. Das Alte kennt man, für das Neue braucht man erst ein Konzept. Diese Unsicherheit gilt es auszuhalten, aber es ist in jedem Fall lohnenswert.«

Das Team kommt gut mit Gisela klar. Sie ist eine Partnerin und nimmt jeden ernst. Sie hat ein Herz für ihre Leute und bestimmt nicht über ihre Köpfe hinweg. Das Arbeitsklima ist freundschaftlich und herzlich. Sie weiß, dass sie anderen helfen kann,

»indem man die Nöte des anderen ernst nimmt, die Schwächen trägt und Anleitung gibt in den verschiedensten Bereichen des Lebens. Indem man ein Vertrauensverhältnis aufbaut, sie achtet und liebt. Mit ihnen Gottes persönliche Wegführung gemeinsam erarbeitet. Sie anleitet, Gottes Wort ernst zu nehmen und darauf zu vertrauen, ihnen hilft, dieses Wort im alltäglichen Leben umzusetzen. Selbst Vorbild sein und ihnen vormachen, wie man leben kann. Sie ermutigen, Gottes schöpferische Kraft der Veränderung in Anspruch zu nehmen. Sie in die Auseinandersetzung führt, mit sich selbst, mit anderen, mit Gott und ihnen hilft, ihre originale Persönlichkeit zu entdecken und zu leben. Jesu befreiende Botschaft vom Kreuz und seine Maßstäbe klar und eindeutig weitergeben. Durch die Entdeckung seiner Liebe gewinnt der Problembeladene Kraft, sich auf die schmerzhaften Dinge einzulassen und sie offen und ehrlich zu verarbeiten. Gott als den entdecken, der er ist: Herr aller Herren, heilig, vollkommen – er ist mein persönlicher Vater, der seinen einzigen Sohn geopfert hat, um mir nun voller Gnade und Barmherzigkeit zu begegnen. Er möchte Gehorsam und Vertrauen, ist aber in Vollkommenheit bereit, geduldig und in aller Liebe zu helfen, dieses neue Leben zu entdecken und zu leben.«

Gisela ist ein fröhlicher und geduldiger Mensch. Man fasst schnell Vertrauen zu ihr und merkt, dass es keine Tabus gibt, keine Themen, die man ausklammern muss. Ihre Hoffnung steckt an. Und vielen Menschen hat sie Mut gemacht, ihr Leben umzukrempeln und ganz neu auf die Hilfe Gottes zu vertrauen.

»Der Herr ist gütig und eine Feste zur Zeit der Not und kennt die, die auf ihn trauen« (Nahum 1, 7).

Zum Nachdenken:

1. Aus welcher persönlichen Identitätsstörung hat Jesus mich befreit?
2. Wo erlebe ich besondere Herausforderungen an meine Belastbarkeit? Sehe ich darin auch Chancen?
3. In welchen Bereichen meines Lebens möchte ich noch umlernen und neue Verhaltensweisen einüben?

Bettina Wälde

Bettina Wälde

Persönliche Daten:
* 16.11.60 , † 12.10.98; verheiratet

Erlernter Beruf:
Musikfachverkäuferin und Diakonin

Beruf des Mannes:
Fernsehjournalist

Ausgeübte Tätigkeit: Leiterin von TypColor

Ein Ziel Ihres Lebens, auf das Sie zuarbeiten:
Ich helfe Frauen und Männern, ihre von Gott gegebene Schönheit zu entdecken.

Ein Traum, der sich noch nicht erfüllt hat:
Meine Lebensträume und Wünsche sind in Erfüllung gegangen.

Ein Gedanke, der Angst macht:
Dass viele Menschen ohne inneren Frieden mit Gott leben.

Eine Not, die Sie in Atem hält:
Das mangelnde Selbstwertgefühl vieler Menschen.

Eine Freude, an die Sie immer wieder denken:
Zehn wirklich glückliche Ehejahre mit meinem Mann.

Ihr Platz, an dem Sie diese Welt verändern:
Das TypColor-Team mit 170 Beraterinnen. Gemeinsam wollen wir Menschen dienen.

Ihr Typ ist gefragt

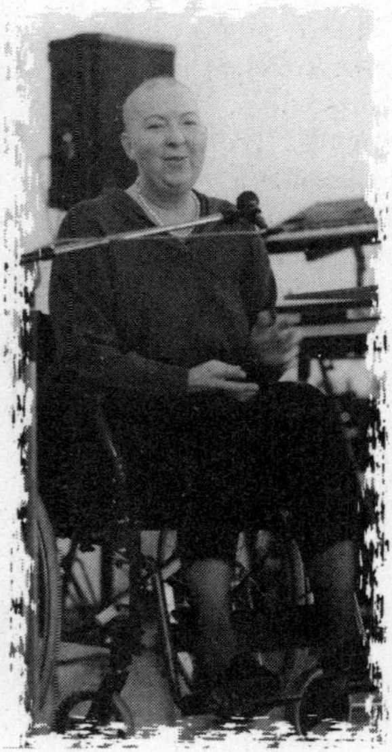

Bettina Wälde hat vielen Frauen in Deutschland und darüber hinaus zu neuem Selbstvertrauen verholfen. Die von ihr gegründete und aufgebaute Organisation *TypColor* steht für ein ganzheitliches Konzept von Selbstannahme und Schönheit, von Kreativität und Geschmack.
Bettina hat mit Unterstützung ihres Mannes Rainer klein angefangen und im Lauf der Jahre ein großes Team aufgebaut, in dem mehr als einhundertsiebzig Frauen im ganzen Land als Typ-Beraterinnen tätig sind. Doch der Weg bis zur Gründung von *TypColor* war nicht immer einfach.

»Ich wuchs in Braunfels als jüngste Tochter in einer fleißigen Handwerkerfamilie auf. Meine Mutter arbeitete sehr gewissenhaft in einer Handschuhfabrik, mein Vater sorgte als Maurer für die Familie.«

In der Teenagerzeit entwickelte Bettina eine intensive Freundschaft zu einem Ehepaar, das in der Kinder-Evangelisations-Bewegung, *KEB*, arbeitete. Bettina kam fast wie eine Tochter in ihr Haus und lernte dort auch den lebendigen Glauben an Jesus kennen. Mit 17 Jahren traf sie eine persönliche Entscheidung für Jesus Christus und eckte damit in ihrer Umgebung deutlich an. Sie absolvierte eine Ausbildung zur Musikfachverkäuferin. Nach einigen Jahren im Beruf entschied sie sich, eine theologische Ausbildung anzuschließen. Nach drei Jahren Bibelschule trat sie als Gemeindediakonin ihre erste Stelle in der Jugendarbeit einer freien evangelischen Gemeinde an.

Doch in ihr wuchs der Druck: sie hatte Freude an der Arbeit, aber sie litt auch unter den unterschiedlichen Anforderungen. Sie hatte nicht das Gefühl, ihre eigentlichen Gaben richtig einsetzen zu können. Sie war zeitweise sehr unglücklich und litt unter Schlafstörungen. Ein Wechsel stand an. Ein Jahr später wurde sie in die Musikredaktion des Evangeliums-Rundfunks (ERF) berufen. Bettina blühte wieder auf. Als Sekretärin von Gerhard Schnitter fühlte sie sich lange Zeit geschätzt und geachtet. Ihre organisatorischen Stärken kamen voll zum Zuge.

»In dieser Zeit lernte ich Rainer kennen, der in der Rundfunkredaktion einige Monate vor mir angefangen hatte. Es war Liebe auf den ersten Blick.«

Die beiden verstanden sich auf Anhieb. *»Im Funk hat's gefunkt«*, so drückten sie ihr Glück aus. Sie verlobten sich bereits im darauf folgenden Jahr. Nach ihrer Hochzeit zogen sie nach Braunfels und brachten sich aktiv in die evangelisch-freikirchliche Gemeinde ein.

Nach sieben Jahren als Sachbearbeiterin im ERF suchte Bettina eine neue Herausforderung. Sie wollte nicht mehr tagelang am Computer sitzen und Musikaufnahmen archivieren. Sie wünschte sich eine Aufgabe, bei der sie mehr direkten Kontakt zu Menschen haben konnte.

Rainer hatte dann die Idee, mit der Bettina ihren eigentlichen Auftrag Gottes fand.

Rainer arbeitete zu der Zeit noch im ERF-Fernsehen. Er war unsicher, welche Farben er als Rothaariger am besten tragen sollte. Bettina hatte ihm deshalb zu Weihnachten den Gutschein zu einer Farbberatung geschenkt. Im Gespräch mit Bettina fiel es ihm wieder ein und er sagte:

»'Warum wirst du nicht Farbberaterin und hilfst anderen Frauen, ein neues Selbstbewusstsein zu entwickeln?' Der Vorschlag gefiel mir so gut, dass ich mich für einige Ausbildungskurse anmeldete – unter anderem in der Schweiz. Noch während der letzten Monate beim ERF nahm ich Urlaub, um einige Seminare zu besuchen und konnte direkt nach dem Ausstieg mit der neuen Tätigkeit beginnen.«

Farben und Menschen, das war genau das, was ihr Spaß machte. Sie blühte bei jeder Beratung mehr auf. Sie freute sich, wenn sie Männern und Frauen weiterhelfen konnte. Auch ihr eigenes Selbstwertgefühl, das durch die Bibelschule und Gemeinde gelitten hatte, wurde neu gestärkt. Sie bildete sich selbst kontinuierlich weiter. Bereits im folgenden Jahr gab sie mit Rainer zusammen das Buch »Bekennen Sie Farbe« heraus, das großen Erfolg hatte. Daraufhin kamen immer mehr Anfragen aus dem ganzen Bundesgebiet. Die Kunden reisten sogar von München oder Lübeck an, um von Bettina beraten zu werden.

Eins stand bald fest: Bettina würde die Anfragen nicht allein auffangen können. Außerdem fragten immer mehr Frauen nach, ob Bettina ihnen eine Schule zur Ausbildung empfehlen könne. Doch guten Gewissens konnte sie keine Schule empfehlen. Die einen waren esoterisch geprägt und pendelten über den Kunden, den anderen wurde eine Verbindung mit der Scientology-Organisation nachgesagt. So schlug Rainer vor, eine eigene Schule zu gründen.

Zunächst schien ihnen das finanzielle Risiko viel zu groß. Doch 1994 wagten sie den Schritt und bildeten die ersten acht Frauen aus. Dabei hatten sie als Christen den Anspruch, ihren Beraterinnen eine sehr gute Ausbildung zuteil werden zu lassen. Deshalb führten sie einen 12-tägigen Kurs mit schriftlicher und praktischer Prüfung am Ende durch. Schließlich sollte jede Beraterin, die unter dem Namen *TypColor* firmieren würde, wirklich kompetent und qualifiziert beraten können.

Die Aufbauphase von *TypColor* hat Bettina unglaublich viel Spaß gemacht. Aber sie hat auch viel Kraft gekostet. In ihrem Elternhaus hatte sie nicht gelernt, für die nötige Entspannung neben der Arbeit zu sorgen.

»Ich habe immer für andere funktioniert. Unsere Typ-Beratung sollte gut laufen, also habe ich alles getan, um sie voranzubringen. Der ganze Tagesablauf richtete sich nur nach einer Frage: Was wollen die anderen, das ich tun soll? Ich habe mir keine Zeit für mich gegönnt und auch keine für Gott. So funktioniert das bei den meisten heute. Morgens stehen wir auf und danken Gott vielleicht noch kurz für den Tag. Bereits eine Minute später ist er vergessen, weil so viele wichtige Dinge auf dem Plan stehen. Wir arbeiten aus eigener Kraft und fragen ihn keinen Augenblick, ob er nicht etwas anderes von uns erwartet. Zum Beispiel, dass wir uns Zeit nehmen für eine Tasse Kaffee und ein Gespräch mit ihm.«[1]

Eine Eigenart von Bettina war zum Beispiel, dass sie nach einem zwölftägigen Seminar »zur Entspannung« erst einmal die ganze Wohnung putzte, in der das Seminar stattgefunden hatte. Rainer entführte sie jedes Jahr zu einer Urlaubsreise, um sie aus der Spannung des Alltags herauszulösen. Da er auch ihre Vortragsreisen organisierte, plante er gleich schon Kurzurlaube mit ein, in denen Bettina neue Kraft sammeln konnte. Die Arbeit von *TypColor* wuchs kontinuierlich weiter. Sie diente nicht nur den Kunden, auch so manche Typberaterin erfuhr Veränderungen in ihrem Leben.

»Eine junge Frau aus Sachsen, die jahrelang unter Depressionen gelitten hatte, bekam durch das aufbauende Seminar soviel Selbstbewusstsein, dass ihr Mann später glücklich über die heilsame Veränderung berichtete. Heute hält sie Vorträge in ihrer Region unter dem Motto von Psalm 139: Ich danke dir, dass ich wunderbar gemacht bin.«

Ein großer geistlicher Aufbruch im gesamten Team begann im März 1997 beim Jahrestreffen aller Beraterinnen. Bis zu diesem Zeitpunkt hatte Bettina bereits 100 Frauen in

Deutschland, Österreich und der Schweiz ausgebildet.

»An diesem Wochenende verabschiedeten die Frauen ihre gemeinsame Idee – als Leitspruch der Arbeit von TypColor*: 'Wir unterstützen Frauen und Männer im deutschsprachigen Raum, ihre von Gott gegebene Schönheit zu entfalten. Durch eine persönliche Typberatung helfen wir unseren Kunden, ein gesundes Selbstwertgefühl aufzubauen.'*

Gleichzeitig wurde vielen klar, dass sie ihre Kolleginnen bislang als Konkurrenz und nicht als Bereicherung gesehen hatten. In einzelnen Gesprächen wurde um Vergebung gebetet und ein Neuanfang ausgesprochen. Seit diesem Mitarbeitertreffen herrscht ein neuer Geist der Zusammenarbeit im TypColor-*Team. Die Frauen treffen sich regelmäßig in Gruppen und unterstützen sich gegenseitig in der Arbeit.«*

Den Zusammenhalt dieses Teams hat Bettina auch in den schwersten Stunden ihres Lebens zu spüren bekommen. Ende 1997 erhielt Bettina die niederschmetternde Diagnose: Lungenkrebs. Ein halbes Jahr lang hatte sie einen Arzt nach dem anderen konsultiert – ohne Ergebnisse. Ihre zunehmende Kraftlosigkeit wurde als »Burn-out« diagnostiziert, bis schließlich eine Röntgenaufnahme der Lunge die Krankheit ans Licht brachte. Zu spät, denn die Krankheit hatte schon im Kopf, in der Leber und in den Lymphknoten Metastasen gebildet. Es begann ein langer, tapferer Kampf gegen den Krebs.

»Die Prognosen der Ärzte rangierten zwischen wenigen Wochen und einem halben Jahr. Die Diagnose Krebs war für uns beide ein großer Schlag – zumal Rainers Mutter an Krebs starb, als er gerade elf Jahre alt war.«

Über die ersten Tage nach der Diagnose berichtet Bettina:

»Das schockt dich. Du stehst an der Wand. Uns war es wichtig, ein Testament zu machen und alles zu ordnen. Das ganze Wochenende haben wir zusammen geweint. Wir haben uns gesagt, wie wichtig wir uns sind. Das tut man im Alltag viel zu selten. Irgendwann hat Rainer angefangen, mir seine Sünden in Bezug auf mich zu bekennen. Ich habe das auch gemacht. Keine großen Sünden, das waren kleine Dinge. Das hat so gut getan.«[1]

Doch Bettina akzeptierte die Krankheit ungewöhnlich

schnell. Und auch den möglichen Tod. Bereits Ende Januar 1998 hatte sich die Krankheit so zugespitzt, dass beide ein schnelles Ende befürchteten. Durch die Chemotherapie hatte Bettina bereits alle Haare verloren und durch die hohen Cortisongaben war ihr Gesicht aufgedunsen und entstellt. Bettina und Rainer luden ihre Familien und Freunde zu einem Dankgottesdienst ein. Rund 600 Menschen folgten der Einladung, darunter ein Großteil der einhundertsiebzig *TypColor*-Beraterinnen, die Bettina in den zurückliegenden Jahren selbst ausgebildet hatte. In einem bewegenden Gottesdienst erzählte Bettina von einem inneren Heilungsprozess, den Gott ihr in der Krankheitszeit geschenkt hatte. Gemeinsam lobten Rainer und sie Gott für ihre Ehe und Gottes Führung bis zu diesem Punkt. Danach baten sie Gott – wie bei Hiskia –, Bettinas Leben zu verlängern. Anschließend gab Bettina die Verantwortung für *TypColor* an Rainer ab und segnete ihn für diese Aufgabe.

Nach dem Gottesdienst ging es Bettina trotz starker Chemo-Therapie von Woche zu Woche besser. Sie konnte wieder allein laufen und auch auf die starken Schmerzmittel verzichten. Das war ein echtes Wunder Gottes. Zudem war der eigentliche Tumor in der Lunge verschwunden.

Leider verschlechterte sich ihr Zustand im Sommer 1998 erneut, der Krebs wuchs weiter. Trotz der deprimierenden Diagnose entschieden sich die beiden, ihre lange vorher schon geplante Kreuzfahrt anzutreten. Es war ihnen bewusst, dass es ihre letze gemeinsame Reise sein könnte. Begleitet von vielen Gebeten erlebten sie eine intensive Fahrt von Montreal nach Chicago. Auch an Bord des Schiffes war Bettina ein Zeugnis. Sie erzählte den Gästen der Reise aus ihrem Leben und Erleben mit Gott. Viele waren tief bewegt und ermutigt, Gott zu vertrauen.

Nach der Kreuzfahrt verschlechterte sich der Zustand zusehend. Für Rainer und Bettinas Eltern begann eine sehr harte Zeit der Pflege und der deprimierenden Erfahrung, hilflos zusehen zu müssen, wie schnell die einstige »Powerfrau«, die unermüdlich im Einsatz gewesen war und stets Kraft hatte für alle Herausforderungen, in die sie gestellt war, zunehmend kraftlos und schwach wurde.

In diese Zeit fiel auch meine Anfrage an Bettina, an diesem Buch mitzuwirken. Sie tat es gerne – mit Hilfe von Rainer.

Am 12. Oktober 1998 starb Bettina mit einem Lächeln auf ihrem Gesicht. Sie war angekommen bei ihrem Schöpfer, ihrem Herrn und ihrem Tröster.

So wie Bettina durch ihre Farb- und Stilberatung hunderten von Frauen und Männern zu neuem Selbstvertrauen und zu äußerer Schönheit verholfen hat, so hat sie durch den Umgang mit ihrer Krankheit und ihrem nahenden Tod tausenden Menschen zu neuem Gottvertrauen und innerer Schönheit verholfen. Bettinas Auftrag geht weiter. Durch Rainer und die Beraterinnen von *TypColor* werden auch in Zukunft Männer und Frauen Hilfe finden, wie sie sich selbst annehmen können. Aber auch durch ihr weiterlebendes Zeugnis in den Herzen vieler Menschen, die von ihr gelernt haben, an Jesus festzuhalten, auch im Schatten des Todes.

»Leben wir, so leben wir dem Herrn; sterben wir, so sterben wir dem Herrn. Darum: wir leben oder sterben, so sind wir des Herrn« (Römer 14,8).

Zum Nachdenken:

1. Bei welcher Aufgabe kann ich so richtig aufblühen?
2. Wie kann ich Pausen in meinen Alltag einbauen und Gott zu Wort kommen lassen?
3. Was kann ich tun, um mich auf meinen Tod vorzubereiten?

[1] aus: Neues Leben

Ursula Wiesemann

Ursula Wiesemann

Persönliche Daten:
* 29.05.1932; ledig

Erlernter Beruf:
Sprachwissenschaftlerin und Bibelübersetzerin

Ausgeübte Tätigkeit jetzt:
Ausbilderin von Bibelübersetzern

Mitarbeit in Gremien und Vorständen:
Leiterin einer Lehrerausbildungsschule für Indianer; Mitbegründerin und langjährige Leiterin des Seminar für Sprachmethodik; Begründerin und Leiterin des Kurses in Kamerun »Entdecke deine Sprache«; Beraterin der Kaingang-Arbeit, sowohl der Marburger Mission als auch der New Tribes Mission; Vorstand des Wycliff e. V.; Internationales Lausanner Komitee; Arbeitsgemeinschaft Evangelikaler Missionen; Ausschuss für Indianerarbeit u.a.

Ein Ziel Ihres Lebens, auf das Sie zuarbeiten:
Am Ende meines Lebens will ich da ankommen, wo ich hin will, nämlich in die Gegenwart dessen, der sein Leben für mich gegeben hat. Das bedeutet hier und jetzt: dranbleiben – wie eine Briefmarke am Umschlag, bis der Brief sein Ziel erreicht hat.

Ein Traum, der sich noch nicht erfüllt hat:
In den meisten Ländern Afrikas werden die Kinder immer noch in den Schulen vom ersten Schuljahr an grausam geschlagen, damit sie besser lernen können. Das traumatisiert die Kinder so sehr, dass sie zum Beispiel nie Schule spielen. Mein Traum wäre, dass das ganz aufhört und Kinder gerne und entspannt in die Schule gehen. Außerdem sollte ihre erste Ausbildung in ihrer Muttersprache geschehen, wobei gleichzeitig die Landessprache als Fremdsprache dazu käme.

Ein Gedanke, der Angst macht:
Ewiges Ausgestoßensein aus Gottes Gegenwart, sprich die Wirklichkeit der Hölle, wenn ich sie mir auch nicht mittelalterlich vorstelle, eher nach dem Prinzip der »schwarzen Löcher im Weltall«.

Eine Not, die Sie in Atem hält:
Es melden sich im Augenblick relativ wenig neue Bibelübersetzer. Wer soll die unerreichten Völker mit Jesus bekannt machen?

Eine Freude, an die Sie immer wieder denken:
An die strahlenden Augen der Kaingang-Kinder. Früher hatten schon die Kleinsten den traurigen, hoffnungslosen Gesichtsausdruck, der für die ganze Gruppe so charakteristisch war. Heute ist das überwunden.

Ihr Platz, an dem Sie diese Welt verändern:
Heute bin ich zwar in Rente und lebe die meiste Zeit in Deutschland. Aber ich darf immer wieder nach Afrika reisen, zum Beispiel, um Lehrer für den Kurs »Entdecke deine Sprache« auszubilden. Die Kurse ermöglichen den Afrikanern, ihre Sprache als Schriftsprache zu entwickeln. Regelmäßig bin ich auch bei den Kaingang-Indianern. 1997 haben die Lehrer aus allen Dialekten entschieden, wie ihre Sprache geschrieben werden soll. 1998 haben sie alle diese Schreibweise flüssig lesen und fehlerlos schreiben gelernt! Das neue Wörterbuch soll ein Werkzeug für die standardisierte Schriftsprache werden, die sich als Verständigungsmittel zwischen den Dialektgruppen als Hochsprache durchsetzt. Veröffentlichungen begleite ich vorläufig noch, wahrscheinlich wird das bald nicht mehr nötig sein.

Die Bibel für ein verlorenes Volk

Selten habe ich eine so bescheidene und unkomplizierte Frau getroffen wie Prof. Dr. Ursula Wiesemann. Ihre Titel verschweigt sie oft, obwohl sie sie hart erarbeitet hat. Doch Ursula hat andere Werte in ihrem Leben als Titel und Status. Sie lebt und arbeitet für Jesus. Und ihr Herz gehört ganz den Sprachen dieser Welt und vor allem den Menschen, die sie sprechen. Sie ist Bibelübersetzerin und damit auch Sprachwissenschaftlerin.

Dass Ursula einmal in USA, Brasilien, Kamerun und vielen anderen Ländern Afrikas zu Hause sein würde, konnte sie als Kind in Berlin nicht ahnen. Ihre Kindheit erlebte sie unter dem Schatten des Zweiten Weltkrieges.

»Geboren wurde ich als viertes Kind in eine Pastorenfamilie, von beiden Seiten schon in der zweiten Generation. Der Geschwisterkreis vergrößerte sich noch um das vierfache. Es gab keinen Tag in meinem Elternhaus, an dem nicht die Bibel gelesen oder gebetet wurde. Vater erklärte uns die Texte kindgerecht, später war er mein Ansprechpartner für Diskussionen über den Glauben, die in der Schule aufkamen. Mein persönliches Glaubensleben wuchs ganz natürlich. Aber es gab zwei Knackpunkte. Mit neun Jahren gegen Ende des Zweiten Weltkrieges, sprachen die Christen heimlich von der Verfolgung, die im Fall eines Sieges im Dritten Reich bestimmt auf sie wartete. Ich stellte mir das plastisch vor: jeder wird gefragt, ob er oder sie Christ sei. Wer den Mut hat zu bejahen kommt ins 'Lager', die anderen gehen frei aus. Ich würde bejahen, nahm ich mir vor – aber würde ich wirklich den Mut dazu aufbringen? Um sicher zu gehen, betete ich mit Hilfe meiner Tante, bei der ich damals wohnte, ein Übergabegebet an Jesus. Der zweite Knackpunkt kam vier Jahre später. Der Krieg war vorbei, aber ich steckte mitten in der Pubertät. Die große Familie wohnte überaus beengt, es gab jede Menge Reibungspunkte mit allen. Wie vertrug sich das mit meinem Christ sein? Hatte sich überhaupt an mir irgend etwas geändert seit meiner 'Bekehrung'? Ich konnte nichts feststellen. Das legte den Trugschluss nahe, Gott habe mich eben nicht haben wollen. Was dann folgte war schrecklich. Von Gott abgelehnt zu sein, war, wenn auch nur eingebildet, ein fürchterlicher Zustand, der mehrere Wochen anhielt. Das erlösende Wort steht in Johannes 1,12: 'Wie viele ihn aber aufnahmen, denen gab er Macht, Gottes Kinder zu werden.' Diese Wahrheit konnte ich mit dem Verstand und mit dem Gemüt begreifen, die grundlegende Freude darüber ist seither nur selten ins Wanken gekommen.«

In einer so großen Familie war es nicht selbstverständlich, dass Ursula so eine gute Ausbildung machen konnte. Die Familie konnte sie nicht bis zum Abitur finanzieren. Ursula musste nach der Mittleren Reife abbrechen und einige

Jahre später miterleben, wie ihre ehemaligen Klassenkameraden ohne sie Abitur machten. Doch Gott hatte andere Wege, um Ursula zum Ziel zu bringen. Erst einmal musste sie lernen, ihm zu vertrauen.

»Zu meiner Taufe in einem Teich bekam ich den Spruch aus Matthäus 10,32: 'Wer nun mich bekennt vor den Menschen, den will ich auch bekennen vor meinem himmlischen Vater.' Für mich war das eine Bestätigung, dass ich irgendwo missionarisch tätig sein würde. Aber wo und was tun? Auch in dieser Frage gab es entscheidende Erlebnisse.

Obwohl ich bei Wiederaufnahme des Schulbetriebs nach dem Krieg als Einzige in der Familie wieder zur 'Oberschule' gehen durfte, wurde es bei der Mittleren Reife klar, dass ich an Abitur nicht denken durfte. Damit war auch meine Hoffnung auf ein Medizinstudium geplatzt. Mitten in diese Entmutigung hinein traf mich die Einsicht eines Gottesmannes: nicht unsere Gaben sucht Gott, nicht unsere Ausbildung, sondern uns selbst. Gern stellte ich Gott daraufhin mein ganzes Leben bedingungslos zur Verfügung! In diese Zeit fiel das Abitur meiner Klasse, das in mir Rebellion auslöste. Wieder ging es darum, Gottes Plan für mich bewusst anzunehmen. Und schon zeigte sich die nächste offene Tür, und zwar in eine Schweizer Bibelschule. Dort zeigte mir Gott Brasilien als meinen Einsatzort. Die nächste Wende kam in Form einer Einladung in die USA. Die Tochter des Hauses arbeitete mit Wycliff *an einer Bibelübersetzung auf den Philippinen. Sie sparte ein Jahr lang, um mich zum Seminar für Sprachmethodik in Norman, Oklahoma, zu schicken. Dort fiel der Groschen. Mit den* Wycliff-Bibelübersetzern *wollte ich irgendeinem Indianervolk in Brasilien Gottes Botschaft in ihrer eigenen Sprache ausrichten. Im Dezember 1957 reiste ich nach Rio de Janeiro.«*

Die Situation war nicht einfach. Der Stamm der *Kaingang-Indianer*, zu dem Ursula gesandt wurde, hatte sich selbst schon fast aufgegeben. Sie erwarteten nichts mehr vom Leben, fühlten sich minderwertig den weißen Brasilianern und Ausländern gegenüber und investierten nicht mehr in die Zukunft. Für Ursula ging es aber zuerst einmal darum, die Sprache zu lernen und die Kultur zu verstehen.

Alles war fremd und neu. Mit ihrer Partnerin machte sie sich an die Arbeit.

»Nach kurzem Portugiesischstudium ging es zu den Kaingang-Indianern. *Zunächst stand Sprache lernen auf dem Programm. Wir wohnten bei der Familie des für das Reservat zuständigen Regierungsbeamten. Der schickte uns als Lehrer den früheren Häuptling Pedrinho. Mit der Zeit nannte ich ihn 'Vater' – denn er hat mich in die Sprache und Gedankenwelt der* Kaingang *eingeführt. Im Gegenzug nannte er mich 'Tochter' ...'denn du hast mir von Jesus gesagt'. Die Indianer hatten wirklich nur noch ganz wenig Lebensmut und suchten nach Auswegen. 'Willst du uns zu fóg – Fremden, Ausländern – machen?', fragte mich eines Tages ein junger Mann hoffnungsvoll. Als ich entsetzt verneinte, sprang er auf sein Pferd und ritt entmutigt wieder heim. Hätte ich ihn, statt zu antworten, nach dem Grund eines solchen Anliegens befragt, hätte er mir erklärt, dass eben nur 'Ausländer' d.h. fremde Siedler voran kommen und sie, die Indianer, keine Überlebenschance sähen. Doch das begriff ich erst viel später. Jedenfalls fielen mir von Anfang an die hoffnungslosen Augen der Indianer auf, nicht nur der Erwachsenen, sondern schon der Kinder. Außerdem war der Stamm am Aussterben.«*

Ursula war am richtigen Platz. Schnell und gut lernte sie die Sprache dieser Menschen. Und, was noch viel wichtiger ist, sie lernte das Herz der Indianer kennen. Sie wurde wie eine von ihnen. Doch dabei verleugnete sie nie den Unterschied durch ihre Herkunft. Sie erkannte die Gefahr, die Überlegenheit mit sich bringt: dass man Menschen abhängig macht. Sie wollte stets den Leuten zu Würde und Selbstbestimmung helfen und ihnen eine gute Ausbildung zukommen lassen, damit die Kaingang-Indianer auch nach ihrer Heimkehr weitermachen konnten. Neben der Bibelübersetzung und dem Aufbau einer christlichen Gemeinde begann schon bald der Unterricht der Indianer. Sie sollten lernen, ihre eigene Sprache zu schreiben und zu lesen. Dazu wurden indianische Lehrer gebraucht..

»Die große Wende für die Indianer kam mit der Gründung einer Lehrerausbildungsschule für sie. Ich wurde in die

Leitung berufen, wodurch die Schule zweisprachig wurde, denn von den Lehrern konnte nur ich ihre Sprache. Die Schüler stammten aus verschiedenen Reservaten und sprachen unterschiedliche Dialekte. Allein gelassen hätten sie sich in Portugiesisch verständigt. Doch täglich hatten wir eine Unterrichtsstunde in Kaingang, 'unsere schwerste Stunde', urteilten sie. Denn in Portugiesisch konnten sie automatisch Buchstaben in Laute umsetzen, das, glaubten sie, sei Lesen. In Kaingang mussten sie aber gleichzeitig denken, sie konnten sich dem Sinn des Gelesenen nicht verschließen – und das war Schwerstarbeit. Irgendwann begriff jeder Einzelne im Kaingang-Unterricht, was Buchlernen ist. Das konnten sie dann sofort auf alle Fächer anwenden, von dem Punkt an ging es aufwärts. Zur gleichen Zeit führten wir viele Gespräche über ihre Minderwertigkeitskomplexe, wie sie von der Bevölkerung verachtet und ausgebeutet wurden, und was man dagegen tun kann. Sie lernten die brasilianische Gesetzgebung kennen. Sonntags abends kamen sie zum Bibelclub. In ihrer Sprache hörten sie die Ursprungsgeschichten aus dem Alten Testament und wie Gott mit den Israeliten umging. Dadurch erkannten sie zum ersten Mal historische Zusammenhänge. Als sie nach dem zweiten Jahr als Junglehrer in die Reservate entlassen wurden, änderte sich grundlegend die Autoritätsstruktur. Bis dahin waren die brasilianischen Reservatsbeamten für die Indianer die höchste Instanz. Sie kannten zwar weder die Sprache noch die Kultur der Leute, aber sie setzten den jeweiligen Häuptling ein, der wählte dann seine Unterhäuptlinge. Die Struktur eignete sich gut zur völligen Beherrschung des Volkes. Wem das nicht passte, konnte fliehen; wer rebellierte, wurde zwangsversetzt. Doch plötzlich waren da Indianerlehrer. Sie konnten Portugiesisch sprechen, lesen, schreiben, waren den Beamten gewachsen. Auch konnten sie die Kaingang-Sprache sprechen, lesen und schreiben – das war mehr, als was Häuptlinge zuwege brachten. Sie durchschauten, was da lief, jeder konnte mit ihnen frei reden, das waren die eigenen Kinder, mit denen man plötzlich rechnen konnte. Das gab zunächst mächtige Spannungen, die aber wohltuende Änderungen einleiteten. Heute leben die Indianer wesentlich freier als damals. Die Kinder strahlen mich mit glänzenden Augen an.

'Die Lehrerausbildungsschule ist das Erste, was uns je wirklich geholfen hat', sagen die Indianerfrauen. Und die Gruppe der Kaingang-Indianer hat sich seit 1970 vervierfacht, d. h. es gibt heute viele Kinder und junge Erwachsene.«

Ursula ist es gewohnt, viele Dinge gleichzeitig zu tun. Haushalt unter erschwerten Bedingungen, Bibelübersetzung, Mitarbeit beim Gemeindeaufbau, Unterricht, Kontakt zur Heimat – all das lief gleichzeitig weiter. Als die Bibel fertig war, wurde sie an die Indianer weitergegeben.

»In fast allen einundzwanzig Reservaten konnten wir 1977 ein kleines oder großes Bibelfest feiern und das Neue Testament übergeben. Die Kinder konnten inzwischen lesen. Die neu entstandenen Gemeinden bekamen Zugang zu den Dokumenten über Jesus. Eine lokale Gemeinde, bis dahin von einem Missionar geleitet, entschied sich für ihre Unabhängigkeit und konstituierte sich, blieb aber in dem Gemeindebund, in den sie durch den Missionar integriert worden war. Das Volk, dessen alte Lieder nur noch in betrunkenem Zustand gesungen wurden, schreibt jetzt Lieder zu Gottes Ehre, man kann einige auf CD oder Kassette hören. Evangelisten besuchen ihre Verwandte in anderen Reservaten, die Botschaft breitet sich aus. Allerdings sind einige von den 24 Reservaten noch wenig von der Bibel durchdrungen.«

Zuerst einmal war Ursulas Auftrag bei den Kaingang-Indianern erfüllt.

1978 war sie frei für neue Herausforderungen. Und *Wycliff* hält stets solche für seine Mitarbeiter bereit.

»Zunächst tat ich das, was ich für die faszinierendste Aufgabe der Welt hielt: ich half unseren Mitarbeitern, die Strukturen der afrikanischen Sprachen zu erforschen. Doch dann kam eine Einladung von Seiten der Universität, in der sprachwissenschaftlichen Abteilung mitzuwirken. Schon in Brasilien hatte ich davon gehört, wie man mit gebildeten Afrikanern ihre Muttersprache erarbeiten kann. Das forderte heraus, neue Kurse für Leute zu entwickeln, die zwar ihre Schulbildung in einer europäischen Sprache genossen hatten, nun aber nach Handwerkszeug suchten, ihre afrikani-

sche Sprache zu erforschen. Die schon bekannten sprachwissenschaftlichen Prinzipien konnte ich so verpacken, dass die Studenten begeistert mitmachten. 1980 entstand der Kurs 'Entdecke deine Sprache', der heute jährlich in drei Ländern in Französisch und in einem in Englisch unterrichtet wird. Wie viele Sprachen davon inzwischen profitieren können, weiß ich gar nicht. Danach konnte ich in vielen Ländern Afrikas Teile dieser Kursinhalte an Universitäten und Entwicklungsbehörden weitergeben. Einige meiner Studenten exportierten die Ideen in weitere Länder. Gleichzeitig arbeiteten wir zusammen in einem integrierten Team, angeführt von einem Kameruner Linguisten, an einem Programm, die Muttersprachen in den Primarschulen als Schulsprache einzuführen. Die jeweilige Landessprache wird ab dem ersten Schuljahr als Fremdsprache eingeführt. Der normale Schulungsweg zwingt dem Kind ab dem ersten Schultag die Landessprache auf, ob es sie kann oder nicht. Die Resultate der neuen Lehrweise, die mit der Muttersprache der Kinder beginnt, sind wie erwartet außerordentlich gut, die Idee setzt sich langsam durch, nicht nur in Kamerun.

Da allerdings liegen die größten Schwierigkeiten, denn es werden in dem relativ kleinen Land über zweihundertfünfzig Sprachen gesprochen, nicht zu verwechseln mit Dialekten. Auch diese Entwicklung hat erst begonnen und nimmt stetig zu.«

Später führte Ursulas Weg nach Benin. Ich kann mir lebhaft vorstellen, wie diese hochintelligente und bescheidene Frau, voller Lebensfreude und Schaffensdrang, mit afrikanischen Schwestern und Brüdern in Jesus wissenschaftlich arbeitet. Komfort und Bequemlichkeit sind nicht nötig. Das Ziel vor Augen zu haben, Menschen das Evangelium in ihrer Muttersprache zu geben, treibt Ursula Wiesemann an. Doch sie ist kein Leistungschrist, der sich die Ewigkeit mit Opfern und Einsatz sichern will. Sie liebt Jesus. Und weil Jesus diese Menschen liebt, liebt sie sie auch. Das Wichtigste ist ihr:

»Dass Jesus mich lieb hat. Dass er mich angenommen und mich wert geachtet hat, mit ihm zusammen zu arbeiten. Da darf ich auch getrost mal Fehler machen – manchmal

sind meine größten Fehler das wichtigste Bindeglied in einer Kette von guten Entwicklungen. Das zeigt, dass der Erfolg nicht von mir abhängt, sondern von unserem Herrn und seinem guten Plan. Aber ich darf daran mitarbeiten.«

Doch Ursula weiß auch, dass sie die Unterstützung aus der Heimat braucht. Jede Frau und jeder Mann, der dieses Buch liest, kann in der Mission mitarbeiten. Indem sie oder er betet. Für Länder, Regierungen, Missionare und Gemeinden weltweit.

»Frauen in der Mission haben oft den wichtigen Pionierdienst getan. Das belegt die Missionsgeschichte, auch wenn da die Frauen oft nur am Rande vorkommen. Für die Bibelübersetzung sind wir Frauen ganz besonders gut geeignet. Für Leben in primitiven oder sonst schweren Verhältnissen auch. Kontakte sind unsere Stärke. Und die Treue im Gebet und im Geben. Man muss den Deutschen Frauen-Missions-Gebets-Bund (DFMGB) kennen, um etwas davon zu erfahren. Da kommen einfache und gebildete Frauen zusammen, beten daheim oder in der Gruppe, geben, unterstützen Missionarinnen auf dem Feld, umgeben sie mit Liebe in der Heimat – für mich sind das die Kontakte, die mich am meisten beglücken. Auch die Frauen werden dabei beschenkt. Manchmal fragen sie mich nach Gebetsanliegen, die ich schon vergessen hatte! Wie viele sagen mir: ich bete schon jahrelang für Sie, aber erst jetzt lernen wir uns kennen. Wenn wir die Frauen aus der Missionsarbeit herausnehmen – und dabei meine ich sowohl die Frauen, die ins Ausland gehen, als auch die, die in der Heimat die Fäden zusammenhalten – würde viel Missionsarbeit einfach nicht geschehen. Das sage ich, ohne die Arbeit der Männer abwerten zu wollen. Auch sie werden dringend gebraucht, und wir alle wünschen uns noch mehr von ihnen. Besonders wenn sie gelernt haben, partnerschaftlich mit Frauen zu arbeiten.«

Wir können Gott danken, dass es Frauen wie Ursula gibt. Und wir können selbst Frauen werden, die sie und andere in ihrem Dienst unterstützen. Und vielleicht ist ja auch die eine oder andere von uns gerufen, selbst zu gehen.

Ursula hat es uns vorgemacht, wie erfüllt solch ein Leben ist. Und dass es stets neue Herausforderungen enthält.

»Und ich sah einen andern Engel fliegen mitten durch den Himmel, der hatte ein ewiges Evangelium zu verkündigen denen, die auf Erden wohnen, allen Nationen und Stämmen und Sprachen und Völkern« (Offenbarung 14, 6).

Zum Nachdenken:

1. Wie hat Gott in meinem Leben aus einer Sackgasse einen Ausweg gezeigt?
2. In welchen Bereichen meines Lebens will ich Neues lernen und mich weiterbilden?
3. Wen unterstütze ich im Gebet? Wo arbeite ich am Auftrag der Weltmission mit?

Birgit Winterhoff

Birgit Winterhoff

Persönliche Daten:
* 15.06.1953; verheiratet

Erlernter Beruf: Pfarrerin

Beruf des Mannes: Vizepräsident der Evangelischen Kirche von Westfalen

Ausgeübte Tätigkeit jetzt:
Pfarrerin

Mitarbeit in Gremien und Vorständen:
Vorsitzende der Arbeitsgemeinschaft Jugendevangelisation (AGJE); Vertrauensrat Freundeskreis Missionarische Dienste in der Evangelischen Kirche von Westfalen; Hauptvorstand der Deutschen Evangelischen Allianz; Sprecherin von Morgenandachten im Westdeutschen Rundfunk; maßgeblich beteiligt an der Planung und Durchführung des Christival '96 in Dresden; Pro Christ Arbeitskreis Schulung.

Ein Ziel Ihres Lebens, auf das Sie zuarbeiten:
Dass viele Menschen – ältere und jüngere – Jesus Christus kennen lernen und ihm nachfolgen.

Ein Traum, der sich noch nicht erfüllt hat:
Dass am Himmelfahrtstag unsere Kirche mit 800 Plätzen brechend voll ist.

Ein Gedanke, der Angst macht:
Dass die Christen die Hände in den Schoß legen, lieblos und phantasielos werden und sich mit den Gegebenheiten abfinden, ohne sich einzusetzen.

Eine Not, die Sie in Atem hält:
Das Gefälle zwischen den reichen Kirchen auf der nördlichen Erdhalbkugel und den ärmeren auf der südlichen.

Eine Freude, an die Sie immer wieder denken:
An große, ermutigende Treffen der Christen, wie zum Beispiel das Christival 96.

Ihr Platz, an dem Sie diese Welt verändern:
Der Ort, an dem ich lebe und arbeite. Das ist zur Zeit Halle in Westfalen, sowie die verschiedenen übergemeindlichen Tätigkeiten.

Ein Herz für Jugendevangelisation

Wer die Liste von Birgit Winterhoffs Aufgaben ansieht, stellt schnell fest, dass sie eine überdurchschnittlich aktive Frau ist. Wer dann noch ihre Arbeit persönlich kennen lernt, stellt bald fest, dass sie äußerst effektiv und zuverlässig arbeitet. Und dabei immer fröhlich bleibt.

Sie arbeitet gerne mit Menschen und hat schnell freundschaftlichen Kontakt. Das erleichtert die Zusammenarbeit und macht aus Sitzungen und Beratungen gute Begegnungen. So habe ich sie jedenfalls beim Christival 96-Vorbereitungskreis kennen gelernt.

Birgit war eine von zwei Frauen im Vorstand des Christival 96 und war für die Gottesdienste zuständig. Für sie ist es nicht außergewöhnlich, als Frau in der Minderheit zu sein. Sie hat schon mehrmals pioniermäßige Situationen erlebt, in denen sie als erste Frau den Weg geebnet hat für andere Frauen.

So zum Beispiel im CVJM; bei dem sie zwischen ihrem ersten und zweiten theologischen Examen für fünf Jahre im Reisedienst vor allem im neu aufzubauenden Bereich der Mädchenarbeit tätig war.

Sie selbst ist als Jugendliche zum Glauben an Jesus gekommen und weiß deshalb, wie wichtig es ist, in diesem Alter Antworten auf die Frage nach dem Sinn im Leben zu geben.

»Als ich sechzehn Jahre alt war, verstarb mein Vater sehr plötzlich am zweiten Herzinfarkt. Meine Mutter stand mit vier Kindern allein. Ich war die älteste. Mich hat dann die Frage nicht mehr losgelassen: Was wäre, wenn mein Leben sehr plötzlich zu Ende wäre? Würde ich bei Gott sein – oder nicht? Welche Zukunft hätte ich? Und: Wie kann ich so leben, dass nicht alles ein großer Flop ist? Durch die Einladung von Freunden kam ich mit zur Euro 70 *mit Billy Graham nach Dortmund. Ich kannte weder Billy Graham noch wusste ich, was mich an den Abenden erwartete. Ich wollte einfach was erleben und fuhr darum mit. Die Predigten haben mich gepackt. Ich habe verstanden, dass Gott alles für mich getan hat und dass er mich einlädt in die Nachfolge. Auf Gottes Ja zu mir habe ich mit meinem Ja zu ihm geantwortet.*

Ich bin dann in eine lebendige Jugendarbeit des CVJM gekommen. Samstagabends trafen sich sechzig bis achtzig Jugendliche zum Jugendbibelkreis. Zu den Offenen Abenden einmal im Monat kamen fünfhundert bis sechshundert junge Leute. Diese Zeit hat mich stark geprägt und den Wunsch geweckt, hauptamtlich in der Gemeinde Jesu mitzuarbeiten.«

Es war damals noch nicht selbstverständlich, dass Frauen sich auf ein langes Theologiestudium einließen, bei dem noch nicht klar war, wie die beruflichen Perspektiven als Pfarrerin sein würden. Außerdem gab und gibt es in vielen christlichen Kreisen eine unnötige Angst davor, dass junge Christen während des Theologiestudiums den Glauben an Gott verlieren könnten. Birgit wurde gewarnt.

»Ich konnte mir nach dem Abitur ganz unterschiedliche Berufe vorstellen. Aber einen Wunsch hatte ich: ich wollte gern eine gründliche theologische Ausbildung machen. Darum habe ich mit dem Theologiestudium begonnen. Das war 1972 etwas exotisch. Es gab nur wenig Theologiestudentinnen. Die Berufsaussichten waren alles andere als rosig. Manche haben mich gewarnt und äußerten besorgt, ich könnte den Glauben verlieren. Dankbar bin ich über die Zeit in der Studentenmission in Deutschland, SMD. *Hier habe ich zum einen ein geistliches Zuhause gefunden. Außerdem konnte ich mit den anderen SMDlern an ganz konkreten Stellen mitarbeiten. Für Theologiestudenten ist das besonders wichtig, damit die Praxis nicht aus dem Blickfeld gerät.*

In den Semesterferien habe ich Mädchenfreizeiten des CVJM-Westbundes mitgeleitet und durch unterschiedliche Praktika die Vielfalt missionarischer Arbeit kennen und lieben gelernt. Ich bin gleich nach dem ersten Theologischen Examen zum CVJM-Westbund gegangen. Wir waren über zwanzig hauptamtliche Mitarbeiter im Reisedienst. Männer und Frauen mit unterschiedlichen Ausbildungen und Lebensgeschichten – aber eins in dem Wunsch, das Reich ihres Meisters unter jungen Menschen auszubreiten, wie es in der Pariser Basis heißt. Diese Vielfalt unter den Hauptamtlichen hat mich fasziniert. In den Zielen unseres Dienstes waren wir eins.

In den 70er bis in die 80er Jahre ging es auch darum, dass sich der CVJM aus einem Jungenwerk in ein Jugendwerk wandelte. Wir Frauen haben den Slogan auf unsere Fahnen geschrieben: 'Mädchen machen aus Männern Menschen.'«

Birgit hat ihre Arbeit mit jungen Leuten stets in der Absicht getan, den Glauben an Gott zu wecken und zu fördern. Diese Absicht zieht sich durch ihren ganzen Dienst bis heute.

»Beschäftigt hat uns immer die Frage, wie wir junge Leute mit der guten Nachricht von Jesus Christus erreichen

können. Das ist ja eine Frage, die jede Generation neu stellen und beantworten muss. Meine Aufgabe im CVJM-Westbund war es, Mitarbeiterinnen und Mitarbeiter zu schulen und für ihre unterschiedlichen Aufgaben vorzubereiten. Außerdem habe ich Jugendgruppen besucht, bei Jugendgottesdiensten oder Offenen Abenden gepredigt, Jugendfreizeiten geleitet – eben das getan, was in der Jugendarbeit nötig ist. Ich war zunächst im Bundesland Hessen unterwegs, später in Westfalen.

Beeindruckt haben mich die vielen ehrenamtlichen Mitarbeiterinnen und Mitarbeiter, die ganz selbstverständlich ihre Zeit und Kraft, ihre Begabungen und auch ihr Geld für die Arbeit im CVJM zur Verfügung stellen. Sie sind das Rückgrat der Arbeit.«

Birgit arbeitet auch heute noch mit den ehrenamtlichen Mitarbeitern ihrer Gemeinde zusammen wie mit Kollegen.

»Ich leite unsere Gemeinde in gemeinsamer Verantwortung mit anderen. Da sind meine Kollegen, da sind aber auch die ehrenamtlichen Presbyterinnen und Presbyter sowie andere verantwortliche Mitarbeiter Wir haben eine sehr große Gemeinde mit etwa achtzig hauptamtlichen Mitarbeiterinnen und Mitarbeitern und noch viel mehr Ehrenamtlichen in den unterschiedlichen Arbeitsbereichen, z. B. in der Jugend- und Hauskreisarbeit, in den unterschiedlichen Frauengruppen, beim Männertreff, im Café, in Krabbelgruppen, im Besuchsdienst, in der Seniorenarbeit ... Ich erlebe engagierte und motivierte Mitarbeiterinnen und Mitarbeiter, die in ihren Bereichen eigenverantwortlich entscheiden. Das freut mich. Wir müssen aufpassen, dass nicht der Blick für das Ganze der Gemeinde verloren geht. Die Gottesdienste sind wichtige Treffpunkte, aber auch unsere jährlichen Treffen für alle Mitarbeiter.«

Dass sie so viel Zeit und Kraft hat, sich für Dienste außerhalb der Gemeinde einzusetzen ist der beste Beweis, dass sie ihre Mitarbeiter ernst nimmt und mit ihnen in vollem gegenseitigem Vertrauen zusammenarbeitet.

»Schwierigkeiten habe ich, wenn ich Menschen mit antiquierten Bildern von Gemeinde und Pfarrern treffe, so nach dem Motto: Die Pfarrer sind für alles da. Gemeinde gleich

Pfarrer. Uns ist es wichtig, gabenorientiert zu arbeiten. Glücklicherweise muss auch ich nicht alles können und tun. Es gibt andere, die ergänzen, und so bereichern wir uns gegenseitig.«

In dieser Einstellung unterscheidet sie sich sicher von vielen ihrer Kollegen, die den Laien und ehrenamtlichen Mitarbeitern längst nicht soviel Kompetenz zukommen lassen.

Um die Schulung und Prägung von ehrenamtlichen Mitarbeitern der Jugendarbeit ging es auch sehr stark im Christival 96. Birgit hat sich über Monate sehr stark dafür engagiert. Von ihrer Gemeinde wurde sie in dieser Zeit besonders für die Aufgaben freigegeben. Gab es für sie dabei Highlights?

»Da gab es viele. Das Christival in Dresden 1996 ist – wie die beiden vorangegangenen auch – von Mitarbeitern aus unterschiedlichen Kirchen, Freikirchen, Werken und Verbänden vorbereitet worden. Anders ist solch ein Projekt gar nicht zu schaffen. Wir haben uns im Vorstand nicht über theologisch zweitrangige Fragen gestritten, sondern eine Idee für junge Leute gehabt. 'Come follow Jesus' war das Motto. Die Einladung zu dem Jesus, der Leben und volle Genüge gibt. Gleichzeitig sollte das Christival junge Christen in der Nachfolge ermutigen.

Ich habe den Arbeitskreis Gottesdienste geleitet. Wir haben an drei Tagen an siebenundvierzig unterschiedlichen Orten in Dresden Gottesdienste gefeiert – in alten geschichtsträchtigen Kirchen ebenso, wie in Sporthallen oder auf öffentlichen Plätzen. Mich hat gefreut, dass junge Leute gern Gottesdienst feiern. Diese Beobachtung widerspricht der Tendenz, die landauf, landab so oft zu hören ist, dass junge Leute nicht für den Gottesdienst zu begeistern sind. Natürlich müssen einige Voraussetzungen klar sein: Gottesdienste brauchen eine verständliche Sprache. Manche Gottesdienstbesucher beklagen ja zurecht, dass sie das Gefühl haben, sie säßen im zweiten Teil eines Films und würden den ersten gar nicht kennen. Können wir allgemein verständlich und ohne fromme Floskeln sagen, was Christsein bedeutet? Dann muss die Musik stimmen. Ich wünsche mir eine große Viel-

falt an dieser Stelle. Musikstile sind sehr unterschiedlich. Warum nicht darauf eingehen? Und Jugendliche müssen beteiligt sein. Da gibt es viele Möglichkeiten. Ich wünsche mir Kreativität und Liebe von den Verantwortlichen am Ort. Es ist einfach zu schade, dass Gottesdienste zu langweiligen und lieblos gemachten Veranstaltungen verkommen.«

Doch mit Christival 96 war für Birgit ihr Engagement für Jugendarbeit noch nicht erledigt. Sie ist seit kurzer Zeit die erste Frau in der Geschichte an der Spitze der *AGJE (Arbeitsgemeinschaft Jugendevangelisation*). Diese Gemeinschaft von ehren- und hauptamtlichen Mitarbeitern aus ganz Deutschland, die speziell in der Jugendevangelisation tätig sind, wurde von Ulrich Parzany ins Leben gerufen. Mittlerweile sind schon mehrere Generationen von Jugendmitarbeitern durch die *AGJE* geprägt worden.

»Die AGJE gibt es seit über zwanzig Jahren. Zu ihr gehören etwa siebenhundert ehren- und hauptamtliche Mitarbeiterinnen und Mitarbeiter aus unterschiedlichen Kirchen, Freikirchen, Werken, Verbänden und Initiativen, die jugendevangelistisch tätig sind. Unser Ziel ist es, dass junge Leute das Evangelium von Jesus Christus hören, ihm glauben und nachfolgen. Dieses Ziel ist über all die Jahre geblieben, verändert haben sich natürlich die Arbeitsformen und -methoden. Wir führen unterschiedliche Tagungen durch z.B. Fachtagungen Jugendevangelisation, Jugendevangelisationstage, die JET's also, und Mitarbeitertreffen. Wir vermitteln Referenten für Jugendwochen oder Jugendabende und geben Tipps für Künstler. Außerdem erhalten unsere Mitglieder dreimal im Jahr Materialien zur Jugendevangelisation, die sie in der praktischen Arbeit gebrauchen können. Das Echo darauf ist gut. Die Vorstandsmitglieder haben sich – ebenso wie viele Mitglieder auch – bei allen drei bisherigen Christivals engagiert. Das wird auch beim vierten Christival 2002 so sein. Es gibt Verbindungen zu Kirchen und Freikirchen, Werken, Verbänden und Initiativen, auch zu Pro Christ und Willow Creek, eben zu allen, mit denen wir in unserem Anliegen eins sind. Wir haben eine ehrenamtliche Leiterin unserer Geschäftsstelle. Wir beiden Frauen sind zurzeit in der großen Männerrunde die einzigen Frau-

en. Der Vorstand hat mich seinerzeit einmütig gebeten, den Vorsitz zu übernehmen. Die Sitzungen sind produktiv und stark ergebnisorientiert. Alle bringen sich ein und tragen dazu bei, dass die Arbeit nach vorne geht. Das ist mir sehr wichtig. Vielleicht ist es dann zweitrangig, ob die Arbeit von Männern oder Frauen getan wird. Allerdings – und das schmerzt schon – gibt es wenig Frauen in der Jugendevangelisation. Mir ist es wichtig, Mitarbeiterinnen konkret zu ermutigen zu diesem Dienst und sie dann auch zu begleiten und zu fördern.«

Wie ich Birgit kenne, wird sie auch diese Herausforderung annehmen und Wege finden, wie sie Mitarbeiterinnen stützen kann. Bei den vielen Aufgaben sei die Frage erlaubt, was ihr besonders am Herzen liegt.

»Es gibt neben der Gemeinde und der AGJE *drei Bereiche, die mir besonders am Herzen liegen. Das sind zum einen die Frühstückstreffen, bei denen ich häufig referiere und wo ich immer wieder beschämt über Gottes Wirken bin. Frauen, die nie zu einer gemeindlichen Veranstaltung kommen würden, lassen sich zu den Frühstückstreffen einladen. Das imponiert mir. Außerdem freue ich mich an Mitarbeiterinnen, die ganz selbstverständlich und sehr ehrlich über ihren Glauben sprechen. Dann gehöre ich zum Sprecherkreis der Morgenandachten beim Westdeutschen Rundfunk. Wir sind ein- bis zweimal im Jahr eine Woche dran und erreichen täglich etwa zwei Millionen Zuhörer. Ich bin erstaunt und überrascht über sehr viel gute Resonanz. Außerdem verblüfft mich, wer alles die Morgenandachten hört und dann anruft, weil er oder sie schon immer mal mit einer Pastorin reden wollten. Oft gibt es Gespräche, die tief gehen. Und dann ist da die Planung für das nächste* Christival *im Jahr 2002. Ich wünsche mir, dass Gott uns eine Vorstellung davon schenkt, was dann für junge Leute dran ist.«*

Wie sie das alles unter einen Hut bekommt?

»Ich arbeite sehr gern in meinem Beruf und empfinde den Dienst wirklich nicht als Last. Darum habe ich nichts gegen manchmal sehr lange Tage. Mir ist es eigentlich schon immer leicht gefallen, meine Zeit einzuteilen und zu schauen, was im Moment Priorität hat und was zurückstehen

kann. Mein Mann arbeitet kirchenleitend in der Evangelischen Kirche von Westfalen. Das heißt: seine Tage sind auch sehr lang. Das gilt auch für die Wochenenden. Zu seinem Dienst gehört, dass er viel unterwegs ist. Im Übrigen habe ich einen Mann, der sich über seine engagierte Frau freut und den Dienst voll unterstützt. Manchmal machen wir auch etwas Verrücktes. Dann gehen wir noch am späten Abend zusammen essen und genießen die Zeit zum Reden und Austauschen.

Mich motiviert, dass ich am wichtigsten Auftrag in dieser Welt mitarbeite: dass Menschen Jesus Christus kennen lernen und ihm nachfolgen. In einem Lied heißt es: 'Welch ein Herr, welch ein Herr! Ihm zu dienen, welch ein Stand! Wenn wir seines Dienstes pflegen, lohnt er unsrer schwachen Hand armes Werk mit reichem Segen!' Von Gottes Segen leben wir und davon, dass er den Dienst segnet.«

Dass er das im Leben von Birgit tut, das können viele Menschen nah und fern bestätigen.

»Gott aber kann machen, dass alle Gnade unter euch reichlich sei, damit ihr in allen Dingen allezeit volle Genüge habt und noch reich seid zu jedem guten Werk« (2. Korinther 9,8).

Zum Nachdenken:

1. Welche Bereiche liegen mir besonders am Herzen?
2. Wie denke ich über Jugendliche und was tue ich für sie?
3. Wie kann in meiner Gemeinde das Miteinander von Haupt- und Ehrenamtlichen besser werden? Was kann ich dazu beitragen?

Ute Zintarra

Ute Zintarra

Persönliche Daten:
* 27.05.1955; ledig

Erlernter Beruf:
Grundschullehrerin, Musikwissenschaftlerin

Ausgeübte Tätigkeit jetzt:
Musikredakteurin, Evangeliums Rundfunk – Hörfunk

Mitarbeit in Gremien und Vorständen:
Evangelisch freikirchliche Gemeinde Wetzlar, Arbeitsgemeinschaft Biblische Frauenarbeit

Ein Ziel Ihres Lebens, auf das Sie zuarbeiten:
Ich selbst zu werden. Dass Innen und Außen zur Deckung kommen. Gelassenheit und Zufriedenheit, weil ich im Frieden mit Gott und anderen und mir selbst bin.

Ein Traum, der sich noch nicht erfüllt hat:
Keine Traumreise, kein Traumhaus, kein Traummann, sondern ... s. o. unter »Ziel«, wobei ich mich stark auf dem Weg empfinde.

Ein Gedanke, der Angst macht:
Nicht »fertig« zu sein, wenn die Lebenszeit um ist.

Eine Not, die Sie in Atem hält:
Krankheit und »defektes« Leben und keine Antwort darauf warum.

Eine Freude, an die Sie immer wieder denken:
Musik, vor allem »handgemacht« – sie macht mein Leben reich und schön.

Ihr Platz, an dem Sie diese Welt verändern:
Mein ziemlich öffentlichkeits-wirksamer Arbeitsplatz. Aber ich hoffe, dass allein durch die Tatsache, dass ich da bin – wo auch immer – die Welt zum Guten hin verändert wird.

Mit Rundfunk in die Herzen sprechen

Ute Zintarra (Mitte) bei der Arbeit ...

Musik ist ihre Leidenschaft. Deshalb hat Dr. Ute Zintarra auch aus ihrer Liebe zur Musik motiviert ein Studium begonnen, das mit Musik zu tun hatte: Musikwissenschaft.

Wie enttäuscht muss sie nach erfolgreicher Promotion in diesem Fach gewesen sein, als sich keine berufliche Möglichkeit ergab, in diesem Beruf zu arbeiten. Doch das, was zuerst als Sackgasse erschien, benutzte Gott, um sie zum Evangeliums-Rundfunk nach Wetzlar zu führen. Dort kommt ihr Know-how nun schon viele Jahre zum Einsatz. Ihre Liebe zur Musik, gepaart mit ihrer offenen Art, Menschen im Glauben zu ermutigen und ihnen Jesus nahe zu bringen, erleichtern ihr die Arbeit mit Rundfunksendungen für Frauen.

Aktiv in der Gemeinde war Ute schon lange vor dem Studium. Ihre Eltern gehörten zu einer evangelisch-freikirchlichen Gemeinde – Baptisten genannt. Ute nahm von klein auf am Gemeindeleben teil. Mit dreizehn Jahren machte sie bei einer Evangelisation ihren Glauben öffentlich fest: Sie gab Jesus ihr Leben.

»Danach habe ich fleißig in der Gemeinde weiter mitgearbeitet ... was bis heute nicht aufgehört hat. Doch persönlicher Glaube und Beziehung zur Gemeinde muss immer wieder neu erkämpft und gestaltet werden.«

Das Studium für das Lehramt an Grundschulen und der Musikwissenschaft verlief so erfolgreich, dass Ute die Promotion anschließen konnte. Nun musste ein Arbeitsplatz gesucht werden. Lehrerschwemme und Kürzung von Stellen im Lehrkörper der Hochschulen machten die Sache sehr schwer. Wo wollte Gott sie hinführen? Gab es einen Platz für sie?

»Nach (längerem) Studium und Promotion und ziemlicher Verunsicherung, was aus mir werden soll, haben mich meine Eltern, die selbst eigentlich keine ERF- Hörer sind, auf eine Anzeige in der »antenne« *aufmerksam gemacht: Volontariat im Hörfunk. Zunächst gefiel mir der Gedanke gar nicht, 'noch mal Lehrling' zu sein, so dass meine Mutter höchstpersönlich die Bewerbung getippt hat.«*

Ute wurde als Volontärin angenommen.

»Daraus wurde am 1. Mai 1987 eine Praktikantenstelle in der ERF-Musikabteilung, dann eine richtige, und nach ein paar Jahren erfolgte die 'Umbettung' in die Hörfunkredaktion.«

Damit hatte Ute nicht gerechnet. Die anfängliche Skepsis wich einer wachsenden Freude an der Arbeit. Ute wuchs in die Aufgaben einer Hörfunkredakteurin hinein und entwickelte eine Fülle von unterschiedlichen Schwerpunkten für ihre Tätigkeit.

»Meine Aufgaben sind: Musiksendungen, auch Kirchenmusik, 'musikseelsorgerische' Korrespondenz, Frauensendungen, allgemeines Programm, Reportagen, ab und zu Mit-

arbeit bei 'Glaube und Denken' und 'Thema des Monats', zurzeit auch in der Mitarbeitervertretung.«

Ihre Liebe zur Musik und ihre gute Kenntnis der unterschiedlichen Musikrichtungen kommen voll zum Zuge.

»Was die Musiksendungen betrifft, 'bediene' ich natürlich vorzugsweise die ERF1–, also musikfarblich eher konservative Klientel: von Bach über Paul Gerhardt bis zu Manfred Siebald. Für andere Musikfarben sind andere Programme und Kollegen zuständig.«

Die Arbeit im *Evangeliumsrundfunk* ist sehr vielfältig. Der Sender hat unterschiedliche Zielgruppen, die er erreichen will: Christen und Nichtchristen, die zu den Zuhörern zählen. Und selbst bei den Christen gibt es ganz unterschiedliche gemeindliche Ausprägungen und Schwerpunkte. Da ist es nicht leicht, interessante und hilfreiche Sendungen zu produzieren, die allen Ansprüchen und Erwartungen gerecht werden.

Ute hat nun schon längere Zeit spezielle Sendungen für Frauen erstellt: *»Special Für Sie«*.

Worauf achtet eine Hörfunkredakteurin bei der Erstellung von Sendungen?

»Was die Sendungen in der Reihe 'Für Sie' betrifft, versuche ich mich konfessionell nach vielen Richtungen hin offen zu halten; Themen und Gesprächspartner kommen, wie sie kommen, oft auch zufällig; ich habe eher kein System bei der Auswahl der Themen und Gäste und keine Quote für unterschiedliche Richtungen. Aber ich habe doch im Blick, dass alle Altersgruppen irgendwie vorkommen, die verschiedensten Lebensformen wie verheiratet, ledig etc. angesprochen sein sollten. Und für Männer sollen die Frauensendungen womöglich auch interessant sein. Die Erfahrung zeigt: das Programm kommt manchmal dort an ein Ziel, wo ich es gar nicht geplant oder vermutet habe.«

Ute Zintarra liebt ihren Beruf. Sie hat sich ganz hineingegeben und sieht die Chancen, die sie hat, viele Menschen mit ihren Sendungen zu erreichen. Ob der Dienst im *ERF* sie ausfüllt?

»Natürlich! Gerade für mich als unverheiratete Frau spielt der Beruf eine außerordentlich große und wichtige

Rolle. Die Anregungen, die ich dienstlich aufnehme und aufgreife, betreffen mich sofort auch persönlich. Das liegt irgendwie im Wesen des Evangeliumsrundfunks, der mit seinen Sendungen wohl auch unterhalten will, aber eine letztlich existenzielle Botschaft zu übermitteln hat. Es ist allerdings auch eine ziemliche Herausforderung, so 'professionell christlich' zu sein.«

Neben ihrem Beruf ist Ute Zintarra auch noch ehrenamtlich in der Gemeinde engagiert. Dabei bringt sie ihre Gaben voll ein:

»Die Musik vor allem. In meiner Gemeinde und im Funk und auch sonst. Zum Beispiel so eine Konzerttournee mit Profikollegen hat etwas, was mich einfach 'erhebt'.«

Für ihre Sendungen ist ihr wichtig, dass sie ehrlich und offen sind. Es ist nicht immer leicht, in der Öffentlichkeit einer Radiosendung die Gesprächspartner zu persönlicher Offenheit und Ehrlichkeit zu bewegen. Die Gefahr besteht, dass man das theologisch Korrekte in Worte fasst, die manchmal aber dann nur an leere Hülsen erinnern.

Was den Hörer bewegt, ist aber das offene und ehrliche Wort. Das, was er nachvollziehen kann. Das bedeutete für Ute als Redakteurin eine große Verantwortung. Die Sendungen, die sie produziert, beeinflussen nicht nur eine kleine Gruppe von Menschen, sondern tausende, die sie hören.

»Nicht immer denke ich daran. Aber manchmal erwischt es mich doch, und ich zucke zusammen. Theologische Richtigkeit ist eine Anforderung, für die ich aber nicht in erster Linie zuständig bin. Eine andere wiegt schwerer: Nichts finde ich schrecklicher als 'fromme Sprechblasen' ... hier wach und lebendig und beweglich zu bleiben, ist wahrhaft eine große Herausforderung.«

Der Kontakt zu den Hörern ist wichtig. Die Redakteure brauchen das Feed-back, um zu wissen, ob sie mit ihren Sendungen auf dem richtigen Kurs sind. Viele Briefe treffen jeden Tag im ERF ein, in denen auf die Sendungen reagiert wird.

Die Reaktionen zeigen Ute und ihren Kolleginnen und Kollegen, dass ihre Arbeit sinnvoll ist. Dass Menschen durch die Sendungen verändert werden. Gibt es Beispiele für Veränderung im Leben von Menschen, die Utes Sendungen hören?

»Ganz bestimmt. Ich selbst habe zwar noch keinen Brief erhalten, in dem stand: 'Durch Ihre Sendung bin ich zum Glauben an Jesus Christus gekommen.' Aber ich bin sicher, dass meine Tätigkeit als Multiplikatorin von Erfahrungen mit Gott höchst erfolgreich ist. Indem ich Menschen zum Reden bringe, können ganz viele andere das hören ... und etwas davon haben. Sei es, dass geistliche Einsichten zur Sprache kommen, persönliche Erfahrungen mitgeteilt, neue Ideen weitergegeben werden ... Ab und zu empfange ich Signale, dass ich tatsächlich was habe mitbewegen können.«

Diese Art der Ermutigung spornt an zu neuen Ideen und Herausforderungen. Ute ist ihrer Berufung in den *ERF* treu. Den Kontakt zu Frauen vor Ort hat sie nicht nur in ihrer Gemeinde. Sie reist zur Aufnahme ihrer Sendungen durch das ganze Land. Ihre ehrenamtliche Mitarbeit bei der Arbeitsgemeinschaft Biblische Frauenarbeit gibt ihr Einblick in die Situation der Frauen in ganz Deutschland. Ute engagiert sich für Frauen. Und sie hat immer neue Ideen und stellt sich neuen Herausforderungen.

»So weit ich jetzt sehe, sehe ich keinen Orts- und Arbeitsplatzwechsel. Mein Ziel: offen bleiben und reagieren können auf neue Herausforderungen, auch ganz neue Menschen und Stile. Routine und Erfahrung sollen Hilfe, nicht letztlich Bremsklotz sein. So ein Spruch von mir ist: 'Unternehmen ist besser als unterlassen' und Neugier gehört einfach zum Journalistenberuf dazu. Das wünsche ich mir, dass mir das erhalten bleibt und Gott mich gesund erhält.«

Und das wünschen ihr sicher auch ihre Hörerinnen und Hörer. Denn sie alle erwarten weiterhin gute Sendungen aus Utes Feder. Und natürlich gute Musik.

»Als ich den Herrn suchte, antwortete er mir und errettete mich aus aller meiner Furcht. Die auf ihn sehen, werden strahlen vor Freude, und ihr Angesicht soll nicht schamrot werden« (Psalm 34, 5 u. 6).

Zum Nachdenken:

1. Welche Musik hilft mir, mich auf Gott zu konzentrieren?
2. Welche Rolle spielt mein Beruf für mein Ausgefülltsein?
3. Wo hat sich in meinem Glauben und Dienst Routine eingeschlichen?

Auf dem Weg der Veränderung

Hier soll ein kleiner persönlicher Rückblick in meine eigene Geschichte mit dem Thema Frauen stehen. Vielleicht erleichtert er den Leserinnen, meine heutige Position besser zu verstehen.

Es war eine aufregende Zeit, in der ich Christ wurde: die Zeit der Blumenkinder, der Flower-Power, des Musicals *Hair*, der Kommunen und der Jesus-People: die siebziger Jahre. In den Medien las man viel über die erweckliche Bewegung der Jesus-People in den USA. Tausende junge Leute wurden Christen, änderten ihren Lebensstil, kehrten sich ab von Drogen und freiem Sex und machten Jesus zum Gesprächsthema Nummer Eins. Ich war siebzehn Jahre alt, als ich zum ersten Mal von den Jesus-People hörte. In der Schule wurde nämlich eindringlich vor dieser Bewegung gewarnt. Man befürchtete, diese in den Augen der Lehrer sektiererischen Einflüsse aus den USA könnten nach Deutschland übergreifen. Und man hatte gehört, dass schon die ersten Jesus-People in Essen (in der Nähe meiner Heimatstadt Duisburg) eine Kommune gegründet hatten.

Erste Begegnung mit den Jesus-People

Die Warnung durch unseren Religionslehrer, der alles tat, um uns in unserem christlichen Glauben zu verunsichern, zeigte ihre Wirkung. Denn als ich den ersten »Jesus-People« begegnete, war ich ängstlich und verwirrt. Vieles an ihnen und ihrem Glauben verstand ich nicht, weil es mir so fremd war. Wieso beteten diese jungen Leute zu Jesus und nicht zu Gott? Und wie konnten sie es wagen, private Dinge so vor Gott auszubreiten, als habe er Zeit und Lust, sich mit jedem einzelnen Menschen persönlich zu befassen? Gott hatte doch viel Wichtigeres zu tun, als mit Teenies über ihren Schnupfen oder ihre Liebesgeschichten zu reden. Der musste sich doch um Katastrophengebiete und Kriegsschauplätze kümmern. So dachte ich als gute evangelische Christin, für die ich mich hielt, und nach jahrelangem Unterricht im Kindergottesdienst und vor der Konfirmation.

Ich hatte Angst vor der Unbekümmertheit und Direktheit, mit der die Jugendlichen mit Gott sprachen. Ich kannte Gott nur als Herrscher und Richter der Welt. Sie nannten ihn sogar manchmal Papa. Das fand ich blasphemisch. Und dennoch hatten sie etwas, was mich faszinierte. Eine Beziehung zu Gott. Ich beneidete sie auch um ihre Beziehungen zueinander.

Der unbekümmerte und freundschaftliche Umgang von Jungen und Mädchen war mir bis dahin unbekannt. Ich kannte nur Konkurrenz und Anmache. Bei ihnen hatte ich das Gefühl, als Mensch angenommen zu sein. Und sie hatten Vertrauen zu dem Gott, an den ich glaubte, den ich aber fürchten gelernt hatte.

Feuer und Flamme für Jesus

Nach vielen Monaten Kontakt zu diesen jungen Christen und nach intensivem eigenen Studium der Bibel wurde ich selbst eine von ihnen. Ich erkannte, dass Jesus nicht, wie ich es vorher gedacht hatte, nur ein guter Mensch war, sondern Gott selbst. Und dass nur der gerettet wird, der ihm sein Leben anvertraut. Ich wurde Christ. Das geschah in einer kleinen Jugendgruppe, die sich im Gemeindehaus der Evangelischen Kirche in Duisburg-Beeck traf.

Die Kirche hatte uns den Raum zur Verfügung gestellt, in dem wir die Jugendarbeit aufbauen und frei schalten und walten konnten. Wir erhielten keine inhaltliche Unterstützung, erfuhren aber auch keine Kontrolle. Wir waren alle gleich alt, zwischen vierzehn und neunzehn Jahren. Gruppenstunden, Bibelarbeiten, Gottesdienste und sogar eine Evangelisation in einer Schulaula – alles wurde von uns selbst vorbereitet und durchgeführt. Wir verschlangen die Bibel und versuchten das zu tun, was wir darin entdeckten.

Erweckung lag in der Luft

In wenigen Jahren wuchs die kleine Gruppe auf über 100 Personen an. Wir waren so beschäftigt mit unseren missionarischen Aktionen und Treffen, dass wir jede und jeden brauchten. Es gab keinen Unterschied zwischen Jungen und Mädchen, was die Mitarbeit betraf. Dabei muss man bemerken, dass wir in der Schule noch getrennte Wege gingen, denn die Koedukation von Jungen und Mädchen begann in unseren Schulen erst in den unteren Klassen, als wir kurz vor dem Abitur standen. Wir entschieden gemeinsam und wir arbeiteten gemeinsam. Später schloss sich die Gruppe auf Anraten eines unserer ältesten Mitarbeiter dem CVJM als befreundete Gruppe an und war auch in der Kirche sehr aktiv im Bereich der Kinderarbeit.

Weil ich mit zu den Leitern der »Kellerkirche« (so nannten wir unsere Gruppe, denn wir trafen uns im Keller des Gemeindehauses) gehörte, wuchs ich ganz selbstverständlich in alle Aufgaben und Dienste hinein. Auch als Frau. Ich durfte predigen und leiten, anleiten und Autorität ausüben. Ich wurde sogar zum ersten weiblichen »Obmann« für Jungscherarbeit im CVJM Duisburg ernannt. Die Mädchen hatten erst kurz vorher Zugang zum CVJM bekommen und hatten auf diese Weise aus »Männern« »Menschen« gemacht. (CVJM: Christlicher Verein Junger Männer wurde zu Christlicher Verein Junger Menschen). Ich wurde als erste Frau in den Vorstand des CVJM Duisburg gewählt.

Kontakt zu anderen Gemeinden

Kurz vor meinem Abitur lernte ich auf einer Missionskonferenz einige Christen aus Brüdergemeinden kennen. Ihr Bibelwissen und ihre konsequente Nachfolge begeisterten mich auf Anhieb. Das war es ja genau, was ich auch wollte. Die Bibel lesen und das tun, was sie sagt. Dass auch »ältere Leute« so radikal ihr Leben nach der Bibel gestalten, war mir neu. Und ich fand es toll. Von ihnen konnte ich so viel lernen. Natürlich stießen wir schnell auf die Frauenfrage. Ich lernte die Position dieser Gemeinde kennen und schätzen. Weil alles von der Bibel her begründet werden konnte, stimmte ich schnell zu: Die Frau soll sich dem Mann unterordnen, sie darf nicht leiten, sie darf nicht predigen, sie darf nur in der Familie eingeschränkt über die Kinder Autorität ausüben, in den Versammlungen darf sie nicht reden, ja noch nicht einmal laut beten, sie muss ein Kopftuch tragen. Um ehrlich zu sein: Das mit dem Kopftuch habe ich nie praktiziert. Das hat mir von Anfang an nicht so ganz eingeleuchtet.

Aber die anderen Erkenntnisse nahm ich an, weil ich ja der Bibel gehorchen wollte, auch wenn das für mich negative Konsequenzen zur Folge hatte. Es begann eine Zeit, in der ich stets versuchte, Verantwortung an Männer abzugeben. Selbst wenn der betroffene Mann gar keine Begabung zur Leitung hatte. Immerhin: er war der Mann und das qualifizierte ihn ja schöpfungsgemäß zu Autorität und Leitung.

Was ist meine Rolle als Frau?

Mein Mann Roland – wir waren damals noch verlobt – war von Anfang an nicht dieser Meinung. Sein Bibelverständnis führte ihn zu der Überzeugung, dass Männer und Frauen vor Gott gleich sind. In jeder Hinsicht: gleiche Rechte, gleiche Pflichten, gleiche Gaben, gleiche Aufgaben. Er wollte in mir eine Partnerin, keine Untergebene. Meine Sicht der Rolle der Frau führte zu Konflikten. Ich versuchte mich krampfhaft unterzuordnen. Dabei meinte ich, ich dürfe nicht sagen, was ich will. So ging ich oft als vermeintliche Märtyrerin den unteren Weg, war aber dabei unglücklich – und er auch. Außerdem konnte ich viele meiner vorher ausgeübten Gaben nicht mehr einsetzen. Fragen tauchten auf: Wieso hat Gott mir die Gabe gegeben, zu predigen, wenn ich sie nicht einsetzen darf? Wieso kann ich gut organisieren und leiten, wenn das Aufgaben der Männer sind? Je mehr ich in der Bibel nach Antworten suchte, desto mehr entdeckte ich Stellen, die eine andere Sicht erlaubten. Es gab in der Bibel sehr wohl Beispiele von Frauen in Leitungsaufgaben. Und Frauen, denen Gott Autorität verliehen hatte. Frauen, die lehrten und anleiteten, in den Gottesdiensten beteten und prophezeiten. Ich merkte, dass ich meine eigene Position, unabhängig von der Gemeinde, finden musste.

Eine eigene Position finden

Ich bin den Christen in der Brüdergemeinde bis heute dankbar für alles, was ich dort lernen konnte. Und ich habe bis heute Hochachtung vor den Männern und Frauen, die die oben genannte Position von Mann und Frau lehren und leben. Aber in diesem Punkt bin ich zu anderen Erkenntnissen gekommen.

Ich musste dann feststellen, dass auch in anderen evangelikalen und charismatischen Gruppen die Stellung der Frau ähnlich restriktiv gehandhabt wird. Viele christliche Bücher zum Thema Frauen untermauern die Einschränkung der Tätigkeiten von Frauen auf Familie und praktische Dienste in der Gemeinde. »Die Frau hat nicht nur Christus zu gehorchen und ihm zu dienen, sondern in erster Linie ihrem Mann als Stellvertreter Christi.« So hörte ich es in einem Referat einer bekannten evangelikalen Rednerin und Autorin aus den USA, die auch in unserem Land beliebt und geschätzt ist. Sie ging sogar so weit zu sagen, dass eine Frau, die von ihrem Mann misshandelt wird, das als Geißelung Gottes annehmen soll. Sie soll in ihrem Mann Christus sehen und ihm danken, dass er sie erzieht. Das sei Leiden um Christi willen. Von dieser extremen Position würden sich sicher auch viele Evangelikale distanzieren, aber die Grundlage für solche Äußerungen liegt in der weit verbreiteten Sicht von Mann und Frau als gleichwertig, aber nicht gleichrangig.

Gabenorientierter Einsatz von Mann und Frau

Anfang der achtziger Jahre kamen mein Mann und ich nach Marburg. Dort entwickelte sich schnell ein kleiner verbindlicher Kreis von Männern und Frauen, die sich von Gott zusammengeführt wussten. Wir gründeten die Jesus-Gemeinschaft, zu der wir immer noch gehören. Um diese Kernzelle herum scharten sich viele junge Leute, die auf der Suche nach Gott waren.

Von Anfang an kamen junge Leute neu zum Glauben und wieder befanden wir uns in einer Aufbauphase. Der *Christus-Treff* entstand mit vielen unterschiedlichen Aktivitäten. Von Anfang an arbeiteten Männer und Frauen gabenorientiert, nicht eingeschränkt oder bevorzugt durch ihr Geschlecht. Frauen predigten und leiteten wie Männer auch. Da mein persönlicher Wunsch immer noch der war und ist, ganz nach der Bibel zu leben und Gottes Willen zu tun, forschte ich um so intensiver nach Antworten auf die vielen Fragen zur Stellung der Frau. Das Buch von Dorothy Pape: »Wir Frauen und Gott« brachte mich ein Stück weiter. Vor allem die englische Ausgabe, denn in der deutschen sind wichtige Kapitel ausgelassen. Die hilfreichsten Bücher fand ich aber in Amerika. Leider sind sie nicht ins Deutsche übersetzt.

Dort lernte ich auch die Organisation : *Christians for Biblical Equality* (Christen für biblische Gleichheit) kennen. Den Männern und Frauen in dieser Gruppe geht es nicht um den Kampf zwischen Mann und Frau, sondern um eine biblisch begründete Gleichheit von Mann und Frau in Wert und Rang. Theologen, Altertumswissenschaftler und andere Intellektuelle stellen Artikel und Forschungsergebnisse zu den schwierigen Stellen in der Bibel zur Verfügung. Durch genaue Studien der Zeitgeschichte und der Umwelt zur Zeit der neutestamentlichen Briefe, der einzelnen Texte und benutzten Worte, ergibt sich in vielen Fällen ein anderes Bild als das in vielen Gemeinden verbreitete Unterordnungsmodell. Das Ergebnis dieser Studien: Männer und Frauen sind von Gott in gleicher Weise erwählt, berufen, begabt, gesandt und beauftragt, ihm in gleicher Weise in dieser Welt und in der Gemeinde zu dienen.

Gleichwertig und gleichrangig

Wenn ich also in diesem Buch im zweiten Teil eine Grundlage für die von Gott gewollte, gleichwertige und gleichrangige Stellung von Frau und Mann zu legen versuche, dann tue ich das, weil ich der Bibel gehorchen will. Ich kämpfe nicht für meine eigenen Rechte, denn ich kann mich ohnehin voll und ganz im *Christus-Treff* und mit Vorträgen, Seminaren und Predigten überall dort einbringen, wo ich eingeladen werde. Und ich kämpfe nicht gegen Gemeinden, Positionen oder Männer.

Stattdessen möchte ich mit diesem Buch Männern und Frauen zeigen, dass wir Gottes Auftrag an die Gemeinde, dieser Welt das Evangelium zu bringen, nur erfüllen können, wenn wir alle Gaben von allen Christen in gleicher Weise zum Einsatz bringen. Gott hat Männer und Frauen zu seinem Ebenbild geschaffen, er hat beide erlöst, hat beide mit den Gaben des Heiligen Geistes beschenkt und möchte in beiden seine Früchte wachsen sehen. In Christus ist nicht Mann noch Frau, alle sind eins in ihm (Galater 3,28).

Ein Mann denkt um

Ein für mich persönlich ermutigendes Beispiel möchte ich noch erzählen:

Vor einiger Zeit waren wir über Ostern auf einer Freizeit am See Genezareth. Am Karfreitag hielt ich zur Sterbestunde von Jesus eine Andacht. Nachher kam ein älterer Herr auf mich zu und sagte, dass er aus einer Brüdergemeinde komme. Er habe es zuerst gar nicht gut gefunden, dass eine Frau predigte. Ausgerechnet am Karfreitag. Ich sagte, dass es mir Leid tue und dass ich seine Gefühle verstehen könne. Nein, meinte er, er müsse mir noch sagen, dass er gemerkt habe, dass ich von Gott eine Gabe hätte zu predigen. Und nun müsse er zurück an seine Bibel gehen und sie neu studieren. Denn es kann ja nicht sein, dass Gott einer Frau diese Gabe gibt, aber nicht will, dass sie sie einsetzt. Ich war überwältigt. Diesem Herrn ging es nicht um Rechthaberei, nicht um Positionen oder Meinungen. Es ging ihm um den Willen Gottes. Und er wollte die Bibel neu studieren.

Worum es mir geht

Vielleicht bedeutet das Lesen dieses Buches für manche Leserin und manchen Leser auch das Verlassen von gewohnten Gedankengängen und Argumentationsketten. Und eventuell ergibt sich eine neue, veränderte Sicht der Stellung der Frau. Mir ist es wichtig, noch einmal zu wiederholen, dass ich tiefen Respekt vor allen habe, die in ihrem Studium der Bibel zu anderen Ergebnissen kommen. Ich will selbst immer noch mehr lernen. Wer aufhört zu lernen, der erstarrt. Wer aufhört, sich selbst zu hinterfragen, der wird unkorrigierbar.

Und das ist letztlich das Gleiche. Wer lebt, verändert sich. Und Christus will, dass wir leben.

»Denn ich lebe, und ihr sollt auch leben« (Johannes 14,19).

Biblische Grundlinien zu Mann und Frau

Warum kommen Christen, die dieselbe Bibel lesen, zu unterschiedlichen Ergebnissen in der Frage, welche Aufgaben eine Frau in der Gemeinde übernehmen darf?

Das habe ich mich oft gefragt. Alle wollen doch Gottes Willen erkennen und tun.

Und dennoch lesen die einen aus der Bibel eine Einschränkung der Frau in ihrem Dienst auf bestimmte Bereiche und Aufgaben heraus und die anderen fühlen sich durch die Bibel ermutigt zu gleichem Einsatz von Mann und Frau. Woran liegt das? Sicher an vielen Dingen. An Traditionen, Überlieferungen, Übersetzungen, kulturellen Einflüssen und gemeindlichen Grundentscheidungen genauso wie an unterschiedlichem Zugang zu den Bibeltexten, die das Thema aufgreifen.

Ein Filter beim Bibellesen

Zum einen ist jeder Bibelleser in der Gefahr, das im Text zu finden, was er vorher schon darüber gedacht hat. Nur selten gelingt es uns, die Texte ganz frisch und neu zu lesen und andere Aspekte zu finden als die, die wir schon oft in Predigten gehört haben. Die Vorinformation wird zu einem Filter, durch den nur bestimmte Inhalte aus dem Text in die subjektive Wahrnehmung hindurchdringen.

Ebenso ist es möglich, dass der Filter neue, nicht im Text vorhandene Informationen hinzufügt. Nehmen wir ein Beispiel.

Wir alle kennen die Begebenheit, in der Paulus vor Damaskus ein großes Licht sieht und vom Pferd stürzt. Eine bekannte Szene, oder? Wer den biblischen Text genau liest, merkt, dass dort überhaupt kein Pferd erwähnt wird. Ob Paulus zu Fuß ging oder ritt, wissen wir nicht. Dennoch hat sich in vielen Köpfen ein bestimmtes Bild festgesetzt, das nicht unbedingt dem biblischen Bericht entspricht (nachzulesen in Apostelgeschichte 9,1 ff.).

Oder nehmen wir die Heiligen Drei Könige, die zum Kind in der Krippe kamen. So die landläufige Vorstellung. In Wirklichkeit wird im biblischen Bericht von Weisen (wörtlich »*magoi*«, also Sterndeuter, Magier, Astrologen) geredet, nicht von Königen. Außerdem wird ihre Anzahl nicht genannt (vgl. Matthäus 2).

Wir sehen: Es kann sehr leicht geschehen, dass wir dem biblischen Text Informationen hinzufügen, die von außen kommen und dann unbewusst von uns fast als Bestandteil des Textes gespeichert werden.

Gesamtlinie oder Puzzle?

Zum anderen liegt das unterschiedliche Ergebnis beim Bibellesen gerade in der Frauenfrage auch daran, dass die Vorgehensweise unterschiedlich ist. Die einen interpretieren die einzelnen Bibelstellen, in denen über Frauen gesprochen wird, isoliert voneinander, und bauen dann aus vielen Einzelteilen ein Gesamtbild. Dabei wird die Situation der damaligen Gemeinden, an die die konkreten Anweisungen geschrieben wurden, zu wenig bei der Interpretation berücksichtigt und es wird zu undifferenziert alles buchstäblich auf unsere Situation heute übertragen.

Manche andere, und dazu zähle ich mich auch, versuchen einen *roten Faden* in der gesamten Bibel zu sehen. Dieser rote Faden reicht von der Schöpfungsgeschichte über die Aussagen zur Herrschaft Gottes im »Reich Gottes«, das in Jesus angebrochen ist, bis hin zur Schaffung der neuen Welt bei der Wiederkehr Christi.

Wenn wir verstehen wollen, wie Gott über Mann und Frau denkt, müssen wir an den Stellen nachsehen, an denen deutlich wird, was Gott ursprünglich in der Schöpfung über Mann und Frau gesagt hat. Hinzu kommt, dass dieser ursprüngliche Wille Gottes durch die Sünde zerstört wurde. Erst in Jesus und im Kommen des »Reiches Gottes« wird wiederhergestellt, was Gottes guter Plan mit dieser Welt war und ist. Endgültig wird die Macht des Bösen mit all ihren

Auswirkungen auf das Leben von Mensch und Natur aufgelöst, wenn Jesus wiederkommt, diese Welt richtet und einen neuen Himmel und eine neue Erde schafft.

Wenn wir wissen wollen, was Gott eigentlich für Mann und Frau will, müssen wir uns genau die Stellen ansehen, in denen die ungebrochene und uneingeschränkte Herrschaft Gottes über seine Welt beschrieben wird.

Wie sieht denn diese Gesamtlinie aus?

Nehmen wir zuerst einmal die Schöpfungsgeschichte. Die beiden Schöpfungsberichte in 1. Mose 1 und 2 geben uns einen guten Einblick in den ursprünglichen Plan Gottes mit dieser Welt. Und mit Adam und Eva. Ganz am Anfang war alles noch so, wie Gott es eigentlich wollte. Es war noch nicht von der Sünde zerstört, sondern es war noch sehr gut. Die beiden Berichte (1. Mose 1,1 bis 2,4 und 1. Mose 2,5-25) haben unterschiedliche Gewichtungen, unter denen sie die Geschehnisse bei der Erschaffung des Menschen berichten.

Der erste Bericht in 1. Mose 1 will zeigen, dass der Mensch die Krone der Schöpfung ist, der Höhepunkt. Der zweite Bericht nimmt das Haupt-Ereignis: die Schaffung des Menschen, wie unter einer Lupe in Betracht und berichtet viel ausführlicher darüber. Die Erschaffung des Garten Eden ist im zweiten Bericht der Erschaffung des Menschen nachgeordnet. Wir sind darauf angewiesen, die Informationen aus beiden Berichten zusammen zu sehen. Sie ergänzen sich.

Der erste Schöpfungsbericht in 1. Mose 1

In den Versen 1 bis 25 wird ausführlich beschrieben, wie Gott die Erde und die Tiere erschafft.

In der Schöpfung ist die Trinität (Dreifaltigkeit) Gottes als Einheit und doch erkennbar als Trinität am Werk: Gott Vater (V. 1), Gott Heiliger Geist (V. 2: der Geist Gottes schwebte auf dem Wasser) und der Sohn (das Wort: und Gott sprach). Es gehört zum Wesen Gottes, dass er innerhalb der Trinität in Harmonie und Kooperation arbeitet und handelt. Allein durch das gesprochene Wort Gottes entstehen Himmel, Erde, Licht, Finsternis, Meere, Flora, Fauna, Sonne, Mond, Sterne, Vögel, Fische und andere Tiere.

Die Schöpfung des Menschen wird hingegen anders eingeleitet. Gott spricht zuerst einmal zu sich selbst: *»Lasset uns Menschen machen, ein Bild das uns gleich sei, die da herrschen über die Fische im Meer und über die Vögel unter dem Himmel und über das Vieh und über alle Tiere des Feldes und über alles Gewürm, das auf Erden kriecht. Und Gott schuf den Menschen zu seinem Bilde, zum Bilde Gottes schuf er ihn, und er schuf sie als Mann und Weib«* (1,26-27). Gott hatte einen Entschluss gefasst, der dann zur Schaffung von Mann und Frau führte. Sein Ziel dabei war, ein Gegenüber für sich zu schaffen. So entstand der Mensch: ein Mann und eine Frau.

Der Mensch: männlich/weiblich?

In der heutigen Zeit gehen viele Menschen davon aus, dass jeder Mensch sowohl männlich als auch weiblich ist und sich nur durch die Gewichtung der männlichen oder weiblichen Anteile dann als Mann oder Frau empfindet. Mit dieser Sicht werden Bisexualität, Homosexualität und sogar Transsexualität erklärt und auch legitimiert. Erst die Ausgewogenheit von männlichen und weiblichen Anteilen führt nach dieser Sicht zu einer harmonischen Identität.

Im Schöpfungsbericht finden wir diese Auffassung nicht bestätigt. Stattdessen zeigt er, dass der Mensch von Anfang an ein Mann oder eine Frau ist. Beide sind in gleicher Weise Gegenüber Gottes. In gegenseitiger Ergänzung ergibt sich das ganze Bild, in das Gott uns hinein geschaffen hat.

Was ein Mensch als Gegenüber Gottes darstellt, können wir nur erfassen, wenn wir Mann und Frau gemeinsam sehen. In beiden liegen viele Eigenschaften Gottes, denn sie sind in sein Bild geschaffen. Aber sie unterscheiden sich in ihrer Geschlechtlichkeit grundlegend voneinander, weil sie Mann und Frau sind. Vers 27 macht es ganz deutlich: *»Gott schuf den Menschen zu seinem Bilde, zum Bilde Gottes schuf er ihn; und er schuf sie* (hier steht im Urtext der Plural) *als Mann und Frau.«* Beide sind Mensch, beide sind Gegenüber Gottes, beide sind von ihm geschaffen, aber sie sind nicht identisch.

Gleicher Segen – gleicher Auftrag

Gott stellt beide Geschöpfe unter seinen Segen (1. Mose 1, 28): *»Und Gott segnete sie und sprach zu ihnen* (Plural): *Seid fruchtbar und mehret euch und füllet die Erde und machet sie euch untertan und herrschet über die Fische im Meer und über die Vögel unter dem Himmel und über das Vieh und über alles Getier, das auf Erden kriecht.«*

Der Segen Gottes gilt beiden. Der Auftrag Gottes geht ohne geschlechtsspezifische Zuordnung an Mann und Frau. Beide sollen herrschen, beide sollen die Verantwortung für sich und ihre Nachkommenschaft übernehmen und beide sollen sich die Erde untertan machen. Ohne Unterschied. In diesem Text findet sich kein Hinweis auf eine Herrschaft des Mannes über die Frau. Auch keine Einschränkung der Verantwortung für die Frau auf den häuslichen Bereich. Ebenso ist keine einseitige Verantwortung der Frau für die Familienplanung zu erkennen. Beide sind unter dem Segen Gottes voll verantwortlich. Verantwortlich für die gesamte Schöpfung.

Und das findet Gott sehr gut. *»Und Gott sah an alles, was er gemacht hatte, und siehe, es war sehr gut« (V. 31).*

Der zweite Schöpfungsbericht – 1. Mose 2

Sehen wir uns einmal den zweiten Schöpfungsbericht an.

Wie schon erwähnt, handelt es sich hier um einen anderen Blickwinkel, aus dem heraus das Ganze berichtet wird. *»Da machte Gott der Herr den Menschen aus Erde vom Acker und blies ihm den Odem des Lebens in seine Nase. Und so ward der Mensch ein lebendiges Wesen«* (1. Mose 2,7). In diesem Bericht wird deutlich, dass der Mensch als Geschöpf Gottes wie die Tiere auch aus Erde geformt ist. Der Unterschied aber ist, dass Gott ihm den Lebensodem einhaucht. Als nächstes schafft Gott ein Umfeld, in dem der Mensch leben kann. Ein Garten mit Früchten entsteht, von denen er sich ernähren kann (V. 9). Doch von Anfang an setzt Gott dem Menschen eine Grenze, die er achten soll.

»Und Gott der Herr gebot dem Menschen und sprach: Du darfst essen von allen Bäumen im Garten, aber von dem Baum der Erkenntnis des Guten und Bösen sollst du nicht

essen; denn an dem Tag, da du von ihm issest, mußt du des Todes sterben« (V. 16-17).

Die Frau ist Hilfe, nicht Gehilfin

Nach all den Maßnahmen Gottes, um den Menschen gut zu versorgen, stellt Gott fest, dass dem Menschen noch etwas fehlt.

Obwohl er die ungeteilte Gemeinschaft mit Gott hatte und obwohl die Tiere für ihn da waren, war der Mensch allein. Es fehlte ihm ein Gegenüber auf seiner Ebene, jemand so wie er selbst. *»Es ist nicht gut, dass der Mensch allein sei; ich will ihm eine Gehilfin machen, die um ihn sei«* (V. 18). So übersetzt Luther den hebräischen Text. Leider versteht man ihn oft durch diese Art der Übersetzung falsch. Hier ist nicht an die tüchtige Hausfrau gedacht, die um ihren Mann herumwirbelt und ihm als dienstbare Hilfe jederzeit zur Verfügung steht. Der hebräische Text spricht vielmehr von einem Gegenüber, das genauso ist wie er, d.h. ihm entspricht.

Das benutzte Wort: *ezer* = Hilfe (Luther übersetzt Gehilfin) wird im Alten Testament insgesamt 21 Mal benutzt, davon 15 Mal, um von Gott als Helfer zu sprechen. Ein Beispiel ist Psalm 33,20: *»Er ist uns Hilfe und Schild.«* Keiner würde hier das Wort 'Gehilfe' übersetzen. Das hebräische Wort *»ezer«* bedeutet auch Hilfe im Sinne von Retter: 2. Mose 18,4: *»Der Gott meines Vaters ist meine Hilfe gewesen und hat mich errettet vor dem Schwert des Pharao.«*

Es ist also nicht möglich, aus dem hebräischen Begriff *»ezer«,* Hilfe, eine untergeordnete Position der Frau abzuleiten. Deutlich wird das auch durch den Zusatz *»ke-negdo«,* wörtlich: »als seine Entsprechung« (V. 18). Sie ist sein Gegenüber, sie passt zu ihm, sie ist mit ihm auf einer Ebene. So könnte man genauer übersetzen: »Ich will für ihn eine Hilfe schaffen, als seine passende Entsprechung.«

Gleich und doch anders

Verstärkt wird die besondere Stellung der Frau als Gegenüber des Mannes durch die Art, wie sie ins Leben gerufen wird. Zuerst schafft Gott die Tiere und führt sie dem Menschen vor. Er gibt jedem Tier seinen Namen. Aber er findet kein Wesen, das ihm gleich ist und sein »Alleinsein« beenden kann. Nun schafft Gott selbst eine Lösung des Problems. Er lässt den Menschen einschlafen und nimmt eine Rippe und formt daraus einen zweiten Menschen, eine Frau. Als dieses neue Geschöpf von Gott zum Menschen geführt wird, ruft dieser gleich aus, was uns seine spontane Wahrnehmung der Frau als seiner Entsprechung deutlich macht: *»Das ist doch Bein von meinem Bein und Fleisch von meinem Fleisch; man wird sie Männin nennen, weil sie vom Manne genommen ist« (V. 23).* Besser kann man kaum ausdrücken, was hier geschehen ist. Die Frau ist wie ein Stück seiner selbst, aus dem gleichen Material wie er.

Sie entspricht ihm so sehr, dass er sie sogar so nennt wie sich selbst, wenngleich er auch den Unterschied nicht verschweigt. Im Hebräischen ist ein Wortspiel wiedergegeben: *isch* – der Mann wird zu *ischa* – die Frau.

Vor der Erschaffung der Frau hatte Gott alles, was er geschaffen hat, aus der Erde geformt. Man könnte meinen, dass ihm die genaue Entsprechung von Mann und Frau so wichtig gewesen ist, dass er die Frau nicht auch aus Erde nahm, sondern aus demselben Material, aus dem auch Adam war, nämlich aus Adam selbst. Sie ist nicht der zweite Versuch, einen Menschen zu schaffen. Sie ist nicht schlechter und nicht besser als Adam. Sie ist wie er. Und dennoch anders geformt – eine neue, eigene Kreatur Gottes.

Unterordnung durch Namensgebung?

Zwei Auslegungen machen sich an dieser Stelle fest, die ich kritisch hinterfragen möchte.

Einige Ausleger meinen, dass Adam durch die Namensgebung bei den Tieren damit eine Herrscherposition über sie eingenommen hat. Da er auch der Frau einen Namen gibt, sei deutlich, dass er über sie Autorität habe. Betrachtet man den Text genauer, stellt man fest, dass Adam hier der Frau keinen Namen als solches gibt, sondern durch seinen spontanen Ausruf ihre Gleichstellung ausdrückt. Erst nach dem Sündenfall gibt Adam ihr einen Namen, nämlich Eva, *»Lebensschaffende«* (1. Mose 3,20). In diesem Text (1. Mose 2,23) hingegen wird nur deutlich, dass er sie als seinesgleichen erkennt. Abgesehen davon wird auch sonst in der Bibel mit der Namensgebung keine Herrschaft ausgedrückt. Namen sind vielmehr oft wie ein Programm oder eine Beschreibung der Lebensaufgaben von Menschen.

Außerdem wurden im Alten Testament Namen häufig auch durch Frauen vergeben. Ein Beispiel ist Hanna, nachzulesen in 1. Samuel 1,20. Sie empfängt als Antwort auf ihr Gebet einen Sohn. Den nennt sie Samuel, weil sie ihn von Gott erbeten hatte. Elkana, ihr Mann, ist an diesem Vorgang nicht beteiligt.

Vorherrschaft durch zeitliche Abfolge?

Die zweite Auslegung leitet aus der Tatsache, dass Adam zuerst geschaffen wurde, eine Rangfolge ab. Wer zuerst kommt, hat bessere Rechte und eine höhere Stellung. So ähnlich, wie wir es von früher aus dem Erbrecht kennen.

Schaut man sich den ersten Schöpfungsbericht noch einmal unter diesem Aspekt an, stellt man fest, dass die Tiere, ja sogar die Würmer schon vor Adam geschaffen wurden. Haben sie damit Autorität über Adam?

Mann und Frau als neuer Organismus

Zurück zu unserem Text: *»Darum wird ein Mann seinen Vater und seine Mutter verlassen und seinem Weibe anhangen, und sie werden ein Fleisch sein.«* (V. 24). Mindestens an dieser Stelle müsste die Vorhersage Gottes anders lauten, wenn die Frau ihrem Mann von der Schöpfung her unterlegen wäre. Dann nämlich müsste sie ihre Familie verlassen und sich ganz an ihren Mann hängen (das hier im Hebräischen benutzte Wort heißt: »kleben«) und nicht umgekehrt.

Die Einheit von Mann und Frau in der Ehe ist mit keiner anderen Beziehung vergleichbar. Sie werden ein neuer Organismus (ein Fleisch), eine unzertrennbare Einheit. So jedenfalls hat Gott es in der Schöpfung geplant und für sehr gut befunden.

Ein lediger Mensch, ein halber Mensch?

Ich möchte diesen Abschnitt nicht beenden, ohne etwas über ledige Menschen zu sagen. Die Tatsache, dass Gott

Mann und Frau als Gegenüber füreinander geschaffen hat, heißt nicht, dass ein allein stehender Mensch eine halbe Kreatur ist. Die gegenseitige Ergänzung von Mann und Frau erstreckt sich auf das ganze Leben in allen seinen Bezügen und Bereichen, nicht nur auf die Ehe. Jesus hat in allen Dingen Gott gefallen. Und er war unverheiratet. Daran sehen wir sehr deutlich, dass ein lediger Mensch genauso Ebenbild und Gegenüber Gottes ist und nach Gottes Willen lebt wie ein Ehepaar. Und dass jeder Mensch vor Gott gleichwertig ist, egal ob verheiratet oder ledig.

In den Schöpfungsberichten wird deutlich, dass nicht eines der beiden Geschlechter mehr Gegenüber Gottes ist als das andere. Der Mann ist nicht Gott ähnlicher oder ihm näher als die Frau. Deshalb kann man auch aus den Texten keine schöpfungsgemäß angelegte, von Gott gegebene Autorität des Mannes über die Frau ablesen. Männer und Frauen brauchen einander. Nur gemeinsam erreichen sie das Ziel Gottes, indem sie gleichwertige und gleichrangige Partner sind, die sich in der ihnen besonderen und von Gott gewollten Unterschiedlichkeit annehmen und sich gemeinsam für diese Welt einsetzen.

Veränderungen durch die Sünde

Vorbemerkungen: Die Textstellen sind nach der Lutherübersetzung 1984 wiedergegeben. Ich habe diese Übersetzung bewusst gewählt, weil sie
1. die am meisten verbreitete ist,
2. den Unterton wiedergibt, der zur These der Unterordnung der Frau gut passt und
3. viele Argumente mit dem Wortlaut dieser Lutherübersetzung 1984 zu tun haben.

Es tut mir Leid, dass dadurch in den Zitaten die Frau durchgehend als Weib bezeichnet wird. Eine Bezeichnung, die zu Luthers Zeiten noch einen positiven Beiklang hatte, zu unsrer Zeit aber sehr negativ klingt.

Eine List bringt zu Fall

Nachdem wir ausführlich den ursprünglichen Zustand der Schöpfung besprochen haben, wollen wir nun einmal die eingetretenen Veränderungen durch den Sündenfall betrachten.

Was ist geschehen? Adam und Eva sind zusammen (1. Mose 3,6), als die Schlange mit Eva ein Gespräch beginnt. Sie geht listig vor. Damit konnte keiner rechnen, denn vorher hatte noch niemand im Paradies eine List angewandt. Eva geht also ohne Vorbehalte oder Vorwarnung in diese Unterhaltung. Die List der Schlange liegt darin, dass sie die Anweisung Gottes hinterfragt: *»Sollte Gott gesagt haben« (1. Mose 3,1).*

Gott hatte schon vor der Erschaffung von Eva dem Menschen, Adam, die Warnung mit auf den Weg gegeben, vom Baum der Erkenntnis des Guten und Bösen nicht zu essen. Es wird aus dem Text nicht klar, ob Eva später dieses Verbot direkt von Gott gehört hat (jedenfalls wird es nicht berichtet), oder von Adam aus zweiter Hand.

Gottes Gebot wird übertreten

Eva wiederholt das Gebot Gottes, allerdings mit einem Zusatz: *»Esset nicht davon, rühret sie auch nicht an, dass ihr nicht sterbet« (1. Mose 3,3).* Woher kommt dieser Zusatz? Hat Gott mit ihr persönlich gesprochen und das Verbot erweitert? Oder hat Adam es ihr so übermittelt? Vielleicht erklärt sich das Ganze, wenn wir später bei der Befragung der beiden durch Gott feststellen, dass Gott Adam direkt nach der Einhaltung des Gebotes fragt (V. 11), Eva aber nicht danach fragt, sondern sie darauf anspricht, dass sie Adam von der Frucht zu essen gab (V. 13).

Gleichgültig ob sie das Gebot direkt von Gott gehört hat oder indirekt von Adam, es bleibt dabei: Eva hat das Gebot übertreten. Die List der Schlange war erfolgreich. Doch können wir aus dem Text ablesen, dass Eva nicht aus Lust und Laune oder aus mutwilliger Rebellion gegen Gottes Gebot auf das Angebot einging. *»Und das Weib sah, dass von dem Baum gut zu essen wäre und dass er eine Lust für die Augen wäre und verlockend, weil er klug machte« (V. 6).* Sie überlegt sehr rational. Kann man diese Frucht überhaupt essen? Was bringt mir das Essen von den Früchten? Antwort: Klugheit.

Und was macht Adam?

»Und sie nahm von der Frucht und aß und gab ihrem Mann, der bei ihr war, auch davon, und er aß« (V. 6).

Warum hat Adam nicht eingegriffen und Eva an der Tat gehindert? Hat er die List der Schlange ebenfalls nicht erkannt? Und wenn er sie erkannt hat, warum hat er nicht das Verbot Gottes wiederholt? Warum hat er nicht die Schlange vertrieben? Wenn die Ausleger recht haben, die von Anfang an dem Mann eine in der Schöpfung angelegte Autorität über die Frau zuschreiben, dann wäre der Fehler hier zuerst bei Adam zu suchen. Dann hätte er nämlich versäumt, seine Autorität über Eva einzusetzen. Er wäre damit schon von dem von Gott gewollten Auftrag an ihn abgewichen. Doch an keiner Stelle wird angemerkt, dass Adam Eva hätte hindern sollen oder können. Eva fühlt sich frei, selbst zu entscheiden, genau wie Adam auch.

Viel wahrscheinlicher erscheint es mir, dass Adam genauso wie Eva von der Schlange verunsichert war und von der Frucht essen wollte. Und dass er sich nicht in besonderer Weise für Eva aus einer übergeordneten Position heraus verantwortlich fühlte.

Gott zieht zur Rechenschaft

Beide, Adam und Eva, erleben die Konsequenzen ihrer Schuld. Beiden werden die Augen geöffnet und sie sehen, dass sie nackt sind.

Von nun an müssen sie sich voreinander schützen, sie sind verletzlich geworden. Sie flechten sich Feigenblätter zusammen, um ihre Scham zu bedecken. Und sie verstecken sich vor Gott.

Als Gott sie findet, zieht er beide zur Rechenschaft. Er beginnt bei Adam.

Er fragt Adam direkt, ob er das Gebot übertreten hat, das Gott ihm gegeben hatte. Adam antwortet ausweichend. Er schiebt die Schuld auf Eva: *»Das Weib, das du mir zugesellt hast, gab mir von dem Baum und ich aß. Da sprach Gott der Herr zum Weibe: Warum hast du das getan?« (1. Mose 3,12-13).* Eva wird nicht auf das Gebot hin angesprochen, sondern auf ihre Tat. Sie soll erklären, wie es dazu kam.

»Die Schlange betrog mich, so dass ich aß« (V.13). Gott akzeptiert diese Erklärung. Gott unterstellt Eva an keiner Stelle, dass sie aus boshafter Absicht gesündigt habe, oder dass sie selbst von Grund auf rebellisch sei, oder dass sie Adam nicht gehorchen wollte. Er lässt ihre Begründung stehen, dass sie auf einen Trick hereingefallen war. Und er bestraft die betrügerische Schlange, indem er sie verflucht.

Ist Eva im Bund mit dem Bösen?

Aus der Tatsache, dass Eva bei der Versuchung auf die Schlange gehört hat, sind viele unterschiedliche Schlüsse gezogen worden. So gibt es einige Ausleger, die der Frau allgemein eine größere Nähe zum Bösen unterstellen, weil Eva auf das Reden der Schlange gehört hat.

Das ist so nicht haltbar. Denn Adam ließ sich genauso verführen wie Eva. Gott wusste, welche negativen Konsequenzen die Tat Evas für die Einschätzung der Frau im Allgemeinen mit sich bringen würde. Deshalb macht er an dieser Stelle eines ganz klar: er trennt die Frau von dem Bösen.

»Ich will Feindschaft setzen zwischen dir und dem Weibe und zwischen deinem Nachkommen und ihrem Nachkommen« (V. 15). Eva hatte dem Bösen ihr Ohr geliehen. Und sie hatte Adam angeboten, es ebenso zu tun. Doch hier wird ganz klar ausgesagt, dass Eva nicht als Folge des Sündenfalls für immer im Bund mit dem Bösen steht. Sie wird nicht zur Verführerin per se, weil Gott selbst sie aus dem Einfluss der Schlange herauslöst. Sie ist fortan nicht Komplizin der Schlange, sondern ist durch Gottes direktes Eingreifen zur Feindin geworden. Evas ursprüngliche Naivität gegenüber dem Bösen ist aufgehoben. Sie stellt sich gegen das Böse wie gegen einen Feind.

Es wird insgesamt von zwei Maßnahmen berichtet, die Gott ergreift, um den Schaden zu mildern, der durch den Sündenfall entstanden ist:

1. Er trennt Eva vom Bösen.
2. Er schlachtet ein Tier und bedeckt Adam und Eva mit Kleidung.

Beides geschieht direkt nach dem Sündenfall.

Die Lösung, die weit darüber hinausgeht, verheißt er für die Zukunft. Der Nachkomme Evas, der Messias, wird die gesamte Schöpfung wieder endgültig aus der Macht des Bösen befreien.

Unrecht in der Kirchengeschichte

Im Lauf der Kirchengeschichte ist Frauen viel Unrecht angetan worden. Nur zu gerne hat man von der Sündenfallgeschichte abgeleitet, dass Eva nicht nur die Verführte war, sondern auch die Verführerin. Frauen wurden als Gefahr für die Menschheit und die Gemeinde gesehen, weil ihnen eine direkte Nähe zum Teufel unterstellt wurde. Hexenprozesse, Inquisition und grundsätzlicher Ausschluss von Frauen aus Lehr- und Predigtämtern waren einige der traurigen Folgen. Man hatte und hat bis heute noch Angst, dass Frauen den

Einflüsterungen des Teufels nicht widerstehen können, weil sie zu schwach sind, sich zu wehren.

Wie viel Leid wäre Frauen in der Gemeinde erspart geblieben, wenn wir diesen Eingriff Gottes, bei dem er Feindschaft zwischen Eva und die Schlange gesetzt hat, ernst genommen hätten. Dann wäre die Theorie, dass Frauen leichter zu verführen sind als Männer und von daher stets eine Gefahr für die Männer darstellen, schnell entkräftet worden. Leider argumentieren bis heute Christen mit der Schwäche der Frau gegen Angriffe des Bösen, um Frauen aus Leitungsämtern auszuschließen.

Worin bestand Evas Ungehorsam?

Manche Ausleger sehen schon in der Tatsache, dass Eva ohne Adam von der Frucht aß und sich damit seiner Autorität entzog, den eigentlichen Sündenfall. Eva war jedoch nicht allein, als sie von der Frucht aß; Adam war bei ihr (1. Mose 3,6).

An keiner Stelle wird Eva von Gott dafür getadelt, dass sie etwa die Initiative ergriffen hat oder ohne die Zustimmung von Adam gehandelt hat. Ebenso wird Adam nicht dafür zur Rechenschaft gezogen, dass er seine Autorität nicht genutzt hat, um Eva von der Tat abzuhalten. Er wird nur für seinen eigenen Akt des Ungehorsams gegen Gottes Gebot bestraft. Und genau das wird jeder der beiden: für sein eigenes Fehlverhalten verantwortlich gemacht. Nicht mehr und nicht weniger.

Neue Verhältnisse unter der Sünde

Gott zeigt den beiden auf, welche Konsequenzen ihr Handeln nun mit sich bringen werden.

»Und zum Weib sprach er: Ich will dir viel Mühsal schaffen, wenn du schwanger wirst; unter Mühen sollst du Kinder gebären. Und dein Verlangen soll nach deinem Manne sein, aber er soll dein Herr sein« (V. 16). Für Eva heißt es, dass das Kinderbekommen mit viel Mühe verbunden sein wird.

Für Adam wirkt sich der Ungehorsam gegen Gottes Gebot in seiner Arbeitswelt aus. *»Weil du gehorcht hast der*

Stimme deines Weibes und gegessen von dem Baum, von dem ich dir gebot und sprach: Du sollst nicht davon essen, verflucht sei der Acker um deinetwillen« (V. 17). Gott konfrontiert Adam mit der eigentlichen Sünde: er hat die Stimme eines Menschen über die Stimme Gottes gestellt. Seine erste Loyalität galt nicht mehr Gott selbst, sondern einem anderen Menschen: seiner Frau. Und dann zeigt Gott auf, was die Folgen der Sünde sein werden.

Befehl oder Voraussage?

Gott verflucht die Schlange. Der Frau sagt er Schmerzen beim Kinderbekommen und die Herrschaft des Mannes über sie voraus. Der Mann muss darunter leiden, dass Gott den Acker verflucht. Fortan muss er im Schweiße seines Angesichts um Nahrung kämpfen. In diesen Aussagen Gottes geht es nicht um Befehle oder Anordnungen Gottes, sondern es handelt sich um Voraussagen dessen, was geschehen wird. Wenn wir sie als Befehle Gottes verstehen, dürften wir keine mildernden Maßnahmen bei Geburten zulassen. Dann wären auch nur die Frauen unter dem Urteil Gottes, die Kinder bekommen. Außerdem müssten alle Männer Landwirte sein und in unseren kalten Breitengraden lange Zeiten des Jahres überlegen, wie sie sich so anstrengen können, dass sie im Schweiße ihres Angesichts ihr Brot essen.

Herrschaft als Folge von Sünde

Will Gott wirklich, dass Evas Verlangen nach Adam ist? Hat er nicht gesagt, dass er ein eifernder Gott ist, der von uns möchte, dass er im Mittelpunkt unseres Lebens steht?

Wie passt das zusammen? Will er wirklich, dass Adam über Eva herrscht? Und wie sollte solch eine Herrschaft aussehen?

Ich glaube, dass diese Aussagen die Beschreibung der Folgen von Sünde sind, nicht Gottes Anweisungen für unser Handeln und die Beziehungen der Geschlechter untereinander. Damit wird dann auch die Aussage: *»er wird dein Herr sein«* (V. 16) verständlich. Die Folge der Sünde bringt es mit sich, dass das Verhältnis von Mann und Frau zu einer Herrschaft des einen über die andere führt. Aber es ist nicht Gottes ursprünglicher Wille, dass ein Mann über eine Frau herrscht oder umgekehrt. Und Gott wird es auch nicht dabei belassen. Er verheißt im gleichen Atemzug den Retter, der der Schlange den Kopf zertreten wird, der also endgültig die Folgen der Sünde aufheben wird (1. Mose 3,15). Genau das ist in Jesus geschehen.

Der Kampf der Geschlechter ist Folge der Sünde

Was Gott eigentlich und ursprünglich wollte, sehen wir vor dem Sündenfall. Was wir in unserer Welt heute erleben, ist immer schon von der Sünde und ihren Konsequenzen gezeichnet. Und dazu gehört auch der Kampf der Geschlechter und die Unterdrückung von Frauen. An keiner Stelle heißt Gott Unterdrückung gut. Wenn Gott die Herrschaft des Mannes über die Frau gewollt hätte, dann hätte er sie schon vor dem Sündenfall eingeführt. Dafür finden sich keine Hinweise. Im Gegenteil. Auch nach dem Sündenfall spricht Gott von Adam und Eva als »dem Menschen«. Gott macht für beide Kleider. Beide werden aus dem Paradies vertrieben.

»Und Gott der Herr sprach: Siehe, der Mensch ist geworden wie unsereiner und weiß, was gut und böse ist« (V. 22). Auch darin sind Adam und Eva gleich. Beide haben das Ziel, das Gott mit seiner Schöpfung verfolgt hat, nicht erreicht. Beide leben fortan in der Trennung von Gott.

Im Folgenden werden wir uns mit dem Alten Testament, Gottes Weg mit seinem Volk Israel und dem Neuen Bund in Jesus beschäftigen.

Mann und Frau im Alten Testament

Die Schöpfung Gottes mit ihrer guten Ordnung ist zerstört. Die Sünde hat Macht über den Menschen gewonnen. Der Mensch wurde aus der direkten Gegenwart Gottes vertrieben. Aus der gemeinsamen Herrschaft über die Schöpfung ist eine Herrschaft des Mannes über die Frau geworden.

In den alttestamentlichen Geschichten finden sich viele Beispiele dafür, wie sich die Herrschaft des Mannes über die Frau negativ ausgewirkt hat. Die Menschheit lebte nach anderen, vom Bösen gezeichneten Gesetzen und Geboten, nicht nach denen Gottes. Deshalb richtete Gott die Menschheit, und ließ, bis auf Noah und seine Familie, alle durch die Sintflut umkommen.

Noah und seine Familie durften weiterleben, weil sie versuchten, in einer heidnischen und von Gott gelösten Welt immer noch nach Gottes Geboten zu leben. Doch auch dieser Versuch, neu mit Menschen zu starten und die Herrschaft Gottes erneut aufzurichten, scheiterte.

Israel zwischen heidnischen Kulten und Gottes Wort

Es entwickelten sich viele heidnische Kulte, die in extremer Verzerrung gegenüber dem waren, was Gott ursprünglich gewollt hatte. Frauen wurden zur Ware, sie waren Besitz, Sklaven, Unterlegene und Untergebene, Gespielinnen der Männer. Promiskuität, Prostitution und Ausbeutung der Frauen waren Teile der Kultur und Religion der Heiden. Und auch das Volk Gottes, das er auserwählt hatte, wurde von diesen Völkern beeinflusst. Israel war immer wieder durch den Einfluss der Nachbarländer, der Feinde und heidnischen Eroberer von den Geboten Gottes abgewichen.

Das spiegelte sich dann auch in der Stellung von Mann und Frau zueinander wieder. Das patriarchalische Herrschaftsprinzip setzte sich im Volk Gottes durch.

Zeitweise übernahm Israel sogar heidnische und barbarische Praktiken, wie die Verehrung des Gottes Moloch, bei der Kinder geopfert wurden.

Frauen in Leitungsaufgaben in Israel

Doch auch die Wiederherstellung des ursprünglichen Willens Gottes findet sich immer wieder in den alttestamentlichen Geschichten. Frauen wie Sarah, Ester, Debora, Rut und viele mehr sind Zeichen, dass Gott auch Frauen in seinem Volk Israel zu Ehren gebracht hat und sie zur Umsetzung seines Willens gebrauchte.

Es gab:

- Prophetinnen (Mirjam: 2. Mose 15,20; Hulda: 2. Könige 22,14 und Hanna: Lukas 2,36) ,
- Richterinnen (Debora: Richter 4, 5-7) und
- Königinnen (Atalja: 2. Könige 11,3) in Israel.

Frauen hatten immer wieder herausragende Stellungen und konnten auf ihre Art und Weise Gottes Aufträge wahrnehmen.
In der jüdischen Familie hat die Mutter bis heute eine besondere Stellung. Das religiöse Leben im Haus wird sehr stark von ihr geprägt. Sie ist in ihrer eigenen Beziehung zu Gott frei und autonom.

Mann und Frau im Reich Gottes

Was geschieht, wenn die Macht der Sünde gebrochen wird?

Am Anfang hat Gott in seiner Schöpfung Adam und Eva gleichberechtigt geschaffen und eingesetzt. Nach dem Sündenfall verändert sich das Verhältnis und als Folge der Sünde und ihrer Macht über Menschen wird der Mann über die Frau herrschen. Doch wie soll es eigentlich nach Gottes Willen sein? Was geschieht da, wo die Macht der Sünde gebrochen wird?

Um diese Fragen zu beantworten, müssen wir uns mit dem Herrschaftsbereich Gottes, dem »Reich Gottes« beschäftigen. Jesus sagt, dass in seiner Person das Reich Gottes angebrochen ist. Was verstehen wir unter diesem Begriff? Der im hebräischen benutzte Begriff *»malkut«* und im griechischen *»basileia«* umschreibt das »Königreich Gottes, das Herrschaftsgebiet Gottes«. Im »Reich Gottes«, in dem Bereich, in dem Gott uneingeschränkt Herr ist, wird wiederhergestellt, was von der Sünde zerstört worden ist. In Jesus wird die Verheißung Gottes an Eva (1. Mose 3,15) wahr: Ein Nachkomme Evas (Gott wird in Jesus Mensch) wird kommen und der Schlange (dem Teufel) den Kopf zertreten (den Tod besiegen). Aber er wird dabei in die Ferse gebissen (der Hinweis auf das Leiden und Sterben von Jesus am Kreuz).

In Jesus kommt das Reich Gottes

Mit dem Kommen von Jesus bricht die Königsherrschaft Gottes erneut an. Deshalb heißt es bei der Geburt von Jesus, dass die Weisen aus dem Morgenland kamen und fragten: *»Wo ist der neu geborene König der Juden? Wir haben seinen Stern gesehen im Morgenland und sind gekommen, ihn anzubeten« (Matthäus 2,2).* Im Reich Gottes herrscht Gott selbst uneingeschränkt und nimmt die Schöpfung und alle Kreatur wieder unter seine direkte Autorität. In Psalm

103,19 heißt es: *»Der Herr hat seinen Thron im Himmel errichtet und sein Reich herrscht über alles.«*
Weil in Jesus das Reich Gottes kommt, kann man am Leben von Jesus ablesen, was Gott von uns Menschen will. Dann können wir auch aus seinem Umgang mit Frauen Schlüsse ziehen für die Stellung und die Bedeutung von Frauen im Reich Gottes und in der Gemeinde.

Wie ging Jesus mit Frauen um?

Es ist hier nicht möglich, eine ausführliche Abhandlung zu dem Thema darzustellen. Hier nur einige Gedanken zu Jesus und seinem Verhältnis zu Frauen:

Im Gegensatz zu den jüdischen Gelehrten seiner Zeit hatte Jesus ein sehr positives Verhältnis zu Frauen.

- Er ließ sie als seine Jüngerinnen mit ihm unterwegs sein (Lukas 8,2: *»dazu einige Frauen, die er gesund gemacht hatte von bösen Geistern und Krankheiten, nämlich Maria, genannt Magdalena, von der sieben böse Geister ausgefahren waren, und Johanna, die Frau des Chuzas, eines Verwalters des Herodes, und Susanna und viele andere, die ihnen dienten mit ihrer Habe.«)*.
- Er lehrte Frauen und Männer (Matthäus 15, 32 ff.).
- Er führte religiöse Gespräche mit Frauen (Johannes 4).
- Er hatte Freundschaft mit ihnen (Maria und Marta; Johannes 11).
- Er kümmerte sich um sehr spezifisch weibliche Probleme, wie bei der Frau mit Blutfluss (Markus 5, 21 ff.) oder der Witwe von Nain (Lukas 7).
- Er achtete und heilte Frauen, z.B. die kanaanäische Frau (Matthäus 15).
- Er erzählte in seinen Gleichnissen Geschichten aus dem Alltagsleben der Frauen, z.B. das Gleichnis vom Groschen in Lukas 15. Und als Wichtigstes:
- Er machte Frauen zu den ersten Zeugen seiner Auferstehung (Johannes 20, Matthäus 28).

Obwohl zu der damaligen Zeit Frauen vor Gericht nicht aussagekräftig waren, erschien Jesus zuerst Frauen und sandte sie, den Männern von seiner Auferstehung zu berichten. Das ist die höchste Form der Wiedereinsetzung in den ursprünglichen Auftrag Gottes an Adam und Eva: dieser Welt die Herrschaft Gottes durch die Auferstehung Jesu zu verkünden.

Das Reich Gottes breitet sich aus

In Jesus bricht das »Reich Gottes« an. Aber es ist noch nicht vollkommen da. Es ist wie ein Sauerteig (Matthäus 13, 33), wie ein Senfkorn (Matthäus 13,31), wie ein Schatz im Acker und eine kostbare Perle (Matthäus 13,44 ff.). Es wirkt sich schon aus, aber es vernichtet noch nicht alles Böse. Jesus rief die Menschen zur Umkehr, nicht zur Unterwerfung unter eine despotische Herrschaft. Erst mit der Wiederkunft von Jesus wird das Reich Gottes in der Fülle kommen. Jesus wird die Menschheit richten und ganz unter die Herrschaft Gottes unterwerfen. Dann wird sich jedes Knie beugen und jeder Mund bekennen, dass Jesus der Herr ist.

Prophetische Hinweise auf das Reich Gottes

Schon im Alten Testament finden wir prophetische Hinweise auf das Reich Gottes: *»Das soll der Bund sein, den ich mit dem Volk Israel schließen will nach dieser Zeit, spricht der Herr: Ich will mein Gesetz in ihr Herz geben und in ihren Sinn schreiben, und sie sollen mein Volk sein und ich will ihr Gott sein. Und es wird keiner den anderen noch ein Bruder den anderen lehren und sagen: 'Erkenne den Herrn', sondern sie sollen mich erkennen, beide, klein und groß, spricht der Herr, denn ich will ihnen ihre Missetat vergeben und ihrer Sünde nimmermehr gedenken« (Jeremia 31, 33-34).*

Dieser Text macht deutlich, dass im neuen Bund Gottes, wie am Anfang auch, kein Mensch mehr über einen anderen Menschen herrschen wird. Alle werden einen direkten und von anderen Menschen unabhängigen Zugang zu Gott haben und die Sünde wird durch die Macht der Vergebung aufgehoben sein. Wenn in Jesus das neue Reich Gottes angebrochen ist, dann gilt das für uns heute. Gott denkt nicht mehr an die Sünde von Adam. Und er denkt nicht mehr an die Sünde von Eva. In Jesus ist alle Schuld vergeben. Er schreibt sein Gesetz in das Herz von Männern und Frauen.

Der Heilige Geist für Männer und Frauen

Ergänzt wird diese direkte Verheißung durch eine Vorhersage in Joel 3,1ff.: *»Und nach diesem will ich meinen Geist ausgießen über alles Fleisch, und eure Söhne und Töchter sollen weissagen, eure Alten sollen Träume haben, und eure Jünglinge sollen Gesichte sehen. Auch will ich zur selben Zeit über Knechte und Mägde meinen Geist ausgießen.«*

Genau das ist in der Apostelgeschichte berichtet. Als der Heilige Geist an Pfingsten ausgegossen wurde, kam er auf Männer und Frauen in gleicher Weise. Petrus nimmt in seiner Rede am Pfingsttag darauf Bezug und erklärt das, was den Jüngern von Jesus geschehen ist, genau mit den Worten aus Joel (Apostelgeschichte 2,16 ff.). Dabei unterscheidet weder der Text in Joel noch Petrus in seiner Predigt zwischen unterschiedlichen Wirkungen des Geistes auf Mann und Frau. Beide werden von diesem Wirken des Heiligen Geistes erfasst. Und weil der Heilige Geist auf Männer und Frauen kommt, ist klar, dass Männer und Frauen die Gaben des Heiligen Geistes erhalten.

Es gibt keine speziellen Geistesgaben nur für Männer oder Frauen

An keiner Stelle, an der im Neuen Testament die Gaben des Heiligen Geistes aufgezählt oder erklärt werden, wird eine Zuordnung von bestimmten Gaben zu den Geschlechtern vorgenommen. Es ist zum Beispiel nie die Rede davon, dass die Dienstgabe für Frauen und die Predigtgabe für Männer sei. Im Gegenteil. Der Geist teilt aus, wie er will (1. Korinther 12,11). Und dabei erhalten Männer und Frauen die gleichen Gaben.

Durch den Glauben an Jesus und durch die Erfüllung mit dem Heiligen Geist entsteht ein neuer Mensch. Aus einem Sünder, der unter dem Gesetz Gottes gelebt hat, wird eine neue, wiederhergestellte Schöpfung Gottes. Paulus sagt es in Galater 3,25-28 deutlich: *»Nachdem aber der Glaube gekommen ist, sind wir nicht mehr unter dem Zuchtmeister. Denn ihr seid alle durch den Glauben Gottes Kinder in Christus Jesus. Denn ihr alle, die ihr auf Christus getauft seid, habt Christus angezogen. Hier ist nicht Jude noch Grie-*

che, hier ist nicht Sklave noch Freier, hier ist nicht Mann noch Frau; denn ihr seid allesamt einer in Christus Jesus.« Die Gleichheit von Mann und Frau und die gegenseitige Abhängigkeit voneinander stellt Paulus auch an einer anderen Stelle in seinem Lehrbrief an die Christen in Korinth heraus. Er schreibt angesichts ihrer verwirrten Ansichten (1. Korinther 11,11-12): *»Doch in dem Herrn ist weder die Frau etwas ohne den Mann noch der Mann etwas ohne die Frau; denn wie die Frau von dem Mann, so kommt auch der Mann durch die Frau; aber alles von Gott.«*

Hier wird unmissverständlich gelehrt, dass in Christus, in seinem Herrschaftsbereich, in seiner Gemeinde, Mann und Frau in gleicher Weise voneinander abhängig und aufeinander bezogen sind.

Die Kraft der Auferstehung stellt wieder her, was Gott geschaffen hatte

Die Folgen der Sünde sind durch den Tod und die Auferstehung von Jesus ein für alle Mal aufgehoben.

Wo Menschen durch Umkehr und Vergebung das neue Leben in Christus beginnen, sind sie eine neue Kreatur. *»Darum kennen wir von nun an niemanden mehr nach dem Fleisch; und auch wenn wir Christus gekannt haben nach dem Fleisch, so kennen wir ihn doch jetzt so nicht mehr. Denn: Ist jemand in Christus, so ist er eine neue Kreatur; das Alte ist vergangen, siehe, Neues ist geworden« (2. Korinther 5,16-17)*. Jeder, Mann und Frau, ist durch die Wiedergeburt zu einer neuen Person geworden, zu dem geretteten und wiederhergestellten Ebenbild Gottes.

Wer an Jesus glaubt und sich mit seinem Tod eins macht, der wird neu geboren zu einer lebendigen Hoffnung. Das hat viele Folgen. So wie die Männer nicht länger unter der Ursünde Adams leben und leiden müssen, so werden auch die Frauen aus der Folge der Sünde Evas befreit. Das stellvertretende Opfer von Christus in seinem Tod bringt mit sich, dass sie in Jesus eine neue Kreatur werden können, wieder eingesetzt in alle Rechte und Pflichten, die Gott für sein Volk hat.

Die neue Schöpfung

Wie wird es sein, wenn Jesus wiederkommt und die Herrschaft Gottes vollkommen wiederhergestellt sein wird? Wir wissen, dass Gott diese Welt richten wird. Ungerechtigkeit, Hass, Zerstörung und alle Folgen der Sünde, auch der Tod, werden vernichtet werden. Was nach der Auferstehung der Toten aus uns wird, ist uns noch unbekannt. *»Es wird gesät ein natürlicher Leib und wird auferstehen ein geistlicher Leib. Gibt es einen natürlichen Leib, so gibt es auch einen geistlichen Leib« (1. Korinther 15, 44).*

Als die Sadduzäer, die nicht an die Auferstehung von den Toten glaubten, Jesus eine Falle stellen wollten, antwortete er überraschend anders, als sie es erwartet hatten. Die Frage war: Eine Frau heiratet in ihrem Leben gemäß der Ordnung im Gesetz mehrere Männer, weil die Ehen kinderlos waren, als ihre jeweiligen Männer starben. Wessen Frau wird sie im Himmel sein? Jesus antwortet: *»Ihr irrt, weil ihr weder die Schrift kennt noch die Kraft Gottes. Denn in der Auferstehung werden sie weder heiraten noch sich heiraten lassen, sondern sie sind wie Engel im Himmel« (Matthäus 22, 29-30).*

Was heißt das für uns als Männer und Frauen? Es könnte bedeuten, dass wir im Himmel nicht mehr als Männer und Frauen identifizierbar sind, dass geschlechtliche Unterschiede wegfallen und wir nur noch als »Menschen« das Gegenüber Gottes bilden.

Warum sollten wir jetzt in den Gemeinden Unterschiede zwischen Mann und Frau zementieren und in bestimmte Aufgabenfelder aufteilen, wenn es nach der Wiederkehr von Jesus diese Unterschiede gar nicht mehr geben wird? Wenn die Gemeinde jetzt schon das widerspiegelt, was Gott in seiner kommenden Herrschaft aufrichten will, dann müssen wir jetzt schon einkalkulieren, dass es in der Ewigkeit die geschlechtsspezifischen Unterschiede gar nicht mehr geben könnte. Denn in Jesus und in seiner Gemeinde ist der Anbruch der neuen Welt Gottes da.

Der neue Himmel und die neue Erde

So wie Gott am Anfang Mann und Frau in gleicher Weise eingesetzt hat, so wie Jesus mit Männern und Frauen gleich umging und so wie im Reich Gottes weder Mann noch Frau ist, so wird auch bei der Auferstehung zur Zeit der Wiederkehr von Jesus der Unterschied zwischen Mann und Frau aufgehoben sein.

Offenbarung 21,1-7: *»Und ich sah einen neuen Himmel und eine neue Erde; denn der erste Himmel und die erste Erde sind vergangen, und das Meer ist nicht mehr. Und ich sah die heilige Stadt, das neue Jerusalem, von Gott aus dem Himmel herabkommen, bereitet wie eine geschmückte Braut für ihren Mann. Und ich hörte eine große Stimme von dem Thron her, die sprach: Siehe da, die Hütte Gottes bei den Menschen! Und er wird bei ihnen wohnen, und sie werden sein Volk sein, und er selbst, Gott mit ihnen, wird ihr Gott sein; und Gott wird abwischen alle Tränen von ihren Augen, und der Tod wird nicht mehr sein, noch Leid, noch Geschrei noch Schmerz wird mehr sein; denn das Erste ist vergangen. Und der auf dem Thron saß, sprach: Siehe, ich mache alles neu! Und er spricht: Schreibe, denn diese Worte sind wahrhaftig und gewiss! Und er sprach zu mir: Es ist geschehen. Ich bin das A und das O, der Anfang und das Ende. Ich will dem Durstigen geben von der Quelle des lebendigen Wassers umsonst. Wer überwindet, der wird es alles ererben, und ich werde sein Gott sein, und er wird mein Sohn sein.«*

Ganz persönlich: Wie Sie Ihre Welt verändern können

Nach den einführenden Gedanken, all den guten Beispielen und den theologischen Ausführungen bleibt bei manchen Lesern vielleicht die Frage: Wie kann ich denn nun meine Welt konkret verändern? Was ist mein Auftrag?

Ein verändertes Leben beginnen

Diese Buch spricht immer wieder davon, dass Frauen zu einem bestimmten Zeitpunkt ihr Leben Gott anvertraut haben. Sie haben damit ein neues und verändertes Leben angefangen. Sie sind Christen geworden. Doch wie geschieht das? Was muss man tun, um das neue Leben in Jesus zu beginnen?

- Reden Sie mit Gott. Sie können mit ihm sprechen wie mit einem guten Freund. Es kommt nicht auf Formulierungen an. Er kennt Sie und liebt Sie. Schütten Sie Ihr Herz vor ihm aus.
  »Hoffet auf ihn allezeit, liebe Leute, schüttet euer Herz vor ihm aus; Gott ist unsere Zuversicht« (Psalm 62, 9).
- Bekennen Sie Ihre Schuld. Sagen Sie ihm, was in Ihrem Leben nicht in Ordnung war oder ist. Er kennt jede Sekunde Ihres Lebens, weil er Sie geschaffen hat. Reden Sie mit ihm über Ihre Schuld und Ihr Versagen. Jesus ist dafür am Kreuz gestorben. Gott vergibt Ihnen Ihre Schuld, wenn Sie ihn darum bitten. Ihr Leben kann neu beginnen.
  »Denn auch Christus hat einmal für die Sünden gelitten, der Gerechte für die Ungerechten, damit er euch zu Gott führte« (1. Petrus 3,18).
- Lassen Sie Jesus in Ihr Leben. Er hat Ihnen bei Ihrer Geburt das Leben geschenkt und will Ihnen auch das neue Leben als Christ schenken. Geben Sie ihm Ihr Leben zurück. Vertrauen Sie es ihm, seiner Führung und seinen Wegweisungen an.

»Siehe, ich stehe vor der Tür und klopfe an. Wenn jemand meine Stimme hören wird und die Tür auftun, zu dem werde ich hineingehen und das Abendmahl mit ihm halten und er mit mir« (Offenbarung 3,20).

- Bekennen Sie sich zu Jesus. Suchen Sie einen Menschen, mit dem Sie über Ihren Glauben reden können.
  »Wer nun mich bekennt vor den Menschen, den will ich auch bekennen vor meinem himmlischen Vater« (Matthäus 10,32).
- Suchen Sie andere Christen. Gehen Sie in eine Gemeinde oder Gemeinschaft von Christen, in der Sie gefördert werden und in der Sie noch besser lernen können, was es heißt, als Christ zu leben.
  »Und lasst uns aufeinander achthaben und uns anreizen zur Liebe und zu guten Werken, und nicht verlassen unsre Versammlungen, wie einige zu tun pflegen, sondern einander ermahnen ...« (Hebräer 10,24–25).
- Lesen Sie die Bibel und reden Sie regelmäßig mit Gott. Fragen Sie ihn, was er mit Ihrem Leben vorhat.
  »Denn alle Schrift, von Gott eingegeben, ist nütze zur Lehre, zur Zurechtweisung, zur Besserung, zur Erziehung in der Gerechtigkeit, dass der Mensch Gottes vollkommen sei, zu allem guten Werk geschickt« (2. Timotheus 3,16–17).

Als Christ verändert leben

Gott beruft und begabt

Vor vielen Jahren hörte ich in Ägypten von einer Missionarin den Satz: »Gott beruft nicht die Begabten, er begabt die Berufenen.« Das war für mich eine große Entlastung. Mein Dienst für Jesus ist nicht allein davon abhängig, ob ich alles kann oder weiß. Wenn Jesus mir einen Auftrag gibt, dann darf ich damit rechnen, dass er mir alle für die Ausführung notwendigen Fähigkeiten geben wird. Zusammen mit dem Auftrag kommt die Ausrüstung. Bei manchem Auftrag ist es eher so, als wüchse ich langsam in Kleidung hinein, die noch viel zu groß zu sein scheint. Manche Aufträge scheinen am Anfang zu groß zu sein und wirken zunächst wie eine Überforderung. Doch wenn der Auftrag wirklich von Gott ist und nicht selbstgewählt, dann werde ich ihn ausführen können. In seiner Kraft, mit seinen Mitteln, zu seiner Zeit.

Der Einzelne als Teil des Ganzen

Jeder Christ ist wichtig dabei mitzuhelfen, dass Gottes gute Pläne und Ziele verwirklicht werden, denn er ist ein Teil des Ganzen. Im Neuen Testament wird die Gemeinde mit dem menschlichen Körper verglichen. Jede kleine Zelle kann durch Erfüllung ihrer Aufgabe helfen, einen gesunden Körper zu erhalten. Und jede kleine Zelle kann durch Abkapselung oder Verweigerung ihres Auftrages dazu beitragen, dass der ganze Körper erkrankt oder sogar stirbt. So wie es im Körper darum geht, dass jedes Organ dem Ganzen dient, so sollte es auch in der Gemeinde weltweit sein. Keiner kann für sich allein alles, muss auch nicht alles können, aber jeder sollte das tun, was er kann.

Wie erkennen Sie Ihren Auftrag?

Es ist eigentlich gar nicht so schwer. Stellen Sie sich doch einfach einmal folgende Fragen: Welche Begabungen – natürliche und geistliche – habe ich schon an mir entdeckt?
Was sagen mir andere Menschen über meine Begabungen?
Welche Aufgabenbereiche, Länder oder Menschen liegen mir besonders am Herzen?
Was macht mir viel Freude?
Wo hat Gott mir schon einmal eine Aufgabe gezeigt?
Was ist daraus geworden?

Freude bei der Arbeit für Gott

Leider haben manche Christen die Vorstellung, als müsse der Dienst für Gott immer mit Leiden zu tun haben. Als gäbe es die Grundregel, dass man für Jesus genau das tun muss, was man überhaupt nicht gerne mag. Als müsse man sich selbst gegen den Strich bürsten, damit der Dienst auch wirklich Frucht bringt. Ich habe da andere Erfahrungen gemacht. Die meisten Menschen, die erfolgreich für Gott arbeiten, lieben ihre Aufgaben, haben Freude bei der Arbeit und sind durch ihre Tätigkeit ausgefüllt. Sicher, es gibt auch in Aufgaben, die grundsätzlich Freude bereiten, Dürrezeiten, schwere Zeiten, Rückschläge und Anfechtungen. Es fällt einem nicht immer leicht. Aber grundsätzlich ist man da richtig eingesetzt, wo man eine Aufgabe wahrnimmt, für die das Herz schlägt.

Wieso sollte Gott eigentlich so dumm sein, Menschen an Posten einzusetzen, an denen sie nicht sein wollen und für die sie nicht die Begabung haben? Das würde kein Arbeitgeber tun, der sein Geschäft versteht. Und Gott tut es auch nicht. Lassen Sie sich befreien von falschen Vorstellungen. Sprechen Sie mit Jesus über Ihre Herzensanliegen. Und prüfen Sie, ob und wie es gelingen kann, aus Ihrem Anliegen eine konkrete Aufgabenstellung abzuleiten. Denken Sie darüber nach, ob aus Ihrem Herzenswunsch ein Auftrag Gottes an Sie werden kann.

Nicht im Alleingang

Wenn Sie eine Aufgabe vor Augen haben, die Sie gerne übernehmen würden, dann suchen Sie Verbündete. Entweder Sie finden andere, die das gleiche Anliegen haben. Oder Sie finden Unterstützer für Ihre Sache. Freunde, die für Sie beten, Ihnen mit Rat und Tat zur Seite stehen.

Im »Reich Gottes« ist alles so angelegt, dass es immer ein Zusammenspiel von Kräften ist. Das haben wir in den Lebensbildern auch gesehen. Selbst die Pioniermissionarin bei den Kaingang- Indianern stand nicht allein an ihrer Aufgabe. Sie hatte Mitarbeiter, sie hatte Beter, sie hatte eine sendende Gemeinde hinter sich, die sie unterstützt hat. Wir brauchen einander. Als Unterstützung und als Korrektur.

Ziele setzen und erreichen

Beginnen Sie mit kleinen Schritten. Fragen Sie sich: Wie kann ein erster Schritt in Richtung Veränderung aussehen? Fangen Sie in ihrer privaten Welt an.

Stellen Sie sich in Ruhe – vielleicht mit einem leeren Blatt Papier und einem Stift in der Hand – folgende Fragen:

Was ist für mich persönlich an Veränderung dran?

Ist es die Neuordnung Ihres Gebetslebens?

Müssen Sie mit Ihrer Vergangenheit Frieden schließen?

Haben Sie noch falsche Vorstellungen von Gott?

Wie sehen Sie Ihren Beruf?

Ist Jesus auch an Ihrer Arbeitsstelle Ihr Chef?

Wissen Ihre Kollegen von Ihrem Glauben?

Was geben Sie an Ihre Kinder weiter?

Und an deren Freunde?

Wo ergibt sich in Ihrer Gemeinde eine Aufgabe, für die Sie genau die Richtige sind?

Hat Gott Sie vielleicht in die Mission gerufen?

Lassen Sie die Kreise ihrer Wirksamkeit größer werden. Jesus sagt: *»Du bist über wenigem treu gewesen, ich will dich über viel setzen« (Matthäus 25,21).* Gott selbst muss letztlich die Türen auftun. Es nützt uns nichts, wenn wir große Dinge planen. Gott muss uns dahin führen. Für jeden von uns ist erst einmal die Aufgabe, das zu tun, was vor uns liegt.

Gott beauftragt Männer und Frauen

Jeder Christ, der sich Gott zur Verfügung stellt, trägt dazu bei, dass die Herrschaft Gottes aufgerichtet wird. Im Kleinen und im Großen. Neben dem Schöpfungsauftrag gibt es einen weiteren, großen Auftrag an Männer und Frauen: Den Missionsbefehl.

In Apostelgeschichte 1, 8 heißt es: *»Ihr werdet die Kraft des heiligen Geistes empfangen, der auf euch kommen wird, und werdet meine Zeugen sein in Jerusalem und in ganz Judäa und Samarien und bis an das Ende der Erde.«*

Zeuge von Jesus zu sein, das geschieht im Alltag, da wo wir leben und als Christen auf Jesus hinweisen. Diakonie und Hilfe für Unterdrückte und Arme gehört ebenso dazu wie Evangelisation und Weltmission.

Wir sollen in dieser Gesellschaft und in unserer Generation Salz und Licht sein. Jesus sagte zu seinen Jüngern (Matthäus 28,18–20):

»Mir ist gegeben alle Gewalt im Himmel und auf Erden. Darum gehet hin und machet zu Jüngern alle Völker: Taufet sie auf den Namen des Vaters und des Sohnes und des heiligen Geistes und lehret sie halten alles, was ich euch befohlen habe. Und siehe, ich bin bei euch alle Tage, bis an der Welt Ende.«

An der Erfüllung dieses Auftrages stehen wir, Männer und Frauen in den Gemeinden. Und wie am Anfang bei der Schöpfung wird auch hier ganz klar: Gott ist mit uns. Wir sind nicht allein.

Namen und Anschriften der Werke

Sabine Ball: Café Stoffwechsel e. V., Martin-Luther Straße 12, 01099 Dresden
Alexandra Depuhl: Christ Camp e. V., Luiter Weg 238, 47802 Krefeld
Christel Eggers: Dünenhof e. V., In den Dünen 4, 27472 Cuxhaven-Berensch
Lisa Fuchs: Missionarische Familienarbeit, Marktstr. 51, 57610 Altenkirchen
Ingrid Giger: Mütter in Kontakt, Postfach 1241, 73602 Schorndorf, oder Mütter in Kontakt, Uf der Holde 1, CH-4436 Oberndorf, Schweiz
Hertha-Maria Haselmann: Haus Metanoia, Lebenswende e.V., Wolfgangstraße 14, 60322 Frankfurt
Irmela Hofmann: Offensive Junger Christen, Postfach 1220, 64385 Reichelsheim
Rosmarie Holland: ABF Arbeitsgemeinschaft Biblische Frauenarbeit, Bergstr. 22, 35708 Haiger; Sammlung Bekennender Evangelischer Frauen, Pfarrstr. 3, 75305 Neuenbürg
Hannelore Illgen: AGLOW Vereinigung christlicher Frauen in Deutschland e. V., Stresemannallee 20, 30173 Hannover
Ingrid Kern: WEF Commission on Women's Concerns, 270 Elm St., Shafter CA 93263 USA
Elisabeth Mittelstädt: Lydia Verlag GmbH, Postfach 1222, 35608 Asslar
Regine Parzany: Frühstückstreffen für Frauen in Deutschland e. V., Margarete Behrens, Kirchenweg 6, 27419 Sittensen
Margit Pflüger: Jesus-Gemeinschaft e. V., Steinweg 12, 35037 Marburg
Dr. Claudia Schark: Christen im Gesundheitswesen, Postfach 228, 21518 Aumühle
Gisela Stübner: Help Center e. V., Postfach 2163, 35230 Dautphetal
Bettina Wälde: TypColor und pro-LIFE-Hilfe für Krebskranke, Schillerstr. 12, 35606 Solms
Birgit Winterhoff: AGJE, Geschäftsstelle der Arbeitsgemeinschaft für Jugendevangelisation, Postfach 150219, 45242 Essen
Ursula Wiesemann: Wycliff-Bibelübersetzer, Siegenweg 32, 57299 Burbach-Holzhausen
Dr. Ute Zintarra: ERF, Postfach 1444, 35573 Wetzlar

Literaturverzeichnis

Literaturverzeichnis

Bilezikian, Gilbert: Beyond Sex Roles (Grand Rapids, MI: Baker Book House 1990)

Grenz, Stanley J. und Denise Muir Kjesbo: Women in the Church (Downers Grove IL: InterVarsity Press 1995)

Groothuis, Rebecca Merrill: Good News for Women (Grand Rapids: Baker Book House 1997)

Keener, Craig S.: Paul, Women and wives (Peabody MS: Hendrickson Publishers 1992)

Kroeger, Richard und Catherine Clark-Kroeger: I Suffer not a woman (Grand Rapids MI: Baker Book House 1992)

Lutz, Lorry: Women as Risk-Takers (Cumbria, CA: Paternoster Publishing 1997)

Malcolm, Kari Torjesen: Christinnen jenseits von Feminismus und Traditionalismus (Neukirchen-Vluyn, Aussaat Verlag 1987)

Martin, Joan: The Ladies aren't for silence! (Word UK 1991)

Mickelsen, Alvera (Hrsg.): Women, Authority and the Bible (Downers Grove, IL: InterVarsity Press 1986)

Pape, Dorothy: Wir Frauen und Gott (Marburg, Francke Verlag 1981)

Pape, Dorothy: In Search of God's Ideal Woman (Downers Grove, IL: InterVarsity Press 1979)

Schirrmacher, Thomas: Paulus im Kampf gegen den Schleier (Bonn, Verlag für Kultur und Wissenschaft 1993)

Spencer, Aida Besancon: Beyond the Curse (Hendrickson Publishers 1985)

Tucker, Ruth A.: Women in the Maze (Downers Grove IL: InterVarsity Press 1992)

Tucker, Ruth A. und Walter Liefield: Daughters of the Church (Grand Rapids, MI: Zondervan Publishing House 1987)

hänssler

Gute Worte für mich

Ein Andachtsbuch von Frau zu Frau

Gb., 420 S., Nr. 392.996, ISBN 3-7751-2996-0

Gute Worte für mich – in einem Alltag voller Hektik, im Vielerlei von Familie und Gemeinde, nach einem anstrengenden Arbeitstag ...
Gute Worte für mich – das besondere Andachtsbuch von Frau zu Frau.
Ausgewählte Bibelstellen, alltagsbezogene Auslegungen und persönliche Erfahrungen ermutigen, Gott jeden Tag beim Wort zu nehmen.
Mit Beiträgen von Gerdi Stoll, Cornelia Mack, Else Diehl, Elke Werner, Vreni Theobald u. v. a.

Bitte fragen Sie in Ihrer Buchhandlung nach diesem Buch! Oder schreiben Sie an den Hänssler-Verlag, D-71087 Holzgerlingen.